AF274368

EL LIBRO EGIPCIO
DE LOS MUERTOS

Plutón
Ediciones

© Plutón Ediciones X, s. l., 2024

Segunda Edición: 2025

Diseño y maquetación: Saul Rojas Blonval

Traducción: Isobel Richardson

Edita: Plutón Ediciones X, s. l.,

           E-mail: contacto@plutonediciones.com
           http://www.plutonediciones.com

Queda rigurosamente prohibida, sin la autorización escrita
de los titulares del «Copyright», bajo las sanciones estable-
cidas en las leyes, la reproducción parcial o total de esta
obra por cualquier medio o procedimiento, comprendidos
la reprografía y el tratamiento informático, y la distribución
de ejemplares de ella mediante alquiler o préstamo públicos.

I.S.B.N: 978-84-10233-03-4
Depósito Legal: B-5009-2024

Impreso en China / Printed in China

Estudio Preliminar

Cuando alguien se quejó y dijo que en Egipto solo había mastabas (tumbas rectangulares) y pirámides funerarias, como si los egipcios adoraran a la muerte, le respondieron que había muchas mastabas y pirámides funerarias porque, en realidad, los egipcios adoraban la vida, y en cada una de ellas habitaba la esperanza de renacer en un mundo mejor.

Tanto es así que es raro que en una mastaba no se encuentre un *Libro de la muerte* en papiro o escrito en las paredes, con fórmulas mágicas, palabras de poder, nombre del difunto y, por supuesto, las figuras de Anubis, Osiris y Maat, pesando el corazón del aspirante a los campos elíseos.

Los ejemplares más antiguos encontrados hasta hoy datan del siglo XVI antes de nuestra era, y los más recientes del siglo I anterior a nuestro calendario, con Osiris presidiendo el mundo de los muertos en lugar de Anubis, aunque la figura de Anubis en algunos casos siga estando presente.

El libro egipcio de los muertos, tal y como lo conocemos hoy, es más una compilación ordenada que una copia del original, cuyo nombre verdadero es *El libro del amanecer*, o del nuevo día, simbolizando con ello que, para los egipcios, tras la muerte física había un renacimiento feliz y luminoso, abundante y benévolo.

En algunas traducciones, el inframundo es el mundo interior, donde el difunto ha de pasar diversas pruebas antes de llegar a Duat (la puerta a los Campos Elíseos), tras la cual, si se pasaba la última prueba del pesaje del corazón, se llegaba a un mundo sin desierto ni penalidades, y donde había que trabajar, pero sin las fatigas de este mundo presente, porque el difunto iba acompañado de sortilegios y talismanes que le harían fácil y grata toda tarea.

En este sentido, el muerto tenía que enfrentarse a sus propios miedos y demonios, a sus defectos y a sus virtudes, donde incluso tenía la posibilidad de hacer una confesión negativa relatando sus desviaciones y errores para superarse a sí mismo en el más allá.

OTROS DESTINOS

Si no se pasaba la última prueba, que consistía en pesar su corazón con la Pluma de la diosa Maat (Matt en algunos textos) en la balanza del bien y del mal, donde el corazón para ser probo debía pesar menos que la pluma, su ser sería devorado por Ammyt (o Ammut), un monstruo entre serpiente, cocodrilo e hipopótamo, o entre cocodrilo, león y oso, que se comería sobre todo su corazón, aunque en algunas versiones engulle todo el cuerpo.

Los talismanes y sortilegios que vienen en el *Libro de los Muertos*, podían servir para engañar a los dioses y a los demonios, incluyendo a Ammyt, como el escarabajo sagrado, que podía hacer las veces de corazón y así librar al ser de su terrible destino.

No todos estaban destinados a los Campos Elíseos; algunos muertos podían renacer antes de llegar al final de las pruebas y volver a este mundo en forma de ave o de persona, para reiniciar y mejorar la vida anterior en una especie de reencarnación rápida que sucedía al otro día de haber muerto.

LA IMPORTANCIA DEL NOMBRE

Uno de los principales talismanes era el nombre propio, que para algunos investigadores es el representante del Yo Mental que da identidad al ser en este y en el otro mundo, por lo que no se podía perder de ninguna manera.

En el sueño de la muerte a menudo el difunto se olvidaba de su vida en la Tierra y no recordaba su propio nombre, no sabía quién era, y eso podía condenarlo para siempre, ya que al perder su identidad se perdía a sí mismo; por eso se le inscribía en el cuerpo, en la pared, en el papiro, en el sarcófago o en un collar que llevaba el difunto en el pecho, para que pudiera leerlo tras la muerte y saber cómo se llamaba y quién era.

LA IMPORTANCIA DE LA VOZ

La voz, la palabra, era mágica y poderosa, tanto, que los egipcios la consideraban la expresión del corazón, y si la voz era pura, el corazón también lo era.

Si la voz temblaba, se agudizaba, se tropezaba o se perdía, era señal de que el difunto no era puro y, por tanto, no merecía pasar a los Campos Elíseos y debía contentarse con otra suerte.

En algunas leyendas se incluye la posibilidad de seguir adelante pagando a Anubis con joyas, talismanes o piedras preciosas; o solicitando la ayuda de Thot y su sabiduría para sortear el pasaje de la propia voz; o incluso venciendo a estos dioses con el poder mágico de una oración, donde la voz volvía a tener mucha importancia, pero esta vez apoyada por la magia.

Por supuesto, pronunciar bien los conjuros los hacía más efectivos, por lo que el muerto debía cuidar y practicar su dicción antes de leerlo en voz alta.

No solo había que hablar y decir, sino que se tenía que saber cómo hacerlo, Isis misma tuvo que saberlo para recomponer el maltrecho cuerpo de Osiris y volverlo a la vida.

Una buena voz, clara, sabia y profunda, podía salvar al difunto de los males que le acecharían en el inframundo, que no era precisamente un infierno, pero que se le parecía mucho.

LA BARCA DE RA

Los muertos más privilegiados tenían la oportunidad de viajar en y al más allá en la barca de Ra, evitando así enfrentarse con demasiados monstruos, aunque sí podían sufrir el ataque de Apofis, la serpiente enemiga eterna de Ra, a la que debían combatir junto a los dioses para que no matara al sol y sumiera en las tinieblas al mundo para siempre.

El mismo Seth, como castigo o como premio, acompañaba a Ra en su barca todas las noches, y según cuentan algunas leyendas, más de un difunto se sumaba a la tripulación de la embarcación divina para combatir al mal desde el más allá.

Muchas de las leyendas adosadas al *Libro egipcio de los muertos* son muy anteriores a la práctica de inscribirlo en las tumbas, lo mismo que muchos de sus encantos y sortilegios, mezclando la tradición con conceptos "más modernos" incluso dentro del Egipto milenario, donde la figura de Ra fue perdiendo popularidad con el tiempo y sumarse a su barca tras la muerte no parecía un destino apetecible para los difuntos.

Es por eso que hay muchas versiones e interpretaciones de esta obra milenaria y que cada una de ellas sea algo diferente a las demás, aunque con el común denominador de la muerte, la estancia en el más allá y el paso final a los Campos Elíseos, como diría Sir Wallis E. Budge, o como señalara más recientemente Paul Barguet (1967).

EL COMÚN DENOMINADOR Y EL ORDEN

El común denominador de todos los libros egipcios de la muerte es la muerte misma, la estancia en el más allá donde se recupera el sentido y la voz, o la palabra, el camino en el mundo interior o inframundo, y la prueba final para acceder, o no, al otro mundo de felicidad y abundancia.

Muchos de los conjuros y sortilegios son muy antiguos, y otros más modernos, pero todos sirven para sortear los peligros del inframundo, satisfacer o engañar a los dioses, y llegar más o menos completos a Duat, la puerta final.

Así, el orden de las versiones publicadas en los siglos XX y XXI es el siguiente:

Muerte, entrada en la tumba, despertar en el más allá y recuperar los sentidos y la voz.

Recordatorio o explicación de las cualidades de los dioses, posibilidad de repetir la vida que se ha vivido para mejorar y así aspirar a vivir de nuevo en el nuevo amanecer, en una especie de reencarnación casi inmediata, o seguir avanzando en el inframundo para llegar a Duat y vivir eternamente.

Viaje diurno en la barca Sagrada de Ra tras la muerte, todo un privilegio que quizá no es para todos, para que al anochecer el difunto baje al inframundo y se enfrente a Osiris y a Maat donde será aceptado o rechazado dependiendo de la pureza de su voz y el peso de su corazón.

Tras ser aceptado en los Campos Elíseos el difunto adquiere los poderes divinos y goza de las provisiones materiales, alimenticias y mágicas con las que le enterraron, y, en algunas interpretaciones y versiones, la posibilidad de pasar a formar parte del elenco divino.

LOS PRIVILEGIOS

Por gracia o por desgracia, no todos los muertos eran iguales y no todos tenían las mismas posibilidades en el más allá, pues si bien desaparecían muchas de las penalidades terrestres, los ricos, los poderosos y, por supuesto, los sacerdotes y los faraones, gozaban de su jerarquía mundana en el más allá, simplemente por estar más completos físicamente, estar mejor embalsamados, llevar talismanes y conjuros más potentes o por tener sangre divina desde el nacimiento.

Sin embargo, si el difunto, por jerarca o faraón que fuera no pasaba la última prueba, su corazón sería despreciado y devorado por Ammyt, lo que le condenaría a la muerte eterna y la desaparición total de su ser, o bien, si Ammyt se tragaba el escarabajo sagrado en lugar del corazón, quizá tendría la oportunidad de renacer en este mundo pasados los años, los siglos o los milenios.

LOS CUERPOS DEL SER

Para los egipcios, según la tradición y menciones en el *Libro egipcio de los muertos*, los seres humanos cuentan con diversos cuerpos, desde cuatro, como en las fórmulas clásicas de cuerpo físico, mente, alma y espíritu, hasta siete, donde el doble etérico, Ka, la sombra y la voz conforman al ser.

Ka, el doble etérico, se mantiene en la tumba, no va al más allá; cuida y protege la tumba y la momia, y en algunos casos espera a la resurrección del difunto para encarnarse de nuevo.

La sombra y la voz son extensiones del cuerpo mental y del alma. A la sombra hay que superarla, como se superan los actos realizados en este mundo; y la voz hay que preservarla, pues en ella está el poder y la identidad, indispensables para lograr un buen lugar en el más allá.

El cuerpo físico debe estar completo y perfectamente embalsamado, y, si falta el corazón o un miembro, hay que suplirlos con un escarabajo sagrado si lo que falta es el corazón, o una prótesis orgánica (de otro cuerpo menos privilegiado) o inorgánica, para llegar al más allá completos y preparados.

De hecho, el cuerpo físico puede convertirse en un ave con cara humana para ver nacer el nuevo día al poco tiempo de haber muerto.

El cuerpo elevado o espiritual, tan discutido porque algunos lo emparentan con el alma, es independiente y puede ser un privilegio que viene de los dioses, de los antepasados, o de las grandes gestas y hazañas que haya protagonizado el difunto en este mundo.

EL PAPIRO DE ANI

El papiro de Ani es la versión más conocida del *Libro de los muertos* y es la que aquí presentamos. Se cree que fue escrito hacia la dinastía XIX, más o menos sobre el año 1300 a.C. y es el que, de todos los textos hallados, contiene más capítulos. En ellos, se cuentan todos los pasos que el difunto debe superar hasta llegar al juicio de Osiris y tener éxito en este para poder vivir eternamente en el más allá. Si bien el papiro —de casi 24 metros de largo— no ha llegado intacto hasta nuestros días, sí que se ha conservado la mayor parte él, y con ello, la mayoría de los hechizos o conjuros que lo componen junto a las imágenes que los acompañan.

Ani fue el escriba que se encargó de recopilar todos estos textos y plasmarlos en un papiro, aunque es muy probable que aprovechara un papiro anterior, sabemos que él se encargó de hacer los dibujos, dado que algunos de estos hacen mención tanto a él como a su esposa.

Vivir bien es la mejor forma de morir en paz y gozar de un más allá feliz y prometedor.

DR. JAVIER TAPIA

EL LIBRO EGIPCIO
DE LOS MUERTOS

«...¿Oh, Asclepios, ignoras que Egipto es la imagen del cielo o, mejor dicho, que es la proyección aquí en la tierra del orden de todas las cosas celestiales? La verdad es que nuestra tierra es el centro del mundo y aun así, dado que los sabios deben prevenir todo, hay una cosa que debes tener en cuenta: llegará un tiempo en donde parecerá que todo el culto que los egipcios han realizado a los dioses con tanto fervor, ha sido totalmente en vano; que todas sus invocaciones y hechizos han sido no solo improductivos, también desatendidos. Entonces, la divinidad desaparecerá de la tierra y subirá al cielo, abandonando para siempre Egipto, su antiguo hogar, dejándolo así huérfano de la religión y carente por completo de la presencia de los dioses.

»Tanto el país como la tierra se llenarán de extranjeros y no solo se descuidarán las cosas santas, sino que la religión, la piedad y el culto a los dioses serán prohibidos y castigados por las nuevas leyes, lo que es aún más duro de entrever. Entonces, esta tierra que está santificada con tantas capillas y templos, solo quedará habitada por tumbas y muertos. ¡Oh, Egipto, Egipto! No quedarán de tus religiones más que vagos recuerdos e historias grabadas en piedra contando tu piedad, pero serán simples relatos en los que las generaciones del porvenir ya no creerán».

HERMES TRISMEGISTO[1]

---

1 Nombre griego de una personaje helenístico que se asoció a un sincretismo del dios egipcio Thoth y del dios griego Hermes. Se le considera el autor de los Hermética, una variedad de tratados que sientan las bases del sistema filosófico denominado hermetismo.

INTRODUCCIÓN

Teniendo en cuenta todos los pueblos de la antigüedad, resulta evidente que ninguno ha demostrado un interés tan exclusivo, ardiente y apasionado por el misterio de la muerte como el pueblo egipcio. En las primeras épocas, el rito mortuorio estaba designado únicamente para el privilegio de los reyes y altos funcionarios, pero pronto se trasladó a todos los niveles sociales; cualquier ser viviente deseaba poseer y conocer las «Palabras de Potencia», es decir, las fórmulas para poder devenir en dios y así poder sobrevivir en el más allá.

Los familiares del fallecido pedían a los escribas una selección de ciertos hechizos (el hechizo más amplio que poseemos es el del papiro de Turín, que tiene unos ciento sesenta hechizos) y estos, en forma de pergaminos enrollados, se colocaban en la tumba del fallecido. Hoy en día tenemos a nuestro alcance unos 190 fragmentos de una dimensión y un valor incalculable. En 1842, Richard Lepsius[2] realizó la primera edición, con el nombre de *Libro de los Muertos*, que aunque es un poco inexacta por la ambigüedad del título[3], es la versión que ha perdurado hasta el presente.

El contenido del texto consiste en un amplio monólogo del fallecido, que enuncia y dirige tanto a sí mismo como a los dioses y entidades del Más Allá. Como en casi todos los textos y tratados de origen oriental, la repetición es una de las claves para la transmisión oral de las ideas, ritos y creencias. La actitud del que recita, es decir el fallecido, es, por lo general, la de un visionario: las visiones suceden a las visio-

2 Karl Richard Lepsius (1810-1884), fue un lingüista, bibliotecario y egiptólogo alemán. Fue el fundador de la ciencia de la egiptología.
3 El nombre original del libro podría traducirse como "salida del alma hacia la luz del día", o "libro de la emergencia a la luz".

nes, y hay una especie de incoherencia presente a lo largo del texto. De hablar de las preocupaciones más convencionales y vulgares, como los bienes, la comida o la bebida, se da un vuelco total y la temática cambia para abordar suposiciones sublimes sobre la eternidad y el absoluto. Algunos fragmentos son verdaderamente dramáticos, otros resultan un tanto patéticos, pero, si algo tienen en común, es que todos los textos están empapados de una profunda religiosidad.

De forma general, al final todo depende de la sangre fría del alma o espíritu; con todo y que no haya sido un alma pura sobre la tierra, se le permite invocar las Palabras de Potencia, llamar y dirigirse a los dioses por su nombre y penetrar en los misterios del Más Allá.

El antiguo Egipto estaba completamente fascinado por el misterio de la muerte. Para ellos, el universo en su totalidad no era más que un gran sarcófago gigante y cósmico: en el centro se encuentra Osiris, muerto y momificado, derrotado por las fuerzas del mal. Solo los demás dioses pueden actuar y vengar a Osiris, pero son doblegados por los peligros y algunas veces mueren, por lo que las diosas viven llorando y lamentándose. Hay una atmósfera lúgubre y funeraria que se extiende sobre toda la vida y cultura egipcia.

Pareciera que las fuerzas del mal triunfan. Por suerte, Isis y Neftis, Hathor y Neith se encargan de proteger al mundo, pero Isis, la diosa principal, está viuda y, por lo tanto, cualquier adepto, cualquier egipcio está desprotegido y desamparado.

Y aunque Osiris está muerto, también Osiris vive. Es el señor del Amenti, rey del mundo inferior, juez supremo de los muertos. Existe, pero es un espectro, un espíritu menos real que los mismos muertos. Y precisamente en esto radica el carácter único y específico del Libro de los Muertos, en esta conciliación y armonía, singular y suprema, de un Osiris que está a la vez presente y ausente. Es un dios símbolo, sus roles y cometidos caen sobre los otros dioses: Ra, Atum, Horus... La ausencia de Osiris vuelve la existencia terrestre en algo irreal, en un crepúsculo para la vida póstuma, la única vida que es verdaderamente auténtica. La desgracia de Osiris envuelve a todo Egipto en una sensación de congoja insuperable y, como resultado, nos encontramos con una actitud espiritual única en todos los relatos y textos que abordan el pensamiento humano.

La atención del hombre, en general, está sujeta a su vida futura, y estos hechizos son precisamente los que muestran y explican el camino a seguir. Allí todo resulta caótico: el triunfo al lado del horror, de la barca de Ra a las tinieblas del Duat, de los Campos de los Bienaventurados a la constelación del Anca. De manera cronológica, el desarrollo del periplo o «viaje» después de la muerte sería el siguiente:

Primero el alma atraviesa el «Portal de la muerte», aparece en el Más Allá y es completamente cegada por la «plena luz del día». Este fragmento es corto, supuestamente mutilado del hechizo CLVIII, y nos relata cómo son esas primeras impresiones. Una vez que el alma recobra la conciencia, se siente irresistiblemente atraída hacia el cuerpo que justo acaba de abandonar: va y retorna. Pero hay unas entidades que le ayudan y se encargan de guiarla, llevándola lejos del sarcófago y la contemplación de su cuerpo. De esta forma, el alma deberá atravesar una «región de tinieblas», que se describe magníficamente en un fragmento un tanto realista que está intercalado en el hechizo CLXXV y que inicia con estas palabras: «¡Oh, Atum! ¿A qué sitio voy ahora?». Las tinieblas se llenan de desesperación, lamentos y gritos. El camino está obstaculizado, pareciera que cerrado.

La siguiente fase está constituida por la llegada del fallecido ante Osiris, el «Dios-Bueno», el «Dios-del-Corazón-Detenido», el rey del Mundo Inferior, del Inframundo. Su hogar es el Amenti, también conocido como Duat, el resto del Mundo Inferior; es una región sombría y yerma, donde está el Lago de Fuego, los Campos de Fuego, que sería el infierno propiamente hablando, y también los demonios.

Cuando el fallecido está delante de Osiris, comienza a alabar al «Dios-del-Corazón-Detenido» con los brazos extendidos en forma de adoración, frente al dios que permanece inmóvil. A su lado se encuentran Isis y Neftis. El fallecido enuncia las fórmulas sagradas y a partir de este momento, la unión mística está hecha: el fallecido y Osiris se vuelven un mismo ser.

Luego, en la siguiente fase, el fallecido debe presentarse ante un tribunal de justicia, liderado representativamente por Osiris y también está presente Maat, la diosa de la justicia, aunque ella en sí no se involucra ni forma parte del debate. El fallecido recita, entonces, la famosa «Confesión negativa» (está presente en el hechizo CXXV) y Anubis procede a extraer mágicamente el *Ib*, el corazón del fallecido, y a pesarlo en una balanza. El corazón es contrapesado con una pluma de Maat, símbolo de la verdad y la justicia universal, que está situada en el otro platillo. Si el fallecido no logra superar esta prueba, deberá quedarse por siempre en el Reino de Duat; pero en el caso contrario, se transformará en un Espíritu santificado.

A partir de este instante, una nueva vida comienza para el fallecido. Es liberado de todos sus actos, posee una libertad absoluta y puede recorrer a su antojo tanto el Cielo como la

Tierra y el Mundo Inferior. También puede brindarle consuelo a los condenados, visitar los Campos de la Paz y los Campos de los Bienaventurados, es decir, el Paraíso. Puede ir en la barca de Ra o navegar con Khepri por el Océano celeste. El fallecido, ahora, se ha transformado en un dios.

Se siente orgulloso, se da cuenta que es joven, fuerte y que desborda vitalidad, mientras que la mayoría de los dioses que están a su alrededor se ven decrépitos y viejos. Precisamente por esto no deja de llamarse a sí mismo «el heredero de los dioses». De esta forma se identifica con esos mismos dioses: fusionado a Osiris por su muerte, se transforma al mismo tiempo en Atum, Ptah, Thoth... y los dioses saludan a su sucesor.

Por lo general, estos dioses también personifican elementos más profundos: la diosa Maat, no solo preside la justicia, también encarna la noción del orden divino, del orden en el caos. La diosa Hathor, la madre del mundo, está representada con una vaca sagrada y ella misma en sí simboliza la naturaleza elemental. Mientras que el dios Khepri preside el devenir universal, la constante transformación de la existencia.

Los principales diez dioses «antiguos» que se mencionan en el Libro son: Nun[4], el océano cósmico primordial donde reposan los gérmenes de los mundos por venir. Shu y Tefnut, el Aire y la Humedad. Geb, dios de la Tierra. Nut, diosa del Cielo. Atum[5], el único, el solitario, el dios del sol nocturno. Ra ocupa, entre otras cosas, el lugar de Zeus en la teología griega. Y luego, Ptah, señor de la magia; Amón, dios de la

---

4   El término Nun fue utilizado en el período tardío, mientras que de forma más arcaica se utilizaba Nuu.

5   Esta denominación es griega, el nombre egipcio del dios es Itemu. También se le conoce como Atem o Tem.

creación y Khnum, otro dios de la creación, son considerados dioses demiurgos.

* * *

En esto consiste, explicado de una forma breve, la «trama» o premisa principal de este «Libro». No pretendemos hacer de este trabajo una guía de estudios o de conocimientos; pero sí hemos querido mantener y preservar el carácter poético que lo impregna, un elemento que por desgracia ha sido descuidado en algunas ediciones anteriores. Por lo tanto, nos limitaremos, a lo largo de todo el texto, a realizar las aclaraciones o explicaciones que consideremos necesarias para la comprensión de la lectura.

La traducción de este texto se llevó a cabo revisando las traducciones anteriores y comparándolas con el texto jeroglífico de Wallis Budge[6]. Este texto no posee puntuación de ningún tipo, únicamente posee la majestuosidad de las aguas del Nilo. Tal vez sea una concepción un poco arbitraria querer otorgarle un orden poético, pero sin dudas una versión «literal» del mismo sería prácticamente imposible, por no decir absurda o delirante. Lo verdaderamente difícil del proceso de traducción no se basa en la literalidad del texto, sino en la diversa comprensión de los significados, la simbología y los sentidos. Por ejemplo, la traducción de Birch[7] resulta totalmente incomprensible e indescifrable.

Los egipcios creían que el «Libro» estaba creado e inspirado por el propio Thoth y que es este dios quien enuncia

---

6   Ernest Wallis Budge (1857-1934), fue un filólogo y egiptólogo inglés que trabajó en el Museo Británico a partir de 1883 y fue quien realizó la transcripción y traducción del Libro de los Muertos del Papiro de Ani.

7   Samuel Birch (1813-1885), fue un egiptólogo inglés y antecesor de Wallis Budge en el Museo.

y se expresa a través de la boca del muerto (aparece en el hechizo I), revelando así la voluntad y deseo de los dioses. De esta forma, inspirándome en Thoth y en la Esfinge, que es el símbolo de lo enigmático y de la vida después de la muerte, les entrego esta versión que, sin hacer miramientos y sin aprensiones de orden gramatical, evidencia por primera vez el inmenso valor poético del texto.

Sección del Papiro de Ani

HECHIZO I

En los hechizos que aquí inician[8],
se cuenta la partida del Alma
hacia la plena Luz del Día,
su Resurrección en el Espíritu,
su incursión y sus periplos en las vastas regiones del Más Allá.

Estas son las palabras que deben recitarse el día de la Sepul-
*   tura,*
cuando el Alma, desprendida del Cuerpo, entra en el mundo
*   del Más Allá.*
¡Salve, oh Osiris, Toro del Amenti.[9]
¡Mira aquí que Thoth, Príncipe de la Eternidad,
es quien habla por mi boca!
Efectivamente, ¡soy el gran Dios
que va al lado de la barca celeste en su trayecto!
Ahora vengo para combatir junto a ti. ¡Oh Osiris!
Ya que soy una de esas antiguas deidades
que hacen vencer a Osiris
frente a sus enemigos en la Pesada de las Palabras[10]
¡Oh Osiris! Ahora me hallo en todo lo que te rodea,

---

8   La palabra «ra-u», traducida generalmente como capítulo por los egiptólogos, significa en realidad encantamiento, sortilegio o hechizo, forma que se utilizará durante toda la traducción.

9   El fallecido inicia así su discurso dirigido a Osiris, soberano de los muertos. Lo llama Toro de Amenti, es decir Todopoderoso del Más Allá, porque el toro representa la fuerza y el poder. El fallecido se identifica con Thoth, el dios lunar, que acompaña en su navegación a la Barca celeste.

10   La Pesada de las Palabras: así se le llamaba al juicio del fallecido en el Más Allá. Este se identificaba con Osiris; sus enemigos se transforman en los de Osiris, y Horus, hijo de Osiris, es quien debía protegerlo.

como los demás dioses que han nacido de la diosa Nut;
ellos son los que derrotan a tus enemigos
y capturan a los demonios.
Pues yo formo parte de tu cortejo, ¡Oh, Horus!
En tu Nombre, yo me preparo para la batalla.
Soy Thoth, el que hace vencer a Osiris frente a sus enemigos,
cuando son pesadas las palabras en el gran Santuario de
Heliópolis.
Efectivamente, soy Djedi, hijo de Djedi[11].
Nut, mi madre, me incubó y me trajo al Mundo en la ciu-
dad de Djedu.
Yo soy uno de los que sollozan y gimotean por Osiris en las
tierras de Rekht
y consiguen que Osiris salga victorioso sobre sus enemigos.
Ra ha enviado a Thoth para que Osiris venza sobre sus ene-
migos.
Mira aquí que Thoth me hace vencer, a mí, sobre sus ene-
migos.
Yo estoy al lado de Horus
el día en que la momia real de Osiris es vestida
y hago emerger los manantiales de agua
para limpiar al Ser Divino del Corazón Detenido[12].

---

11   Djed: Pilar liso, más ancho en su base que en la mitad, está cru-
zado en la parte superior por cuatro barras horizontales. Era el símbolo
más antiguo de Egipto y es tan importante como la cruz cristiana. Se
utilizaba para hacer referencia a la columna vertebral de Osiris (eje del
mundo); al propio Osiris; a la duración, a la eternidad y a la estabilidad,
al ser contrapuesto al devenir. La ceremonia más antigua consistía en el
enderezamiento del Djed acostado, que simbolizaba la resurrección de
Osiris y, por lo tanto, la esperanza de salud eterna del fallecido.
Djedi es un epíteto de Osiris.
Djedu y Djedi eran dos ciudades del Delta: Busiris y Mendes, donde
Osiris era especialmente venerado.
12   Este es el título oficial de Osiris, rey de los muertos y dios del Más

Mira aquí, que arrastro el cerrojo de la puerta
y se abre ante los secretos del Mundo Subterráneo[13].
¡Abran a mi Alma el camino hacia el hogar donde habita
  Osiris!
¡Que mi alma pueda acceder a ella con confianza!
¡Que logre salir de ella en paz!
¡Que no sea rechazada en la entrada y obligada a retroceder!
¡Que le permitan entrar y salir a su antojo
y que la Palabra de la Potencia sea vencedora!
¡Que sus mandamientos sean cumplidos en el hogar de Osiris!
¡Oh, Espíritus gloriosos, observen!
Mi Alma se desplazada a su lado.
Ella les habla: está purgada también, como ustedes,
pues la balanza del Juicio se ha inclinado a su favor.

* * *

¡Que la resolución de los Jueces que me atañe
no se mueva en la boca de la muchedumbre!
¡Que mi forma de actuar en la tierra
sea reconocida como honesta y virtuosa!
¡Que pueda estar erguido, contento, frente Osiris
y que pueda manifestarme delante de ti,
oh Príncipe de los dioses!
¡Mira aquí que llego a la región de la Verdad-Justicia
y que como una divinidad que vive, soy coronado!
Que irradie la Luz, oh dioses,
como uno más de ustedes!
¡Que pueda pisar con mis pies el sol divino de Her-Ahau

Allá.

13   Los Misterios del Re-Stau, la región más inaccesible del Más Allá, y la parte más difícil del viaje; era la cuarta y la quinta etapa del viaje nocturno de la Barca de Ra.

y observar en su doble viaje por el Cielo
la barca sagrada de Seket!
¡Que no sea expulsado
ni que me prohíban contemplar sus rostros,
oh dioses del Mundo Subterráneo!
Que siendo dispuesto al mismo nivel que los otros dioses,
me sea permitido respirar el ligero aroma de los alimentos,
cuando el confesor convoque a los dioses frente a mi ataúd.
Estoy en la ciudad de Sekhem[14] al lado de Horus,
cuando él le quite a los enemigos
el brazo izquierdo de Osiris[15].
Camino y entro, sin heridas, entre las divinidades brillantes
el día en que los demonios de Sekhem son aniquilados.
Voy junto a Horus a las fiestas de Osiris.
En el templo de Heliópolis realizo mis ofrendas
en el sexto día de la fiesta de Denit.
Ahora, me convierto en confesor en Djedu,
y estoy a cargo de las libaciones.
Este es el día en que la Tierra está en su apogeo.
Mira aquí que en mi presencia
se llevan a cabo los misterios de Re-Stau.
En Djedu, recito las fórmulas consagradas a Osiris.
Ya que, como confesor de los fallecidos, me ocupo de ellas.
También soy el gran Amo de los conocimientos mágicos,
cuando se dispone sobre los trineos el barco del dios Sokar[16].
Cuando en los ritos en Heracleópolis,

---

14   Letópolis.
15   El brazo izquierdo de Osiris correspondía a Oriente, y un ataque a este lado débil era para él todo un peligro mortal.
16   El dios Sokar es, de las divinidades de la región de los muertos, la más antigua. Durante la travesía del Reu-Stau (la morada de Sokar), es decir durante el momento más crítico de la iniciación, la barca solar no podía avanzar, por lo que es reemplazada por trineos.

hay que perforar la tierra, me entregan una azada.
¡Oh, Espíritus divinos, que hacen que las almas perfectas
se adentren en el sagrado hogar de Osiris,
¡Déjenme marchar a su lado, a mí, que soy un alma perfecta!
¡Déjenme entrar en el santuario de Osiris!
¡Que escuche tal y como ustedes escuchan,
que vea como ustedes ven,
quede de pie o sentado, como ustedes, a mi voluntad!
¡Oh ustedes que ofrendan a las Almas perfectas
en el hogar sagrado de Osiris,
entreguen virtudes consagradas para que mi Alma viva!
¡Oh ustedes, Espíritus gloriosos,
que liberan de obstáculos el camino
hacia las ofrendas que me son destinadas.
¡Que pueda acercarme al barco Neshem
sin que mi alma ni su Amo sean rechazados!
¡Salve, oh Osiris, Señor de Amenti!
¡Déjame entrar en tu reino en completa paz!
¡Que los Señores de la Tierra Santa
me reciban con exclamaciones de júbilo!

¡Que me den un lugar junto a ellos!
¡Que encuentre a Isis y Neftis en el momento indicado!
¡Que el Ser-Bueno me reciba con favor!
¡Que acompañe a Horus al Mundo del Re-Stau, y a Osiris
    a Djedu!
¡Que pueda pasar por todas las transformaciones posibles
así como por todas las Regiones del Más Allá,
de acuerdo con los deseos de mi corazón!

RÚBRICA[17]

Si durante su vida en la Tierra el fallecido ha aprendido este hechizo y ha pedido que lo escriban en las paredes de su sarcófago, podrá salir o entrar en su Mansión a su antojo, sin encontrar a nadie que pueda prohibirlo. También tendrá a su disposición: pan, cerveza, carne y el altar de Ra. Vivirá en los campos Sekht-Iarú y compartirá con él las cosechas de trigo y cebada. Y allá lejos, en la otra vida, será fuerte y dichoso como lo fue en la Tierra.

Ejemplo de Momia egipcia.

---

17   Algunos hechizos como este terminan con una rúbrica, que suele explicar o dar indicaciones de carácter litúrgico o mágico; también puede dar reseñas históricas del hechizo que le precede. En el original (del latín rubrica, de ruber: rojo) eran anotaciones que estaban realizadas en rojo, de ahí su nombre.

HECHIZO II

A FIN DE RESUCITAR DESPUÉS DE LA MUERTE

¡Oh tú, dios del Disco lunar,
que brillas en las nostalgias nocturnas!
¡Yo también estoy a tu lado,
entre los habitantes del Cielo que te rodean!
Yo, Osiris, muerto,
accedo a mi antojo, ahora en la Región de los Muertos,
ahora en la de los Vivos en la Tierra,
y a cualquier otro lugar donde me lleve el deseo.

Osiris, señor de los muertos y del renacimiento.
Su piel verde simboliza el renacimiento.

HECHIZO III

PARA ALCANZAR LA LUZ DEL DÍA
Y PARA VIVIR DESPUÉS DE LA MUERTE

¡Salve, Oh Atum,
tú que te levantas sobre las profundidades
de los Abismos cósmicos!
¡Gigante es, efectivamente, tu resplandor!
¡Apareces frente a mí con la forma de un León con dos cabezas!
¡Déjame aprender tu Palabra de Potencia!
¡Brinda tu fuerza a los que de pie, frente ti, la escuchan!
¡Aquí estoy y me uno a los incontables dioses
que te rodean, oh, Ra!
¡He llevado a cabo los mandatos
que has dado a tus servidores en la tarde, oh, Ra!
En verdad, como Ra, tras la muerte yo vivo,
día tras día, y como renace todos los días de la vigilia,
así también yo renazco de la muerte.
Todos los dioses del Cielo se alegran observándome vivir,
así como se alegran viendo vivir a Ptah,
cuando se muestra en todo su esplendor
en el gran templo de Heliópolis.

HECHIZO IV

CRUCE POR LA VÍA CELESTE EN EL RE-STAU

¡Mira aquí que cruzo
los Abismos de las Aguas celestes
que están entre los dos luchadores[18]
Y que llego a los campos de Osiris!
¡Que pueda disfrutar de ellos a mi antojo!

HECHIZO V

A FIN DE NO TRABAJAR EN EL MÁS ALLÁ

Vengo de Hermópolis
para levantar el brazo
de aquellos que están impedidos y decaídos.
Soy el espíritu vivo de los dioses.
Fui educado en el Saber de los Espíritus servidores de Thoth[19].

---

18   Los luchadores serían Horus y Seth
19   Los espíritus servidores de Thoth son los adoradores del sol y los
maestros de la sabiduría.

HECHIZO VI

LAS FIGURILLAS MÁGICAS

¡Oh tú, Figurilla mágica[20], óyeme!
Si he sido requerido
si he sido sentenciado a llevar a cabo tareas de toda clase,
esas que obligan a ejecutar a los Espíritus de los Muertos en
*   el Más Allá;*
pues entonces, ¡oh Figurilla mágica:
ahora que posees herramientas,
debes obedecer al hombre en su petición!
Debes saber que tú serás la castigada en mi lugar,
por los guardias de Duat:
a sembrar los campos,
a llenar de agua los canales,
a trasladar arena Del Este al Oeste.

La Figurilla contesta:
—*Aquí estoy... Espero tus órdenes.*

---

20   Son las figurillas encontradas en las tumbas y tenían forma de hombres, de animales, etc., son conocidas también con el nombre de ushebti o shabti (que significa los que responden a las llamadas). Por medio de la magia se encargaban de realizar todos los trabajos del fallecido en la otra vida.

HECHIZO VII

EL CAMINO POR DETRÁS DEL TERRIBLE APOFIS[21]

¡Oh tú, terrible criatura de cera,
que vives solo para destruir a los frágiles y abatidos!
¡Aprende que yo no soy frágil!
¡Que no soy un alma exhausta y abatida!
¡Que tus pócimas no podrán impregnar mis miembros!
Porque el Cuerpo de Atum ¡es mi propio Cuerpo[22]!
De no agonizar tú mismo,
¡tampoco los padecimientos de la agonía
podrán llegar a mis miembros!
¡Porque soy el Atum en el medio del Océano celeste!
Efectivamente, ¡todos los dioses me benefician eternamente!
Mi nombre es un Misterio[23].
Mi morada es sagrada para siempre.
Ya no lidiaré más con los Jueces del Infierno,
pues desde ahora voy al lado del propio Atum.
¡Soy vigoroso! ¡Soy vigoroso!

---

21   Apofis (Apepi o Apophi), en la teología egipcia es el espíritu del mal por excelencia. Se le llama criatura de cera porque se solía colocar algunas figurillas de cera que lo representaban, para así realizar hechizos e invocaciones mágicas.
22   El dios Atum (Atum) hace referencia al estado del Cosmos antes de la escisión, es decir, antes de la salida del Sol, de la Luna, de la Tierra original. Atum ignora, por lo tanto, la muerte, que según la teología egipcia aguarda a todos los dioses.
23   Poseer el nombre de algo o de alguien era lo mismo a poseer a ese algo o alguien.

HECHIZO VIII

EL CAMINO A TRAVÉS DEL AMENTI

Yo me adentro en los secretos de Hermópolis[24],
pues el mismo Thoth ha colocado un sello encima de mi ca-
beza;
y el ojo de Horus que he dejado libre me protege, omnipo-
tente[25].
Él brilla sobre la frente de Ra, Padre de todos los dioses.
Efectivamente, yo soy Osiris y permanezco en el Amenti.
Osiris, que conoce la hora fausta,
¡Sin que yo viva él tampoco no vivirá!
¡Pues yo soy Ra, entre las demás deidades divinas,
y no sucumbiré en toda la eternidad!
¡Adelante pues, tú, Horus resucitado!
¡Los mismos dioses son los que te santificaron como Dios!

---

24   El templo de Hermópolis era donde se encontraba la sede de los
misterios de Thoth (Hermes), así como de la escuela de teología rival de
la de Heliópolis.
25   El Ojo de Horus era una de las más poderosas imágenes-visión. En
la Tierra podría equipararse al Disco solar. Era una divinidad diferente,
guerrera y activa, que cuidaba por el orden cósmico y luchaba contra sus
enemigos.

HECHIZO IX

DESPUÉS DEL PASO POR LA TUMBA

¡Oh tú, Alma grande, poderosa y llena de vigor!
¡Mírame aquí! ¡Llego! ¡Te idolatro!
He atravesado las puertas del Más Allá
para venerar a Osiris, ¡mi padre divino!
Ahora difumino las tinieblas que están a tu alrededor,
ya que te amo, Osiris, y vengo a admirar tu rostro.
Yo he traspasado el corazón de Seth;
he llevado a cabo los ritos funerarios por Osiris, Padre mío.
Yo limpio los caminos tanto en el Cielo como en la Tierra,
pues soy Osiris, tu hijo, que te ama...
He regresado aquí, con el Espíritu puro y glorificado.
Estoy protegido por Palabras de Potencia...
¡Dioses del gran Cielo! ¡Espíritus gloriosos!
Todos ustedes, ¡contémplenme!
¡Efectivamente! A punto de concluir mi periplo
llego aquí ante ustedes.

Ojo de Horus

HECHIZO X

UN HECHIZO CONTRA LOS ENEMIGOS

He forzado la entrada del Cielo.
Destruyo ahora las Puertas del horizonte.
Por la Tierra entera yo me desplazo.
Incluso los espíritus superiores están bajo mis mandatos,
pues mis poderes mágicos son infinitos.
Mi boca y mis mandíbulas poseen una gran fuerza.
Efectivamente, para toda la Eternidad, soy el Señor del Duat,
pero los medios de mi Ascensión no les serán revelados.

Seth es un dios ambivalente, caracterizado por la violencia,
el caos y la fuerza, relacionado con el desierto.

HECHIZO XI

UN HECHIZO CONTRA LOS ENEMIGOS

¡Oh tú, Espíritu, que engulles tu propio brazo,
apártate de mi camino!
¡Pues yo soy Ra que se eleva en el Cielo, delante de sus ene-
migos!
Ya no podrán escapar de mí,
este dios poderoso los ha soltado en mis manos.
Mi brazo está restituido como el del Amo de la Corona[26].
A medida que las diosas-serpientes se levantan, yo apuro mis
pasos.
¡Ya me entregarán a mis enemigos!
Pues encerrados entre mis manos ya no podrán escapar de mí.
Estoy de pie como Horus; estoy sentado igual que Ptah;
soy tan vigoroso como Thoth; soy indestructible como Atum.
Mis piernas me llevan a correr;
de mi boca se oyen las Palabras de Potencia.
Mira aquí que busco por todo el Cielo a mis enemigos,
aquellos que serán entregados y no podrán ya escapar de mí.

---

26   Hace referencia a Osiris.

HECHIZO XII

A FIN DE ENTRAR Y SALIR A VOLUNTAD

Alabado sea tu nombre,
¡Oh Ra, Protector de las Puertas secretas
esas de las que sale un Camino hacia Geb y la Balanza
que alberga la Verdad y la Justicia!
¡Observa! ¡Yo delimito mi camino a través de la Tierra!
¡Dios quiera que pueda, como un niño, volver a renacer a
*   la vida!*[27]

Geb es un dios de la Tierra y esposo de Nut.

---

27   La muerte es un nacimiento en los dominios del espíritu, es decir que el fallecido deviene en un nuevo-nacido. Nhh es una expresión asociada al concepto de eternidad, puede significar haber nacido, o hacerse viejo. El determinativo del texto debe ser atribuido a un error del copista.

HECHIZO XIII

LA LLEGADA AL AMENTI

Llego al Cielo como un Halcón.
Exploro los rincones del Cielo como un ave Fénix.
Los dioses admiran a Ra y él despeja los caminos.
Y ya entro en paz en la bella Amenti.
Estoy aquí, al lado del Estanque sagrado de Horus;
tengo a sus perros prisioneros.
¡Que el camino sea liberado para mí!
¡Que pueda adentrarme en él
y que pueda idolatrar a Osiris, Señor de la Vida Eterna!

RÚBRICA

Es necesario enunciar este hechizo sobre un brazalete de flores Arkham colocado en el oído derecho del fallecido. Y, enunciar del mismo modo, sobre otro brazalete, atado con un paño de tinte púrpura, en el que se escribirá el nombre del fallecido justo en el día de sus funerales.

Hechizo XIV

Para poner fin al sentimiento de vergüenza que aflige el corazón de los dioses

¡Oh dioses, controladores de los sagrados ritmos,
ustedes que dirigen el desarrollo de los secretos,
que sus nombres sean admirados!
Escuchen mis palabras:

«Efectivamente, los dioses se afligen y se desorientan
cuando se dan cuenta de mis maldades;
pero con los golpes que hará caer sobre mis faltas
el dios de la Verdad y de la Justicia
¡Mis delitos e imperfecciones se disiparán!».

¡Oh, Dios de la Verdad y de la Justicia, elimina el Mal que
*   habita en mí!*
¡Elimina mi maldad y mis pecados,
destierra de mi corazón todo el veneno que podría alejarme
*   de ti,*
para que la paz reine entre nosotros!
Y tú, ¡oh Señor de las Ofrendas,
aquí te traigo lo que te dará vida,
con el fin de que yo también pueda tenerla!
Y el sentimiento de vergüenza que alberga en tu corazón,
por mi culpa,
¡elimínalo para el resto de la eternidad!

Hechizo XV

Un canto a la gloria de Ra

¡Salve, oh, Ra!
Como Atum te levantas sobre el horizonte;
y como Horus-Khuti coronas en el Cielo.[28]
Tu belleza emociona mis ojos
y tus rayos de luz inundan mi Cuerpo en la Tierra.
La paz se expande por los inmensos Cielos,
cuando viajas en tu barca Celeste.
Mira aquí que el viento empuja las velas y alegra tu corazón;
atraviesas al Cielo con paso ligero.
Tus enemigos son destruidos
y la calma te rodea.
Los Genios planetarios transitan sus órbitas
cantando tu gloria.
Cuando detrás de las montañas del Oeste,
bajas en el Horizonte,
los Genios de las estrellas que están fijas
te adoran arrodillándose ante ti.
Al amanecer y por la tarde, tu hermosura es aún más grande,
¡Oh tú, Señor de la Vida y del Orden de los Mundos!
¡Gloria a Ti, oh Ra, cuando te levantas en el Horizonte,
y cuando como Atum, por la tarde te tumbas!
¡Pues efectivamente, tus rayos son preciosos
cuando desde la cima de la Bóveda celeste
te dejas contemplar en todo tu fulgor
y allí es donde vive Nut, quien te trajo al Mundo.
Mira aquí que eres coronado Rey de todos los dioses.

---

28 Horus-Khuti (o Horokhte, Harmakhis) es el Horus de los Dos Horizontes, matinal y diurno, y su templo está en Edfú.

Nut, tu Madre, diosa del Océano cósmico,
se postra, adorándote solo a ti.
El Orden y Equilibrio de los Mundos, fluyen de ti.
Cuando te cas, desde la mañana hasta la tarde, al llegar,
abarcas todo el Cielo a grandes pasos.
Tu Corazón se alegra y el Lago Celeste queda en calma.
¡Fatigado por el Demonio!
¡Sus miembros y vértebras son mutiladas!
Los vientos benévolos impulsan tu barca hacia el Puerto.
Eres adorado por las cuatro Regiones del Espacio.
¡Oh tú, sustancia gloriosa
de la que todos los seres y forman fluyen!
Mira aquí que has pronunciado una Palabra;
y en silencio, la Tierra te escucha.
Única divinidad, tú eras quien reinaba ya en el Cielo,
cuando la Tierra todavía no era como ahora, con sus montañas.

¡Tú, el Señor! ¡Tú, el Rápido! ¡Tú, el único!
¡Tú, el Creador de todo lo existente!
Tú has moldeado la lengua de las divinas Jerarquías;
tú has protegido a los Seres del Primer Océano
y los has salvado en una Isla del Lago de Horus.
¡Que yo pueda respirar el aire bien cerca de tu nariz
así como el Viento del Norte que envía Nut, tu Madre!
¡Oh, Ra, accede a consagrar mi Espíritu!
¡Oh, Osiris! ¡Regresa a mi alma su naturaleza gloriosa!
¡Gloria a ti, oh señor de los Dioses!
¡Sea aclamado tu nombre!
¡Oh artista de Obras admirables!
Ilumina con tus rayos mi Cuerpo
que descansa en la Tierra
durante toda la Eternidad.

Hechizo XVI

Viñeta

El amanecer. Ra, llevando un disco rodeado por una serpiente, y de pie bajo el cielo abovedado, siendo adorado por siete monos. El pilar de abajo tiene brazos y manos humanos, que agarran los símbolos de poder de Osiris; a la izquierda está Isis, la "madre divina", y a la derecha Neftis. (Del Papiro de Hu-nefer)

HECHIZO XVII

A FIN DE ENTRAR EN EL MUNDO INFERIOR
Y PARA SALIR DE ÉL[29]

Aquí inician los cantos de adoración que deben pronunciarse cuando el fallecido, una vez afuera de su cuerpo, decida acceder al divino Mundo Inferior y a la hermosa Amenti. Es decir, cuando se aparezca ante la Plena Luz del Día, podrá expresarse a su antojo en todas las formas de la Existencia misma. De esta forma, estará alojado en una estancia y podrá jugar a las damas o, tal vez, por su cualidad de alma que también vive, podrá realizar viajes largos. Entonces dirá:

Yo soy el dios Atum,
el ermitaño de los grandes espacios del Cielo; soy el Dios Ra
levantándose al amanecer de los Tiempos Antiguos, parecido
   al Dios Nu.[30]
Soy la Gran Divinidad
que se reproduce a sí misma.
Las magias secretas de mis Nombres
hacen posible las jerarquías celestes
los dioses no se niegan a mi avance;
pues yo soy el Ayer
y conozco el Mañana,
la lucha cruel que llevan a cabo los dioses,
unos contra otros,

---

29   Este hechizo, que recibe el mismo tratamiento que los conjuros XLIII, LXIV, CLXV, y algunos otros, es uno de los textos más antiguos de todo el Libro. De forma deliberada hemos eliminado las notas y comentarios de la época, que pretendían explicar este texto oscuro.
30   Nu es la más antigua de todas las divinidades egipcias. Es el dios del espacio líquido e ilimitado, el gran océano cósmico.

es siempre según mis voluntades.
Sé el Nombre secreto
de la gran Divinidad que mora en el Cielo;
soy el Gran Fénix de Heliópolis[31];
soy el que protege el Libro del Destino,
donde se escribe todo lo que fue y todo lo que será.
Soy el Dios Amsu en el momento en que se cobra presencia[32];
y las dos Plumas de la diosa Maat decoran mi cabeza.
Mira aquí que llego a mi Patria de origen[33];
y permanezco en el lugar de mi hogar definitivo.
El Mal que albergaba dentro de mí
ha sido arrancado desde sus raíces.
Mis defectos y mis vicios han sido limpiados.
Yo recorro las Sendas del Más Allá.
Efectivamente, todas me son conocidas.
Mi camino sigue la dirección
de la Ordenación de los Mundos.
Ahora, llego al país del Horizonte,
atravieso el Portal sagrado.
¡Oh, dioses! ¡Ustedes que se dirigen a mi encuentro,
extiendan sus brazos hacia mí!
Pues conseguí ser un dios, ¡igual a ustedes!
Cuando el ojo divino[34],

---

31   El fénix (Bennu), es una manifestación del Alma de Ra. Heliópolis (Annu o Iunu, que significa pilar) era el centro iniciático dedicado al culto de esta divinidad.

32   Amsu o Min es una divinidad muy antigua. Es una forma arcaica del Amón (también conocido como Amun) de Tebas. Como Ptah de Menfis, esta divinidad se representa envuelta en vendajes de momia, enseñando en la mano el gran símbolo del poder.

33   Su patria de origen es el Más Allá.

34   El Ojo divino (de Horus, de Atum, de Ra, etc.), es una divinidad poderosa, guerrera, vengadora; una especie de representación del dios en sí.

en la lucha de Horus y Seth
estaba a punto de extinguirse,
yo restablecí su vigor.
Y ordené los Circuitos celestes
luego del gran desmoronamiento de los Mundos.
Ayer vi nacer a Ra,
cuando salía de las profundidades del Cielo.
¡Entonces su fuerza también es mi fuerza!
Pues, efectivamente, soy un Espíritu poderoso
entre todos los que rodean a Horus.
¡Oh, guardianes del Orden de los Mundos, alabados!
Ustedes, Jerarquías divinas que rodean a Osiris,
que destruyen al Espíritu del Mal,
y ustedes, servidores de la diosa Hotep-Sekhus[35]
Permítanme alcanzarlos.
¡Destruyan el Mal que se aferra a mi Alma!
Como purificaron a los siete Espíritus
obedientes a su Señor, Sepa.[36]
Mira aquí a Anubis que crea espacios para ellos
durante este gran Día cuyo nombre es:
«¡Ven, por aquí!»
Yo soy aquel cuya Alma habita
en la doble deidad Djafi[37]
Yo soy ese gran Gato divino[38]
Que derribó el Árbol sagrado de Heliópolis
en la noche de la aniquilación

---

35   Hotep-Sekhus, una variante del Ojo de Ra, que lucha y quema a sus enemigos.

36   El Señor de Sepa, Anubis, dios psicopompo, es decir, es un ser que conduce a las almas de los muertos a la ultratumba, al cielo o al infierno.

37   Djafi es un alma doble, representa la cualidad de Osiris y Ra en una misma entidad.

38   El gato divino, no es más que otra manifestación de Ra.

de los demonios, esos enemigos de Neberdjer[39]
¡Oh Ra! Tú que habitas en el Huevo Cósmico,
que brillas como Oro puro en tu Disco solar,
que te levantas por encima del Horizonte
y viajas por un Cielo de bronce,
¡Tú, inigualable, único entre los dioses!
El Cielo aguantado por los Pilares del dios Shu,
tú lo atraviesas en toda su extensión.
Un halo de fuego sale de tu Boca
y tus gloriosos Espíritus iluminan las dos Tierras.
¡Oh, Ra! ¡Cuídame de ese demonio!
Que tiene su rostro oculto tras un velo.
Los Brazos de la Balanza son tus dos cejas,
cuando en la fatídica noche
mis pecados, antes de ser purificados
serán medidos.
¡Cuídame de esos Espíritus-Guardianes
que están provistos de largos cuchillos
y cuyos dedos generan tanto mal!
Yo sé: la muerte de los servidores de Osiris es lo que les da
*   placer.*
¡Que carezcan de fuerza conmigo!
¡Que no me lleven hacia sus calderas!
Pues yo sé sus nombres, ¡oh, dioses!
Así como sé quién es el Ser divino
escondido en los dominios de Osiris,
cuyo Ojo,
aunque el mismo se mantenga invisible y oculto,
brilla igual en el Cielo.
Rodeado por un manto de fuego

---

39   Neberdjer, señor de los mundos, era un epíteto bastante corriente
de Osiris o de Ra.

que sale de su boca,
camina por el Cielo dando órdenes
al dios del Nilo celeste;
y no obstante, se mantiene invisible.

* * *

¡Ojalá yo logre ser fuerte en la Tierra, junto al Ra!
¡Ojalá yo logre arribar en paz hacia mi Puerto, junto a Osiris!
¡Ojalá yo logre, oh dioses, encontrar bien limpias, en sus altares
las ofrendas que están destinadas para mí!
Porque yo soy de los que van detrás de Osiris.
Y el «Libro de las Metamorfosis» dice:
«Yo vuelo como un halcón,
grito como un ganso salvaje;
como Neheb-Kau, nunca moriré![40]».

* * *

¡Oh R-Atum, Príncipe de los dioses!
Tú que siempre observas la inmensidad del Espacio,
cuídame de este demonio
cuyo rostro es muy similar al de un perro,
pero sus cejas se parecen a las de un hombre.
Él monta guardia en los canales del Lago del Fuego,
él se come los cadáveres;
él acuchilla los corazones y arroja porquerías.
Y sin embargo, Él permanece invisible.
¡Oh tú, poderoso Señor de las dos Tierras,
dueño de los Demonios Rojos!
Sé que controlas los sitios de las ejecuciones

---

40   Neheb-Kau, o también puede ser Ra.

y que los intestinos de los fallecidos son tu alimento preferido.
¡Aléjate!
Ahora, la Corona Real acaba de posarse en la cabeza
de una deidad de Heracleópolis
Primera entre los dioses[41],
el día de la Reunión de las Dos tierras ante Osiris[42]
¡Oh dios de la cabeza de Carnero,
señor de Heracleópolis,
elimina el Mal que se aferra a mi Alma!
¡Guíame por los Senderos de la Vida Eterna!
¡Cuídame de este Espíritu demoníaco
que me ve desde las Tinieblas!
Porque se apropia de las almas y se traga los corazones.
Se alimenta de porquerías y de todo lo putrefacto.
Las Almas buenas e indefensas le tienen miedo.
¡Oh Khepri, tú que remas en la barca celeste[43]!
Las jerarquías divinas que dan forma a tu cuerpo
aparecen ante mis ofuscados ojos.
¡Oh Khepri! ¡Cuídame de los Espíritus
que guardan custodia en la proximidad de los Condenados!
Porque ellos fueron dejados por Osiris
con orden de cuidar sobre sus enemigos,
de atarlos y matarlos en sus hogares.
¡No es fácil, efectivamente, huir de esos guardianes!
¡Que no me atrapen sus cuchillos!
¡Que no me entreguen indefenso

---

41   Herishef, representada con una cabeza de carnero, diosa de la fertilidad y justicia. También en la mitología egipcia era una diosa solar.
42   La reunión de las dos Tierras —los dos Egiptos, el Alto y el Bajo— tenían gran importancia en la teología egipcia.
43   Khepri (también conocido como Khepré), es una divinidad que presidía el Porvenir cósmico, era representada con la forma de un escarabajo.

a sus cuevas de tortura!
Pues efectivamente no hice nada de lo que los dioses odian
y fui purificado de todos mis pecados cuando penetré en Mes-
     ket[44].
En el Tehenet, ya por la tarde, gozo con mi cena.
Atum levanta mi morada.
Y quien dibuja los planos
es el dios con la doble cabeza de León.
Es así que llegan hasta mí perfumes sagrados;
Horus es purificado, Seth es cubierto de incienso;
yo soy aceptado en esta Tierra
y tomo posesión de ella con mis propios pies.

* * *

Yo soy el dios Atum.
Llego a mi hogar de origen.
¡Retrocede, pues! ¡Retrocede, oh León Rehu!
Fuego emerge de tu boca;
tu cabeza está rodeada de llamas;
pero por la fuerza de mi Palabra
¡Serás repelido!
¡Sabes que estoy alertado!
¡Que soy invisible!
Isis viene a mi encuentro,
y derrama su espesa cabellera sobre mi rostro.
Ahora observo mi fecundación por Isis y mi engendramiento
     por Neftis.

---

44   Mesket y Tehenet son dos regiones del Duat (el Mundo Subterráneo). El texto siguiente explica las etapas de la encarnación: Atum crea
los cuerpos (la morada), el dios- León (Akeni) es el dios de la Tierra que
forma el destino (los planos); enseguida el niño nace, introducido por
dos entes opuestos: Horus y Seth; y al fin toma posesión de la Tierra.

Estas dos diosas acosan a mis enemigos.
Me sigue mi Potencia, acompañada del Terror.
Mis brazos vigorosos siembran el pánico.
Incontables Seres llenos de amor y de esperanza
me rodean por todas partes.
Divido las multitudes de los Espíritus enemigos
y me apropio de las armas de los demonios.
Isis y Neftis dan a mi vida dulzura y alegría.
En Kher-aha y en Iunu[45]
dirijo el acontecer de las cosas a mi antojo.
Doy miedo a todas las deidades;
porque yo soy muy grande.
¡Mi autoridad es enorme!
Arrojo mis flechas contra todos los que maldicen,
vivo como me parece:
pues yo soy la diosa Uadjit, dueña de la Llama[46]
¡Ay de los que se levanten contra mí!

---

45 Estos son dos centros de culto, misterios y secretos. Kher-aha estaba ubicado al sur de Egipto, y Iunu estaba en el nordeste de la ciudad de El Cairo.

46 La diosa Uadjit, conocida también como el Ojo de Ra, era una diosa-vigía del Bajo Egipto.

HECHIZO XVIII

El confesor dice:
¡Oh ustedes, Soberanas Jerarquías
del Cielo, de la Tierra y del Mundo de los Muertos!
¡Es aquí que seguido por el fallecido, llego ante ustedes!
¡Que me quede, pues, para siempre, con ustedes!

El fallecido dice:
¡Salve, oh Señor del Más Allá, Osiris, Amo del Re-Stau,
dios bueno del Santuario de Abydos!
Es aquí que llego ante ti.
Siempre mi corazón ha sido fiel al Camino del Bien.
Mis ideas nunca fueron impregnadas por el Mal.
En mi pecho ¡no hay ningún pecado!
Nunca mentí de forma consciente, ni actué con falsedad.
¡Que las ofrendas, pues, vengan hacia mí! Que pueda aparecer
ante el altar del Señor, de él ¡el Dueño de la Verdad y la Jus-
    ticia!
Que pueda, sí, acceder a la Región de los Muertos,
y salir de ella según mi voluntad.
¡Que mi alma no sea rechazada!
¡Que pueda observar eternamente
a los Espíritus divinos de la Luna y el Sol!

* * *

¡Yo te saludo, Oh Rey de la Región de los Muertos,
príncipe del Reino del Silencio!
Estoy aquí, ante ti.
Sé cuáles son tus deseos y conozco las reglas de tu Reino,
tengo el conocimiento de las Formas y de las Metamorfosis

realizadas en la Región de los Muertos.
¡Dame un sitio en tu Reino,
junto al Amo de la Verdad y la Justicia!
¡Ojalá pueda morar en la Región de los Bienaventurados
y aceptar frente a ti, todas las ofrendas sepulcrales!
¡Oh Thoth! Tú que logras que Osiris venza sobre sus enemigos
protégeme de mis enemigos: en esta noche nefasta,
en esta noche de guerras
en donde serán destruidos
los enemigos del Señor de los Mundos.
Intercede por mí ante los tribunales de Heliópolis
de Busiris, de Sekhem, de Pe y Dep,
de Tekthi, de Djedu, de Nairerf y de Re-Satu.[47]

RÚBRICA

Recitando el hechizo anterior, el fallecido, después arribar al Más Allá, podrá salir a la plena Luz del Día y logrará, a su antojo, recubrirse de las formas de todos los seres. Todo aquel que haya recitado este hechizo, será fuerte en la Tierra. Cuando tenga que atravesar las regiones de Fuego en el Más Allá, no será capturado o castigado por los malos actos cometidos en vida allá en la Tierra; es decir, sus acciones pasadas no lo tendrán prisionero por toda la eternidad.

---

47   Se ha abreviado la invocación del hechizo XVIII que contenía diez secciones, y estas repetían siempre las mismas fórmulas.

HECHIZO XIX

LA CORONA DE LA VICTORIA[48]

Atum preparó para colocar en tu frente
una corona de Victoria;
para que, siendo fiel a los dioses puedas vivir por toda la
*   eternidad,*
porque Osiris, Señor de la Región de los Muertos,
hace que venzas sobre tus enemigos.
Geb te ha elegido como su heredero universal.
Acércate, pues, y canta la gloria de Horus, hijo de Isis y de
*   Osiris,*
que hace que te eleves sobre el Trono de Ra, tu Padre divino.
Y te concede el poder sobre las Dos Tierras.
Atum también lo ha decidido,
y esta orden ha sido llevada a cabo por la Jerarquía divina
*   de su séquito,*
pues todo el poder de Horus, hijo de Isis y de Osiris,
ha nacido de la Victoria.
Del mismo modo que yo seré victorioso, sí por siempre.
Al triunfo de Horus, hijo de Isis y Osiris,
asisten todas las Regiones, todos los dioses y todas las diosas,
las del Cielo y las de la Tierra.
Este triunfo conseguido ante Osiris era necesario
para que yo lograse
vencer sobre mis enemigos
el día en que Horus consigue vencer

---

48   Este hechizo es una variación sobre el leitmotiv, es decir el tema central, sobre la reciprocidad, tan frecuente en el Libro. El fallecido se identifica con Horus, hijo de Osiris y de Isis, por lo tanto, la victoria de Horus será también su victoria.

a Seth y sus demonios,
yo, fallecido, triunfo sobre mis enemigos,
en la noche de la Fiesta en que el Dios Djed
es levantado en Djedu;
ante las divinidades que habitan sobre las Vías de la Muerte.
Esto sucede en la Noche de los Secretos de Letópolis,
frente a los poderosos Seres de Pe y de Dep,
la Noche en que Horus se proclama como Heredero,
la Noche de la Palabra pesada ante los Grandes Jueces,
la Noche en que Horus toma posesión del lugar de Naci-
   miento de los dioses;
la Noche en que Isis, tumbada,
cuida y llora a su Hermano bienquerido[49],
la Noche en que Osiris vence sobre sus enemigos.
Es aquí que Horus pronuncia cuatro veces
las Palabras de Potencia; y sus enemigos yacen
aplastados por tierra.
Yo, fallecido, digo las mismas palabras también cuatro veces.
¡Ojalá mis enemigos sean destruidos y vencidos!
Mira aquí que Horus, hijo de Isis y Osiris,
es aclamado en millones de fiestas,
mientras que sus enemigos
abandonados a la gran Destrucción del Abismo y la Nada,
¡Nunca podrán huir de la terrible vigilancia de Geb[50]!

RÚBRICA

Este hechizo debe enunciarse sobre una corona propia-

---

49   Isis y Osiris eran hermanos y esposos a la vez. Esta costumbre inces-
tuosa estaba muy extendida en todo Egipto, sobre todo entre la nobleza
50   Geb, era el dios de la Tierra y juega un papel muy importante en
el Más Allá, protegiendo y aguardando los primeros pasos del fallecido.

mente consagrada y colocada encima del rostro del fallecido. En este momento, el celebrante, diciendo el nombre del fallecido, echará incienso sobre el fuego. De esta forma, asegurará la victoria del muerto sobre sus enemigos durante el *pasaje* hacia la muerte. Y cuando sienta su resurrección, se encontrará en las proximidades de Osiris; y allí, mientras observa la figura del Dios, aparecerán dos brazos delante de él: uno llevará pan y otro la bebida sagrada.

Se debe recitar este hechizo al amanecer, dos veces seguidas. Este texto es de un poder infalible.

Anubis, el dios de los funerales, embalsamador y protector de los muertos.

HECHIZO XX

¡Oh Thoth, tú que das a Osiris la gloria sobre sus enemigos,
atrapa también con tus lazos a mis enemigos!
En presencia de todos los dioses y de todas las diosas,
en presencia de los grandes dioses de Heliópolis,
en la noche de las batallas de Djedu
y de la derrota de los demonios,
en la noche en que el Djed en Letópolis se pone de pie,
en la noche de los desastres entre las nieblas,
que tendrán lugar en Letópolis, en Pe y en Dep,
en la noche en que Horus retoma sus derechos de Heredero
sobre las posesiones de Osiris, su Padre, en Rekhti;
en la noche en que Isis se lamenta en Abydos
ante el féretro de su Hermano, Osiris;
en la noche de los ritos de Haker
donde los condenados son separados
de los elegidos para cruzar los caminos de la muerte;
en la noche de la ejecución de las almas condenadas,
cuando se realiza en Naarerutf y en Re-Stau
el gran rito del cultivo de la tierra;
en la noche, por fin, en que Horus triunfa sobre sus enemigos.
Efectivamente, ¡Horus es grande!
Los dos Horizontes del Cielo están llenos de alegría;
y lleno de contento también el corazón de Osiris.
¡Oh, Thoth! Permíteme, pues, triunfar sobre mis enemigos
en presencia de las Jerarquías de los dioses
y de las diosas que condenan a los fallecidos en nombre de
    Osiris,
reunidos detrás de la cámara mortuoria de este dios.

RÚBRICA

Si un hombre ritualmente purificado recita este hechizo, el muerto saldrá —después de su llegada a Puerto[51]— al campo Luminoso del Día; y podrá tomar a su antojo todas las formas de los seres y atravesar sin ningún riesgo la Zona del Fuego[52].

Horus, generalmente representado como un halcón, relacionado con el cielo, el sol, la realeza, la protección y la curación. A menudo se le considera hijo de Osiris e Isis.

---

51 Es decir, después de la muerte.
52 La zona de fuego es el infierno.

HECHIZO XXI

A FIN DE DEVOLVER A UN MUERTO LOS PODERES DE SU BOCA[53]

¡Salve, Oh Príncipe de la Luz,
tú que iluminas la Mansión de las Tinieblas!
¡Mira! ¡Me presento ante ti glorificado y purificado!
Más ¿qué veo?
¡Tus brazos dirigidos hacia atrás rechazan
todo lo que te llega de tus Antepasados[54]!
¡Dale a mi boca los poderes de la Palabra,
a fin de que cuando reinen la Noche y las Nieblas,
pueda la Palabra guiar mi Corazón!

Amuleto que representa el corazón de Nakhtamun:
contiene una inscripción del libro de los muertos.

---

53   Los títulos de los conjuros XXI y XXII son idénticos, tal y como luego ocurre en otras partes del Libro.
54   Se refiere a los actos del pasado, que pesan sobre el alma del fallecido, en este caso, el alma de Osiris.

HECHIZO XXII

A FIN DE DEVOLVER A UN MUERTO LOS PODERES DE SU BOCA

Mira aquí, que subo ahora al Cielo del Universo misterioso,
que se parece al Huevo Cósmico, rodeado por sus rayos.[55]
Que el poder de mi boca se me devuelva.
¡Que pueda pronunciar ante el Señor del Más Allá las Pa-
*   labras de Potencia!*
¡Que el ruego de mis brazos extendidos con fe,
no sea rechazado por las Jerarquías divinas
porque en verdad, yo soy Osiris, Señor del Re-Stau!
¡Que pueda, pues, compartir la alegría de aquellos
que se encuentran en la cima de la Escalera celeste!
He llegado aquí por la voluntad de mi corazón.
He atravesado el Lago de Fuego.[56]
Y mi sola presencia ha extinguido sus llamas.

---

55 La doctrina del huevo cósmico es común a todas las teologías: hindú, griega (órfica), escandinava, de comunidades indígenas, entre otras.
56 Es decir, el infierno.

HECHIZO XXIII

PARA ABRIR LA BOCA DEL FALLECIDO

¡Ojalá Ptah pueda abrir mi boca!
¡Ojalá el dios de mi ciudad pueda desatar las ataduras que
*   tapan mi rostro!*
¡Ojalá Thoth armado con las Palabras de la Potencia
quite estas terribles vendas, heredadas de Seth[57]!
¡Ojalá Atum pueda arrojarlas a la cara de mis enemigos
esos que quieren utilizarlas para dejarme impotente para
*   siempre!*
¡Ojalá Shu, con el arma de hierro
que abre la boca de los dioses, pueda abrir mi boca[58]!
Pues yo soy Sekhmet, la diosa que ronda
en la Región de los Grandes Vientos del Cielo.
Soy el Genio de la Constelación Sahu[59]
en medio de los espíritus gloriosos de Heliópolis.
¡Ojalá los dioses y los Espíritus
que escuchen los hechizos en mi contra
permanezcan seguros e indiferentes ante ellos!

---

57   Las vendas que se colocaban envolviendo a las momias son el símbolo de la muerte y, por lo tanto, la herencia de Seth; ya que Seth, por haber suprimido a Osiris, el principio de la Vida, deviene en el factor más importante de la muerte.

58   La abertura de la boca —que se realizaba con un instrumento de hierro dedicado especialmente a este fin— era una ceremonia de alta magia, y con ella se devolvía al difunto la facultad de la Palabra.

59   Es la constelación de Orión.

HECHIZO XXIV

UN ENCANTAMIENTO PARA
EL FALLECIDO[60]

Soy el Dios Atum.
Soy Khepri, el dios del eterno devenir,
que talla y crea su propia forma,
mientras se esconde en el seno de su Madre celeste, Nut.
Los que habitan en el Océano celeste
se vuelven malos como lobos;
los espíritus de las Jerarquías se vuelven rabiosos
como hienas escuchando mis Palabras de Potencia.
Pues a estas las encuentro y recojo por doquier
con más rapidez que la luz,
con más habilidad que un perro de caza
oh, tú que haces viajar la barca de Ra.
¡Mira! Las velas y perchas de tu barca
están abiertas e hinchadas por el soplo del viento,
mientras fluye por el Lago del Fuego
en la Región de los Muertos.
Mira aquí que uno todas las Palabras de Poder
de todas las Regiones en donde se encontraban,
así como en el corazón de todo hombre que las haya con-
*   tenido.*
Yo las busco y las unifico
con más rapidez que la luz,
con más habilidad que un perro de caza.
Soy aquel que hace nacer a los dioses del Abismo,
y cuando es cumplido su Ciclo,

---

60   Este hechizo, con su triple repetición del refrán, es un ejemplo tí-
pico de un encantamiento egipcio.

*los veo bajar hacia la Nada y al exterminio mediante el
Fuego.*
*Mira aquí que yo unifico todas las Palabras de Poder
que intentaba encontrar con más rapidez que la luz,
con más habilidad que un perro de caza.*

Al dios Atum se le muestra como un hombre con un
cetro para mostrar su poder y un anj para
simbolizar su asociación con la vida.

Hechizo XXV

Para devolver la memoria al fallecido

¡Que mi Nombre sea devuelto al Templo del Más Allá!
¡Que pueda atesorar el recuerdo de mi Nombre
rodeado por las murallas ardientes del Mundo Inferior,
en el transcurso de la noche en
que se contarán los Años y se enumerarán los Meses.
Pues yo permanezco junto al gran dios del Oriente celeste.
Todas las divinidades se alinean detrás de mí;
mientras cada una de ellas pasa
yo puedo pronunciar una a una sus Nombres.

Ceremonia de apertura de la boca de una momia ante la
tumba. Anubis atendiendo a la momia del difunto.
Parte del Papiro de Hune-fer.

Hechizo XXVI

Para devolver el corazón al fallecido

¡Que mi Corazón «ib» sea capaz de encontrar su lugar!
¡Que mi Corazón «hati» sea capaz de encontrar su lugar[61]!
¡Que mi Corazón descanse en paz conmigo!
¡Que me comunique con Osiris al este de la pradera florecida!
¡Que pueda subir y bajar con mi barca el Nilo celeste!
¡Que me devuelvan los poderes de mi boca,
a fin de que pueda enunciar las Palabras de Potencia!
¡Que me sean devueltos los poderes de mis dos piernas,
a fin de que pueda caminar!
¡Y de mis brazos también, a fin de que pueda derrotar a mis enemigos!
¡Que las puertas del Cielo se mantengan abiertas para mí!
¡Que pueda Geb, Príncipe de los dioses, abrir mis dos mandíbulas!
¡Que él pueda rasgar las pesadas vendas que cubren mis dos ojos!
¡Que él pueda separar mis dos piernas!

---

61 Hati significaba, en un inicio, lo que está adelante, pecho; después se utilizó en el sentido de corazón físico, situado en la vida subconsciente y más instintiva. Por el contrario, Ib era el comienzo, el corazón consciente, lleno de aspiraciones y deseos, y lugar donde residía la voluntad lúcida y la conciencia moral. Después de la muerte, era ib quien juzgaba —en primera instancia— la vida terrestre del difunto.
En los hechizos XXVI al XXX, que forman un grupo homogéneo aparte, los términos relacionados al corazón son empleados en sentido completamente opuesto: hati es el pasado, es decir, el karma fijo. Mientras que el destino futuro, la posibilidad, es Ib. De allí la insistencia del fallecido en la sustitución del corazón ib en lugar del corazón hati.

¡Que Anubis fortalezca mis piernas de modo que pueda man-
tenerme de pie!
¡Que la diosa Sekhmet pueda conducirme al Cielo!
¡Que los secretos me sean revelados en Menfis!
¡Mi conocimiento visionario lo doy a mi Corazón «ib»;
mi poder mágico lo doy a mi Corazón «hati»!
Yo guío mis dos brazos y mis dos piernas me obedecen.
En verdad, ¡puedo cumplir con la voluntad de mi Ka!
Mi Alma no quedará atrapada en mi cadáver
ante las Puertas del Más Allá; así podré entrar y salir en paz.

Sekhmet, diosa leona, a la vez destructiva y violenta y capaz de
alejar las enfermedades, protectora de los faraones, consorte de
Ptah y una de las muchas formas del Ojo de Ra.

Hechizo XXVII

A FIN DE QUE EL CORAZÓN NO
LE SEA ARREBATADO AL FALLECIDO

¡Salve, oh divinidades nefastas,
que aferran y destruyen los Corazones!
¡Ustedes, Señores de la Duración, Príncipes de la Eternidad!
No atrapen nunca mi Corazón «ib» ni mi Corazón «hati»;
¡Que las palabras de acusación no sean pronunciadas en mi
     contra!
¡Oh ustedes, que hacen atravesar por las Metamorfosis,
en conformidad con los actos pasados, el Corazón del hombre,
ojalá pueda mi comportamiento sobre la Tierra
impedir que me culpen ante ustedes en el Más Allá!
Pues este Corazón pertenece al corazón de un dios,
señor de los Nombres mágicos,
para quien las Palabras son poderosas en su Cuerpo.
Él ha guiado su Corazón hacia estas vísceras
y las ha restituido frente a los dioses.
¡Nadie le explica mucho a este poderoso
sobre lo que ha hecho en la Tierra!
Su corazón, como sus Miembros, obedecen sus órdenes.
¡Su corazón no lo abandonará jamás!
Así que, victoriosos, ¡yo te ordeno
que me obedezcas en el Mundo Inferior
y también en la Región de la Eternidad!

HECHIZO XXVIII

A FIN DE QUE EL CORAZÓN NO
LE SEA ARREBATADO AL FALLECIDO

¡Salve, oh dios de la doble cabeza de León!
¡Mírame! ¡Yo soy una planta florecida!
¡Por tal causa el patíbulo me genera horror!
¡Ojalá que mi corazón no sea separado de mis entrañas
por los dioses de Heliópolis que luchan con avidez!
¡Oh tú, espíritu benévolo que adornaste con vendajes
la momia de Osiris;
tú, que enfrentaste, lastimaste y venciste a Seth,

¡Obsérvame! Mi corazón llora ante Osiris y está rogando por
mí.

Mira aquí que, en el Templo del dios del rostro espantoso,
le he dejado en ofrendas todo lo que anhelaba;
y en Khemenu me he recargado de ofrendas para él.
¡Oh, Espíritus! ¡No me arrebaten ya nunca más mi Corazón,
pues permito su acceso a mi morada
con el fin de que pronto puedan llevar
este Corazón con ustedes
hacia los Campos de los Bienaventurados.

Háganlo fuerte, ¡que sea libre de todo lo que pueda horro-
rizarle!
No le quiten el alimento espiritual que está en su poder,
pues mi Corazón ha respondido a los mandatos de Atum
y ha masacrado a sus adversarios en las guaridas de Seth.
Que este Corazón «hati» que está aquí

no reemplace al corazón «ib»,
frente a los dioses del Mundo Inferior.
Y el que encuentre una de mis piernas
o vendajes que hayan sido de mi Momia,
¡Que le sea permitido enterrarlas con cuidado!

Thoth, dios de la luna, de la escritura y
de los escribas, patrono de Hermópolis.

HECHIZO XXIX

A FIN DE QUE EL CORAZÓN NO
LE SEA ARREBATADO AL FALLECIDO

¡Partan! ¡Aléjense de aquí, mensajeros del Señor del Más Allá!
¿Llegan para quitarme mi Corazón, poseedor de la vida
  eterna?
Efectivamente, no, ¡no se los entregaré!
Los dioses pronto se darán cuenta, cuando yo avance,
pues por doquier hay ofrendas y plegarias en mi honor:
sobre y debajo de ellos, cada una en su sitio.
En verdad yo cuido el dominio de mi Corazón;
y nunca, no, me será arrebatado.
Pues yo soy el Señor de los Corazones
y le doy una nueva duración a los corazones
que viven en la Justicia;
yo soy Horus, el que vive en los Corazones,
en el medio de los Cuerpos.
Yo vivo por mi Palabra de Potencia.
¡Que no me arrebaten mi Corazón «ib»!
¡Que mi Corazón «hati» no sufra transformación alguna!
¡Que no se ejerza violencia alguna contra mí!
Pues yo habito también en el Cuerpo de Geb, mi Padre,
y en el de Nut, ¡mi Madre divina!
Y como no he cometido ninguna acción que los dioses des-
  precien,
¡una victoria podrá glorificar esta prueba!

HECHIZO XXX

A FIN DE QUE EL CORAZÓN
DEL FALLECIDO NO SEA RECHAZADO

Mi Corazón «ib» llega a mí de mi Madre celeste[62].
Mi Corazón «hati» me llega de mi vida sobre la Tierra.
¡Que no digan falsos testimonios en mi contra!
¡Que los jueces divinos no me rechacen!
Que sean ciertos los testimonios
de mi comportamiento en la Tierra, ante el Vigilante de la
*   Balanza*
y el divino Señor del Amenti
¡Salve, oh mi Corazón «ib»!
¡Salve, oh mi Corazón «hati»!
¡Salve, oh Entrañas mías[63]!
¡Salve, oh dioses gloriosos de Cetros brillantes,
señores de sagrada cabellera[64]!
¡Que sus Palabras de Potencia me protejan ante Ra!
¡Háganme fuerte ante Neheb-Kau!
Efectivamente, aunque mi Cuerpo permanezca atado a la
*   Tierra*
no moriré, pues seré santificado en el Amenti.
Oh, tú Espíritu encargado de la Balanza del Juicio,
apréndelo: ¡tú eres mi Ka!
¡Pues habitas en los límites de mi Cuerpo!

---

62   El corazón ib, es visto como un principio maternal, es decir, de potencialidad ilimitada. Ver nota del hechizo XXVI.

63   Las entrañas (el hígado, los riñones, los pulmones, etc.) eran consideradas un testimonio que podía funcionar en pro o en contra del difunto.

64   La cabellera, el peinado y la forma de la cabeza de cada divinidad corresponden a su aura específica.

¡Tú, emanación del dios Khnum,
das la Forma y la Vida a mis extremidades!
Ven, pues, hacia el origen de la felicidad
hacia donde juntos nos dirigimos.
¡Que mi nombre no sea corrompido ni genere asco
a los Señores todopoderosos
que rigen los destinos de los hombres!
¡Que la oreja de los dioses se anime
y estén plenos sus Corazones
cuando mis Palabras sean pesadas en la Balanza del Juicio!
¡Que no se digan falsas palabras
ante el dios poderoso, Señor del Amenti!
Es verdad, ¡grande será el día de la Victoria!

RÚBRICA

Es necesario decir estas oraciones sobre un escarabajo de piedra, decorado de cobre y con un anillo de plata, que luego será colocado en el cuello del fallecido.

El hechizo precedente fue encontrado en la ciudad de Khemenu (la Heliópolis magna, a los pies de una efigie que simbolizaba al dios sacrosanto Thoth). La inscripción, estaba grabada en un bloque de hierro en la propia escritura de los dioses (es decir, en jeroglífico), y fue descubierta en épocas del rey Men-Kau-Ra (Menkera, 2700 años a.C.) por el príncipe real Herutataf, cuando viajaba para realizar un reconocimiento de los templos.

Hechizo XXXI

A fin de rechazar a los espíritus
con cabeza de cocodrilo

¡Vuelve! ¡Retrocede, oh tú Sui, demonio con cabeza de coco-
    drilo!
¡Verdaderamente no tienes ningún control sobre mí
ya que, espíritu consagrado, yo existo
gracias a la Potencia maravillosa que habita en mí!
Escucha como pronuncio ante ti el Nombre de la gran divi-
    nidad,
para que ella te deje en manos de sus mensajeros
uno de ellos es llamado: «Señor de los cuernos».
Y otro tiene por nombre: «Tu cara se vuelve hacia la Verdad
    y la Justicia»,
las Revoluciones de los Cielos
se adaptan a los Ritmos de los Tiempos.
Así también, mi Verbo de Potencia
rodea y guarda mis dominios.
La magia, aquella que fluye de mi boca,
crea una red impenetrable
y mis dientes asemejan a un cuchillo de sílex.
Tú, demonio que reposas acechante
y observas todo con tu ojo inmóvil,
aprende que mi Palabra de Potencia
no será posible, ¡no! que me la arranques.
Tú, demonio de cabeza de cocodrilo,
cuyo único sustento son las Palabras de Potencia arrancadas
    a la fuerza,
palabras que mantienen y sostienen la vida,
las mías ¡apréndelo!, ¡no podrás arrancarlas!

HECHIZO XXXII

ENCANTAMIENTO PARA RECHAZAR A LOS ESPÍRITUS CON CABEZA DE COCODRILO

Ha sido vencida la gran Divinidad antigua, abatida.
Descansa sobre un lateral y tiene el rostro contra la Tierra.
Sin embargo, las Jerarquías celestes la levantan.
Ahora mi Alma llega: habla con su Padre divino.
La libra de las trampas de ocho demonios con cabeza de co-
* codrilo.*
Efectivamente, yo conozco sus Nombres
y sé cómo se alimentan;
yo libero a mi Padre celestial de las acciones de estos demo-
* nios.*
¡Aléjate, demonio con rostro de cocodrilo, tú cuyo hogar está
* en el Oeste!*
¡Sé que los Signos del Zodíaco te sustentan!
Debes saber, pues, que yo traigo en mi corazón lo que tú más
* odias.*
¿Te vuelves implacable frente a Osiris?
Pues presta atención: ¡Yo soy Ra!
¡Aléjate, diablo con rostro de cocodrilo, tú que habitas en el
* Oeste!*
¡Aprende que el Espíritu Serpiente Naau mora en mi pecho!
Lo voy a arrojar contra ti.
Para que tu centello no pueda dañarme.
¡Aléjate demonio con rostro de cocodrilo, tú que moras en el
* Este!*
¡Te alimentas de aquellos que devoran las basuras!
¡Lo que tengo en mi Corazón es lo que tú más aborreces!
¡Observa! ¡Mira cómo camino! Sí, yo soy ¡Osiris!

¡Aléjate demonio con rostro de cocodrilo, tú que moras en el Este!
¡La diosa-serpiente Naau habita en mi pecho!
¡Lo arrojo hacia ti, míralo!
¡Tu fuego no podrá perjudicarme!
¡Huye, demonio con rostro de cocodrilo, tú cuya morada está en el Sur!
¡Tú que te mantienes entre desperdicios y excrementos!
Llevo en mi corazón lo que más odias.
¡Que no esté al alcance de tu mano la fulgurante llama!

Soy Septu, la divinidad del sol, ¡obsérvame!
¡Aléjate demonio con rostro de cocodrilo, que moras en el Sur!
¡Mírame, estoy sano y salvo, andando entre flores totalmente abiertas!
Debes saber, pues, que no seré entregado a ti, ¡no!
¡Aléjate demonio con rostro de cocodrilo, que moras en el Norte!
¡Tú que vives de las violencias que utilizas hora tras hora!
¡En mi pecho traigo lo que más tú odias!
¡Que tu veneno no llegue a mí, que verdaderamente soy Atum!
¡Aléjate demonio con rostro de cocodrilo, tú que moras en el Norte!

¡Observa! ¡La diosa Serket[65] habita en mi pecho!
Efectivamente yo soy la diosa de ojos color esmeralda.
Todo lo creado, ¡bajo el designio de mi brazo está!
Respecto a los mundos futuros,

---

65   Serket o Selket, era la diosa de la cabeza de escorpión; era considerada la diosa de los animales, la magia, las picaduras y mordeduras venenosas.

las posibilidades que crecen, oprimidas están aquí en mi
   pecho
que se mantiene acorazado, estoy con verbos mágicos de gran
   poder.
El cosmos ha sido sacado de la parte inferior de mi cuerpo.
Y con respecto a mi Ser, ha sido sublimado y engrandecido.

Mi Laringe descansa junto a mi Padre Celestial[66],
el dios antiguo, el grande, que situó al lado de mi poder al
   bello Amenti,
país de los Muertos,
con todos los que están condenados y aquellos que vivirán.
En lo que atañe a él mismo, este dios,
en épocas de gran poder, también reside allí,
eternamente inerte y quieto.
¡Observa! Mi rostro ha quedado descubierto,
mi corazón está en el sitio correcto
y mi cabeza está adornada con la Corona de Serpientes.
¡Porque yo soy Ra y sabré defenderme!
Efectivamente, ningún poder negativo me alcanzará.

---

66   La importancia de la laringe, como en el Hechizo XXXVIII, se debía a que era el órgano capaz de emitir las palabras de potencia.

Hechizo XXXIII

A fin de rechazar a los demonios serpientes

¡Espera, Rerek[67]!
Escapa, demonio de cabeza de serpiente.
¡Mira, ahí tienes a Shu y a Geb que liberan tu camino!
¡No te muevas! ¡Quédate quieto ahí mismo!
Pues te alimentas de las ratas, que Ra detesta,
y roes los huesos del gato putrefacto.

Renenutet es una diosa de
la alimentación y la cosecha.

---

67   Rerek es el nombre de un demonio; era una gran serpiente mítica
que hipnotizaba a los bienaventurados y se alimentaba del poder mágico
de estos.

Hechizo XXXIV

A fin de evitar las mordeduras de los demonios serpientes

¡Oh, tú, diosa de cabeza de Serpiente!
¡Observa! Soy la luz que ilumina los innumerables años del
futuro
mira aquí la leyenda inscrita en mi estandarte:
«Lo futuro florece camino a mi encuentro»,
pues yo soy la diosa con la cabeza de Lince.

Hechizo XXXV

A fin de no ser devorado por los demonios serpientes

¡Observa, Shu! ¡Aquí está Djedu!
¡Observa, Djedu! ¡Aquí está Shu!
Tanto el uno como el otro tienen en su poder la corona de
Hathor.
Con amor, ellos tienen a su cuidado la momia de Osiris.
Aquí dos demonios se aproximan para devorarme.
Pero sin que lo advierta el diablo Seksek, yo camino entre
ellos.
Ese ser que ruega: ¡Cuidad de mi sepulcro! Es Osiris, es de-
cir, yo mismo.
El Príncipe de los dioses mira hacia él y con su Ojo lo puri-
fica
según el Juicio dictado,
le otorga su porción de Verdad y Justicia.

Hechizo XXXVI

A fin de rechazar a los demonios

¡Retrocede! ¡Aléjate!
Demonio con las bocas abiertas
pues yo soy Khnum, señor de Shemu[68],
yo le traigo a Ra las palabras de los dioses,
y un mensaje del Amo de esta casa.

Hechizo XXXVII

Invocación a Isis y Neftis

¡Salve, oh diosas hermanas Isis y Neftis!
¡Les recito mis palabras de Potencia!
Mira aquí, que en medio de brillos intensos
navego en mi barca celeste.
Efectivamente, yo soy Horus, hijo de Osiris:
vengo hasta aquí para admirar a Osiris, mi Padre.

---

68   Khnum, también llamado Jnum (el que modela), es un dios de-
miurgo. Está representado como hombre con cabeza de carnero. Es considerado el creador del huevo primordial de donde surgió la luz solar,
dando vida al mundo.

HECHIZO XXXVIII

A FIN DE VIVIR POR LA RESPIRACIÓN
(PAPIRO NU)

Yo soy el Dios Rerti, el primer hijo de Ra y de Atum.
Los espíritus que viven escondidos
son los que preparan para mí los senderos
en medio de los Abismos del Cielo.
Estoy aquí cumpliendo los Circuitos asignados
yendo por la senda que recorre la barca de Atum.
Levantándome en medio de la barca de Ra
recito las palabras de los Iniciados
y rezo por aquellos cuya laringe no ha salido ilesa de la
*   prueba de muerte.*
Y ahora llega la Tarde.[69]
Mi Padre celestial considera mis actos y me juzga.
Los labios de mi boca están completamente sellados,
pues me han alimentado con la Vida Eterna.
Efectivamente, yo resido en Djedu;
existo nuevamente después de la muerte,
tal como Ra, y soy capaz de renacer todos los días.

---

69   La tarde hace que finalice el día y es el símbolo de iniciación que corona la evolución espiritual del hombre.

Hechizo XXXVIII

A fin de vivir por la respiración
(Papiro Nebseni)

Yo soy el dios Atum que surge del Océano antiguo
y que surco los Abismos del Cielo.
Un lugar en la Región de los Muertos ha sido asignado para
   mí.
He ordenado a los Espíritus sagrados cuyas moradas son se-
   cretas
y a los Servidores de la divinidad de la doble cabeza de León.
He atravesado el Cielo, cantando los himnos en la barca de
   Khepri.
Mi comida ha sido un flujo vivificante.
Gracias a él, poseo los poderes mágicos, sentado en la barca
   de Ra.
Ra libera para mí los caminos y abre las Puertas de Geb.
Yo empujo, detrás de mí a quienes habitan
 en la cercanía de la poderosa divinidad.
Yo enseño el camino a los que permanecen en sus cámaras
   mortuorias.
Los dioses Horus y Seth…[70]

Yo guío a los jefes de los hombres.
Yo entro y salgo a mi antojo en la Región de los Muertos.
Mi laringe está sana y salva; viajo en la barca de la diosa
   Maat
y enseguida me cambio a la barca de Ra.
Estoy junto al dios en sus moradas celestiales,
estoy entre el séquito que rodea a este dios.

---

70   El resto del texto está mutilado e incompleto.

Estoy aquí existiendo tras la muerte cotidiana de mi vida.
Me siento poderoso y semejante al dios de la doble cabeza
*   de León.*
Efectivamente, existo tras la muerte y estoy liberado,
me disperso por la Tierra y la lleno.
Como la azucena de esmeralda, yo me abro,
yo, dios Hotep de dos países[71].

Meskhenet es una diosa que presidía el parto.

---

71   Hotep es el dios de la paz justo después de la muerte. También es conocido como el dios de la alegría porque fue quien hizo que Horus y Seth hicieran la paz, de manera que suprime la tristeza de los dioses. Se supone que su morada era el campo de las ofrendas.

HECHIZO XXXIX

A FIN DE RECHAZAR AL DEMONIO APOFIS

¡Retrocede! ¡Aléjate de aquí, oh Apofis![72]
O serás ahogado en las profundidades del Lago del Cielo,
allí donde tu Padre celestial había ordenado que murieras.
¡Aléjate del sitio donde Ra vio la luz!
¡Efectivamente, sientes un gran miedo!
¡Obsérvame! Yo soy Ra, ¡y siembro el terror!
¡Retrocede pues, demonio,
ante los rayos de mi Luz que te hace daño!
Los dioses destruyen tu pecho;
la diosa de cabeza de Lince te prohíbe todo movimiento;
la diosa de cabeza de Escorpión arroja sobre ti su copa des-
    tructora;
la diosa Maat te lleva lejos de su senda.
Desaparece, pues, Apofis, tú, adversario de Ra.
Desearías surcar las Regiones Orientales del Cielo
esparciendo la destrucción con truenos.
Pero de pronto, Ra abre las Puertas del Horizonte,
en el mismo instante en que Apofis aparece;
y este se hunde al verse atacado y destrozado.
¡Oh Ra, yo llevo a cabo tus mandatos!
Yo actúo con el objeto de lograr la futura paz de Ra;
yo preparo tus cuerdas, ¡oh, Ra!
Y mira aquí que las tiendo.
¡Apofis ha sido derribado!
¡Es atado y encadenado

---

72   Apofis, también conocido como Apepi o Apophi, era considerado el dragón del Abismo y de las Tinieblas. Es la encarnación del Mal Absoluto y el mayor adversario de Ra.

por las divinidades del Sur, del Norte, del Este y del Oeste!
Todas ellas lo encadenan.
Ahora Ra está conforme,
y en paz cumple sus revoluciones celestes.
¡Apofis ha sido abatido! ¡Se aleja el enemigo de Ra!
El dolor que ha infligido la diosa Escorpión.
¡Mucho has sentido!
¡Sufres mucho ahora!
¡Efectivamente, ha actuado poderosamente contra ti!
Serás eternamente castrado, ¡oh, tú, Apofis! Adversario de Ra.
¡No gozarás nunca más de los placeres del amor!
¡Ra te obliga a retroceder! ¡Te detesta!
¡Ahora te observa! ¡Retrocede pues Apofis!
Corta mil veces tu cara, te golpea la cabeza,
tritura tus huesos, amputa tus miembros;
pues efectivamente, esta Región es ¡de su propio dominio!
Tú, Apofis, enemigo de Ra,
has sido condenado por el dios Aker[73].
Los Espíritus gloriosos de tu séquito, ¡oh, Ra!
Calculan y sepultan tu camino y, al avanzar,
logran que exista paz cerca de ti.
Ahora te detienes, ahora reinicias tu Viaje;
y tu Ojo avanza también de forma irresistible.
¡Que yo no escuche de tu boca un solo juicio negativo!
¡Que tu Ojo divino me sea favorable!
Pues yo soy Seth, el que desencadena las tempestades del
  Cielo,
tal como lo hace Nedjeb-ib-f.
Mírame aquí, Atum dice:

---

73   Aker es una divinidad poco conocida y muy antigua; es el dios del horizonte y simboliza en parte la corteza terrestre. También se le llamaba guardián de los secretos que están en el Duat, porque era el responsable de custodiar las puertas del Duat.

«¡Recompongan su valor, oh soldados de Ra!
¡Observen cómo yo destruyo al demonio Nedja!
¡Cómo lo he arrojado de la vista de los dioses!».
Geb dice:
«¡Manténganse quietos en sus Tronos en la barca de Khepri!
Empuñando la lanza, ¡fuercen el paso!».
Hathor dice:
«Empuñen sus cuchillos».
Nut dice:
«¡Vengan conmigo! Rechacemos al demonio Nedja
que ha entrado en los santuarios
del señor del Universo, ese Viajero solitario».
Mientras tanto, las Jerarquías celestes cumplen sus circuitos
rodeando al Lago de Esmeralda.
¡Vengan! ¡Adoremos a la Gran Divinidad! ¡Vamos a libe-
    rarla!
Todas las Jerarquías celestes se salen de su santuario.
¡Vamos a adorarlas! ¡Vamos a venerarlas!
¡Acudan todos juntos a mis plegarias!
Mira aquí a Nut que dice de mi al más dulce de los dioses:
«¡Observa cómo avanza, cómo busca y halla su Vía!».
Entonces los dioses me toman y me estrechan en sus brazos.
Mira aquí a Geb que avanza con todo su poder.
Las Jerarquías también se adelantan para unirse a Hathor
que al mismo tiempo se encarga de esparcir el terror.
Efectivamente, ¡Ra ha vencido a Apofis!

HECHIZO XL

A FIN DE RECHAZAR AL DEMONIO AM-AAU[74]

¡Aléjate, oh demonio Hai, espanto de Osiris!
Tu cabeza fue cercenada por Thoth.
Las crueldades que yo he hecho en tu persona
me fueron mandadas por las Jerarquías del cielo.
¡Retrocede pues, oh, demonio Hai, tú,
hacia quien Osiris siente terror!
Sepárate de mi barca impulsada por vientos benévolos.
¡Dioses del Cielo que habéis vencido a los enemigos de Osi-
    ris, vigilen!
Los dioses de la vasta Tierra están atrapados.
¡Aléjate, demonio Am-aau,
el Dios, el Señor de la Región de los Muertos, te aborrece!
¡Te conozco! ¡Te conozco! ¡Te conozco!
¡Aléjate, demonio! ¡No me ataques,
pues soy purificado y me adapto a los ritmos cósmicos!
¡No te aproximes, tú que te apareces sin ser llamado!
¡No me conoces a mí, demonio y no sabes
que yo guardo el poder sobre los encantamientos de tu boca!
Pues bien, ¡que lo sepas! Estoy protegido de tus garras.
En cuanto a ti, ¡oh demonio, Has-as!
Mira aquí a Horus que corta tus uñas.
Efectivamente, fuiste destruido en Pe y en Dep
con las filas de tus demonios en orden de combate.

---

74   Am-aau, Hai y Haas, eran demonios que amenazaban en el Más Allá la existencia de los muertos.

Hechizo XLI

¡Te ha ganado el Ojo de Horus!
Mientras te aproximas, demonio, ¡yo te rechazo!
Con el aliento de mi boca.
¡Te he vencido a ti, que te alimentas y torturas a los peca-
*   dores!*
Que sepas, pues, que en mí no habita el Mal.
Devuélveme mi Tabla de Escritura
con todas las acusaciones que están allí inscritas.
¡Yo no he pecado contra los dioses!
Por lo tanto, ¡no me ataques!
Toma solo lo que yo mismo te doy.
No me lleves contigo.
¡No me devores!
Pues soy el Señor de la Vida,
y soberano del Horizonte.

A FIN DE RECHAZAR LAS MATANZAS

¡Oh Atum! He llegado cerca de la divinidad de la doble ca-
*   beza de León.*
¡Ojalá seas glorificado!
¡Que este dios grandioso abra para mí las Puertas de Geb!
Mira aquí que me inclino
ante el gran dios de la Región de los Muertos.
Soy guiado hacia las Jerarquías divinas del Amenti.
¡Oh Tú, Espíritu Guardián de la Puerta,
deja que el soplo vitalizador me nutra!
¡Que un Espíritu poderoso me guíe junto a la barca de Khe-
*   pri!*
Mira aquí que se acerca la Tarde.

*Déjame hablar a los Espíritus que están sentados en esta
barca
para que me sea posible entrar y salir de ella a mi antojo.
Y que pueda admirar los secretos en el interior de la barca
y elevar el pie a esta divinidad que permanece inerte.* [75]
*Mira aquí, que le hablo de esta forma:
«¡Dios poderoso, mírame aquí!
Que ya he atravesado el Portal de la Muerte.
¡Existo y vivo!».
En cuanto a ustedes, hombres que habitan la Tierra
que llevan las ofrendas y que abren la boca de mi cadáver,
¡muestren la lista de sus ofrendas!
¡Coloquen a Maat, la diosa, en su Trono!
¡Muéstrenme la Tabla de mis acciones pasadas!
¡Ubiquen a Maat delante de Osiris, Príncipe de la Eter-
nidad,
que inmóvil cuenta los Años que pasan!
¡Mira aquí que una vez que ha escuchado las palabras pro-
venientes de las Islas,
levanta en el aire su brazo izquierdo, dando órdenes a los
antiguos dioses.
Efectivamente, Él es quien me envía junto a mis Jueces del
Mundo Inferior.*

---

75   Hace referencia a Osiris.

Hechizo XLII

A fin de rechazar las matanzas

Mira aquí la Región
en donde con la Corona Blanca sobre la cabeza[76],
y el Cetro de mando en la mano,
permanece sentado el Ser divino.
Una vez más ante Él, detengo mi barca
y recito estas palabras:
«¡Oh, Dios poderoso! ¡Señor de la Sed!
¡Mírame! Acabo de nacer.
¡Acabo de nacer! ¡Acabo de nacer!»[77]
Él responde: «Sobre la huella de los castigos que ves aquí
también se ven a plena luz tus malas acciones.
Tú las conoces mejor que nadie.
Sin embargo, te haré recordar tus faltas»[78].
Yo respondo:
«Yo soy Ra que hace fuertes a los que ama.
Soy el Nudo del Destino cósmico escondido en el bello Árbol
*   sagrado[79].*
Si yo prospero también Ra lo hace.
Efectivamente, ¡observa!

---

76   La corona blanca y de forma cónica que portaba Osiris, era el símbolo del Alto Egipto; la del Bajo Egipto era chata y de color rojo.

77   El fallecido volvía a nacer para el Más Allá; de allí los comentarios tan frecuentes a su primera juventud, a su misma infancia, a su vigor juvenil, etc.

78   La vida anterior aparecía con todas sus faltas y pecados ante la mirada del fallecido que, para ser perdonado, debía afirmar con orgullo sus relaciones con lo divino.

79   Como en casi todas las religiones, el Cosmos es representado simbólicamente con un árbol gigantesco.

Los cabellos de mi cabeza son los mismos del dios Nu,
mi rostro es el Disco solar de Ra.
En mis ojos vive la fuerza de la diosa Hathor.
En mis dos oídos resuena el Alma de Up-Uaut.
En mi nariz viven las fuerzas del dios Khenti-Khas.
Mis dos labios son los labios de Anubis,
mis dientes son los propios de la diosa Serkit.
Mi cuello es el cuello de la diosa Isis.
Mis dos manos son las mismas del poderoso Señor de Djedu.
Es Neith, el soberano de Sais, quien habita en mis dos brazos.
Mi columna vertebral es la de Seth.
Mi falo es el falo de Osiris.
Mi hígado es el propio del Señor de Kher-Aha.
Mi pecho, es del Señor de los Terrores.
Mi vientre y mi espalda son los de la diosa Sekhmet.
La fuerza del Ojo de Horus circula por la parte baja de mi
*   espalda.*
Mis piernas son las piernas de Nut.
Mis pies son los pies de Ptah.
Mis dedos son los del doble Halcón divino que vive eterna-
*   mente.*
Por cierto, ¡ni uno solo de los miembros de mi Cuerpo
deja de ser hogar de una divinidad!
Y con respecto a Thoth, él protege mi Cuerpo en su totalidad.
Como a Ra, cada día me transformo y renuevo.
Nadie podrá detener mis brazos ni tomar mis manos:
ni los dioses, ni los Espíritus glorificados,
ni las Almas condenadas, ni las Almas de los antepasados,
ni los Iniciados, ni los Ángeles del Cielo.
Yo soy el que camina hacia adelante cuyo Nombre es un Se-
*   creto.*
Yo soy el Ayer.

«El que contempla millones de años»
Ése es mi Nombre.
Yo cruzo los caminos del Cielo.
Mira aquí que me ha sido otorgado el título de Señor de la
*   Eternidad.*
Soy llamado el dios del Devenir, el Amo de la Corona real.
Yo habito en el Ojo divino de Horus
y el Huevo Cósmico el Ojo de Horus
me regala la Vida Eterna y al cerrarse me cuida.
En medio de rayos de luz avanzo por mi camino
y entro a todas partes, según el antojo de mi Corazón.
Yo existo y vivo.
Yo soy Horus que abarca los incontables años.
La Palabra y el Silencio están equilibrados en mi boca.
Sentado en mi Trono yo ejerzo el mando.
Efectivamente, mis Formas están transformadas.[80]
Yo soy Unnefer, el Ser perfecto,
el dios que se adapta a los Ritmos de los Tiempos.
Mi esencia está oculta en mi Ser.
¡Solo existo! ¡Solo! ¡Solo!
Solo recorro las soledades cósmicas.
Efectivamente, yo resido en el Ojo de Horus
y ningún mal puede acercarse a mí.
Mira aquí, que abro las Puertas del Cielo
y que envío Nacimientos a la Tierra.
El niño que nacerá
no será dañado en el camino que conduce a la Tierra.
Yo soy el Ayer.
Yo soy el Hoy de las generaciones infinitas.
Yo soy el que los protege todos los días de sus vidas.

---

80   De acuerdo con la tradición, en el Más Allá la vida aparece como invertida con respecto a la terrestre. Lo que en ésta era interior, luego de la muerte será exterior, y viceversa.

¡Oh ustedes, residentes de la Tierra y del Cielo!
¡Los del Norte, del Sur, del Este y del Oeste!
Efectivamente, ¡el horror ante mí oprime sus corazones!
Pues yo me he modelado y formado por mí mismo.
No moriré por segunda vez.
Algunos rayos de luz de mi Ser llegan hasta sus pechos
pero mis Formas las oculto en mí y para mí,
pues yo soy aquel a quien nadie conoce.
¡Oh ustedes, Demonios Rojos!
En vano vuelven sus caras hacia mí: un triple velo me oculta.
No es posible regresar a la época lejana
en que el Cielo fue creado por mí,
en que la Tierra fue separada;
y en donde los seres nacidos del Cielo y los nacidos de la Tierra
fueron ubicados en lugares diferentes.
Una vez divididos ya no volverán a unirse en la Fuente ini-
*   cial.*
Mi Nombre es extraño es a la semilla del Mal.
Poderosas son las Palabras mágicas que mi boca les pronun-
*   cia.*
Una radiación de Luz fluye de todo mi Ser.
Yo soy un Ser que está rodeado de murallas,
en medio de un Universo también rodeado de murallas.
Yo soy un Solitario inmerso en mi Soledad.
No pasa un día sin mi saludable intervención.
¡Pasan! ¡Pasan! ¡Pasan ante mí!
Efectivamente yo soy un Ser lleno de savia nacido del Océano
*   celeste.*
Mi Madre es la diosa del Cielo, Nut.
Ella es quien ha creado mi Forma.
Yo estoy quieto,
soy el Gran Nudo del Destino que descansa en el Ayer;

en mi mano está el Destino del Presente.
Nadie me conoce, pero yo los conozco a todos.
Nadie puede tomarme; pero yo puedo tomarlos
¡Oh, Huevo Cósmico! ¡Escúchame!
¡Yo soy el Horus de infinitos años!
Hacia ustedes dirijo el Fuego de mis rayos
para que sus corazones se giren hacia mí.
Soy el Amo del Trono;
libre de todo Mal, recorro los Tiempos y los Espacios.
Soy el Cinocéfalo de oro que no tiene piernas ni brazos,
soy atronador en el templo de Menfis.
Que lo sepan: si me perfecciono ¡también lo hace él,
el Cinocéfalo de oro en Menfis!

Nut, diosa del cielo, apoyada por Shu, dios del aire,
y las deidades Heh con cabeza de carnero, mientras
que el dios de la tierra Geb descansa debajo.

Hechizo XLIII

A FIN DE IMPEDIR QUE SEA CORTADA LA CABEZA DEL FALLECIDO

Príncipe yo mismo, también soy hijo de un Príncipe.
Soy el dios del Fuego que nació del Fuego divino.
Así como no le ha sido quitada la cabeza a Osiris,
mi cabeza tras las matanzas también me será devuelta.
Siendo joven otra vez, renovándome,
conservo entero mi Ser múltiple
pues soy Osiris, Señor de la Eternidad.

Apofis, una deidad serpiente que personificaba
el caos malévolo y se decía que luchaba
contra Ra en el inframundo cada noche.

HECHIZO XLIV

A FIN DE NO MORIR POR
SEGUNDA VEZ EN EL MÁS ALLÁ

Mis salas secretas fueron profanadas;
mis escondites han sido descubiertos;
los Espíritus glorificados han sido arrojados a las Tinieblas;
pero he sido santificado por el Ojo divino de Horus,
y Up-Uaut me ha alimentado con la leche de sus tetas.
Ahora me oculto entre ustedes ¡oh, Estrellas fijas!
Efectivamente, mi frente es la misma frente de Ra.
Mi rostro se quita el velo; mi corazón está en su justo lugar.
Yo soy el Amo del Saber Sagrado y del Verbo mágico.
Como Ra, me protejo a mí mismo.
Nadie podrá ignorarme ni dañarme.
Efectivamente, tu Padre celestial vive para ti,
¡Oh tú, Hijo de la diosa Nut!
Mira aquí ¡oh Príncipe de los dioses! Que llego junto a ti.
Soy tu Hijo y he observado tus Misterios.
¡Coronado Rey de los dioses
no moriré por segunda vez en el mundo subterráneo!

HECHIZO XLV

A FIN DE IMPEDIR LA DESCOMPOSICIÓN
DEL CUERPO EN EL MUNDO SUBTERRÁNEO

¡Oh, tú inmóvil e inerte como Osiris,
tú, inerte e inmóvil como Osiris cuyos miembros están con-
  gelados!
Sal de tu quietud, para que tus miembros no se descom-
  pongan.
¡Para que no se alejen
de tu cuerpo y te abandonen!
¡Que mi cuerpo no se pudra!
Pues yo soy Osiris.

HECHIZO XLVI

A FIN DE REVIVIR EN EL MUNDO SUBTERRÁNEO

¡Salve, oh Hijos de Shu!
¡Salve, oh Hijos de Shu!
Es por las generaciones futuras por quien lo hace.
Efectivamente, si yo revivo, Osiris también revive.

Hechizo XLVII

A fin de que su trono no le sea arrebatado al fallecido

Mira aquí mi lugar en el Mundo Subterráneo
¡Y mira aquí mi Trono!
Vagando por los circuitos me aproximo a él
y digo estas palabras:
«Yo soy su Señor, ¡oh dioses!
¡Acérquense a mí! ¡Sigan mis pasos,
pues yo soy el Hijo de su Señor!
Mi padre celestial los ha creado;
y viven por mí. ¡Oh, dioses!».

Hechizo XLVIII[81]

Un hechizo contra los enemigos

He forzado la entrada del Cielo.
Destruyo ahora las Puertas del horizonte.
Por la Tierra entera yo me desplazo.
Incluso los espíritus superiores están bajo mis mandatos,
pues mis poderes mágicos son infinitos.
Mi boca y mis mandíbulas poseen una gran fuerza.
Efectivamente, para toda la Eternidad, soy el Señor del
*   Duat,*
pero los medios de mi Ascensión no les serán revelados.

---

81   Repetición del Hechizo X

HECHIZO XLIX[82]

PARA PONER FIN AL SENTIMIENTO DE VERGÜENZA QUE AFLIGE EL CORAZÓN DE LOS DIOSES

¡Oh dioses, controladores de los sagrados ritmos,
ustedes que dirigen el desarrollo de los secretos,
que sus nombres sean admirados!
Escuchen mis palabras:

«Efectivamente, los dioses se afligen y se desorientan
cuando se dan cuenta de mis maldades;
pero con los golpes que hará caer sobre mis faltas
el dios de la Verdad y de la Justicia
¡Mis delitos e imperfecciones se disiparán!».

¡Oh, Dios de la Verdad y de la Justicia, elimina el Mal que
habita en mí!
¡Elimina mi maldad y mis pecados,
destierra de mi corazón todo el veneno que podría alejarme
de ti,
para que la paz reine entre nosotros!
Y tú, ¡oh Señor de las Ofrendas,
aquí te traigo lo que te dará vida,
con el fin de que yo también pueda tenerla!
Y el sentimiento de vergüenza que alberga en tu corazón,
por mi culpa,
¡elimínalo para el resto de la eternidad!

---

82 Repetición del Hechizo XIV

HECHIZO L

A FIN DE NO SUFRIR EL CASTIGO
(PAPIRO NU)

Tanto en el Cielo como en la Tierra
he acomodado las vértebras de mi cuello.
Después del día de la Matanza y de la Confusión,
Ra coloca y ajusta la columna vertebral sobre las piernas
de los Retrasados.
Seth, ayudado por las Jerarquías
le proporciona a las vértebras de mi cuello
su antigua fortaleza.
¡Que nada pueda moverlas!
¡Fortalece, entonces, mi ser para que pueda defenderse
de los asesinos de mi Padre celestial.[83]
Mira aquí que tomo posesión de mis dos Tierras,
la propia Nut es quien fortalece las vértebras de mi cuello.
Tienen el aspecto de todo tiempo,
de cuando la diosa Maat era invisible
y cuando los dioses, que flotaban en los espacios celestes
todavía no habían nacido.
En verdad, soy el heredero de los grandes dioses.

---

83   La posición recta de la columna vertebral era de gran importancia para la evolución del espíritu. Se consideraba, en gran parte, dependiente y necesaria para las cuatro vértebras del cuello.

HECHIZO LI[84]

El texto está perdido y se desconoce su paradero.

Maat, diosa que personificaba la verdad,
la justicia y el orden.

---

84 Variación del Hechizo LII

HECHIZO LII

UN ENCANTAMIENTO
CONTRA LAS BASURAS

¡Espanto! ¡Asco!
Yo no me alimentaré de ellas, no,
pues esas basuras son para mí un espanto y un asco.
¡No son ofrendas para mi Espíritu!
¡Que nunca sea tentado!
¡Que no las toque con mis manos!
¡Que no las toque con mis sandalias!
—Entonces ¿de qué vivirás?
—Veo a los dioses llegar hasta mí.
Traen los Siete Panes que me son asignados,
aquellos que me harán sobrevivir,
los mismos que en otra época le fueron llevados a Horus y a
    Thoth.
«¿Qué quieres comer?», me preguntan los dioses.
Yo respondo:
«¡Ojalá pudiera comer bajo el Árbol sagrado de Hathor, mi
    diosa!».
¡Ojalá llegue mi hora entre esos Espíritus que,
revoloteando, bajan sobre las ofrendas!
¡Ojalá me sean asignados los Campos de Djedu!
¡Ojalá puedan prosperar en Heliópolis!
¿Mi comida? Son los panes hechos con Trigo Blanco.
¿Mi bebida? La cerveza extraída del Trigo Rojo.[85]
¡Oh, guardianes de mi Puerta,

---

85   La comunión de las dos especies (sólida y líquida) se mostraba mediante los símbolos de los colores correspondientes del Sol (rojo) y de la Luna (blanco).

que las formas de mi padre y mi madre sean traídas hasta aquí».
Mira aquí que por el Verbo de Poder de mi Boca creo mi camino,
ensancho mi sendero y permanezco allí
donde aguarda a mi corazón.

Imagen compuesta de la iconografía más común de Hathor, basada en parte en imágenes de la tumba de Nefertari.

Hechizo LIII

Otro encantamiento contra las basuras

Yo soy el Toro Sagrado,
señor del Cielo, Amo de la Luz que nace de la Llama.
Yo ordeno los Ritmos del Cielo y el transcurso de los Años.
Gracias al dios de la doble cabeza de León
puedo vivir como Espíritu glorificado.
¡Espanto! ¡Asco! ¡Yo no como basura!
¡Yo no bebo orina!
¡Ojalá no lleve la cabeza hacia abajo!
Pues yo tengo los panes de las ofrendas de Heliópolis.
Mis panes están el Cielo, delante de Ra.
En la Tierra mis panes están delante de Geb.
Las dos barcas me los traen al templo del gran dios de He-
    liópolis.
Contento, recorro el Cielo junto a los Espíritus.
Me alimento de lo que ellos se alimentan, vivo de lo que ellos
    viven.
Yo me alimento de pan consagrado
que viene del templo del Señor de las Ofrendas.

HECHIZO LIV

A FIN DE RESPIRAR AIRE EN EL MUNDO SUBTERRÁNEO

¡Oh Atum! ¡Déjame respirar el vívido aire
que es tan dulce a las ventanas de tu nariz!
Pues yo soy el Huevo del Océano Cósmico.[86]
¡Que mis formas variables puedan quedar
bajo el buen cuidado de los dioses!
Pues yo soy un Mediador entre Geb y la Tierra.
Si yo vivo, ella también vive.
Pues yo soy joven, yo existo y respiro.
Yo soy la fuente del Equilibrio de los Mundos.
Yo giro alrededor del Huevo Cósmico; mis rayos le iluminan.
No obstante, Horus está en guerra con Seth.
¡Oh ustedes, Espíritus gloriosos que alegran las dos Regiones,
a una la alegran con néctar y a la otra con lapislázuli,
guarden atentamente el Huevo Cósmico
que descansa en el fondo del Nilo celeste!
¡Miren! Yo, joven dios ¡voy a su encuentro!

---

86   El huevo simbolizaba la totalidad sinárquica, es decir el microcosmos o el macrocosmos.

Hechizo LV

A fin de respirar aire en el mundo subterráneo

Entre los Purificados, yo soy un Purificado.[87]
Soy el dios Shu que, en las regiones de los dioses brillantes,
atrae hacia él el Aire del Océano celestial
hasta los bordes del Cielo,
los bordes de la Tierra,
los bordes de la Luz divina.
Que el Aire anime, pues, a este joven dios
¡que despierte!

Hechizo LVI

A fin de respirar aire en el mundo subterráneo

¡Que el dulce aire de respirar llegue a las ventanas de mi
nariz
tal y como llega a las tuyas, oh Atum!
¡Alabado sea tu santuario de Unnu!
Mira aquí que, flotando en medio del Océano celeste,
yo me mantengo en guardia ante el Huevo Cósmico de Gen-
gen-Ur.
Si yo hago ofrendas, este Huevo también hace ofrendas.
Si yo revivo, este Huevo también revive.
Pues el Aire que yo respiro y me vivifica
es el mismo Aire que lo vivifica a él.[88]

---

87   Es un grado difícil de explicar/apreciar de la iniciación. En el sentido literal podría ser: chacal, juez o consejero real.
88   La expresión clásica del leitmotiv de la reciprocidad.

Hechizo LVII

A fin de obtener poderes
sobre las aguas en el más allá

¡Oh Nilo celeste, tú, gran deidad del Cielo!
Por tu Nombre que es:
«Aquel que cruza el Cielo en su totalidad»,
yo te hechizo: ¡Dame sobre tus aguas celestes el poder
similar al que posee la diosa Sekhmet!
Cuando llega la terrible Noche de las Tempestades y de las
    Inundaciones,
ella es la que hace guardia frente a Osiris.
Que se me permita llegar hasta los Espíritus divinos
que habitan en las Fuentes de las Aguas celestiales,
así como estos Espíritus desean llegar hasta la gloriosa Di-
    vinidad
cuyo Nombre es Secreto.
Mira aquí que llego a Djedu y que los orificios de mi nariz
    se abren.[89]
Después descanso en Heliópolis.
Es la diosa Sesheta quien ha creado para mí una morada.[90]
He sido ayudado por el propio dios Khnum.
Cuando el viento sopla del Norte me siento al Sur.
Cuando el viento sopla del Sur me siento al Norte.
Cuando el viento sopla del este me siento al oeste
cuando el viento sopla del Oeste me siento al Este.

---

89   Después de que se embalsaman las cabezas, la nariz queda obs-
truida, por esto se habla de abrir las ventanas de la nariz, para así poder
respirar en el Más Allá.

90   Sesheta, también conocida como Seshat, es la diosa del saber sagrado, de la escritura y la historia, es la señora de los libros, protectora
de las bibliotecas.

El viento que se aproxima,
lo olfateo con los agujeros de mi nariz
voy a todas partes según se le antoje a mi corazón,
y allí construyo mi morada.

Sesheta, diosa de la escritura y el registro,
representada como escriba.

HECHIZO LVIII

OTRO ENCANTAMIENTO PARA
TENER PODERES SOBRE LAS AGUAS

—¡*Ábreme la Puerta!*
—*¿Quién eres? ¿A dónde vas? ¿Cuál es tu nombre?*
—*Yo soy un Espíritu divino, como ustedes.*
—*¿Quiénes son los que te acompañan?*
—*Son las dos diosas serpientes.*
—*¡Aléjate de ellas si quieres continuar avanzando!*
—*¡No! Ellas me ayudarán a llegar hasta el santuario
donde encontraré a los dioses superiores.*
«El Alma que se concentra», es el Nombre de mi barca;
«El Espanto», es el nombre de mis Remos;
«La que estimula», es el nombre de mi Cala;
«Navega recto delante de ti», es el nombre de mi Timón.
*De todas formas, que lo sepas, mi ataúd es modelado
durante toda la travesía.*
Que mis ofrendas sean:
leche, pan y carne proveniente del templo de Anubis.

HECHIZO LIX

LOS PODERES SOBRE
LA RESPIRACIÓN Y SOBRE LAS AGUAS

¡Salve, oh Árbol glorioso de la diosa Nut!
¡Dales a los orificios de mi nariz tu viento vivificador!
¡Sea alabado tu santuario de Unnu!
Mira aquí, que mantengo la guardia
del Huevo Cósmico de Gengen-Ur.
Si respira, yo también respiro;
si crece, yo también crezco;
si vive, yo también vivo.

Shu, encarnación del viento o del aire, miembro de la Enéada.

HECHIZO LX

A FIN DE ABRIR LAS PUERTAS DEL CIELO

¡Que las puertas del amplio Cielo se abran ante mí!
¡Que las Puertas de la Tierra húmeda
sean cerradas con llave ante mí!
Mira aquí que ese gran dios del Nilo celeste,
que se adapta a los Ritmos de Ra.
¡Denme, oh dioses, el poder sobre las Aguas del Cielo!
Pues efectivamente, el día de las Tempestades en la Tierra
yo tendré los conocimientos para dominar a Seth, mi con-
*   trincante.*
Mira aquí que, caminando por el borde del camino
me adelanto a esos poderosos dioses
de fuertes brazos alineados a mi paso,
así como ellos avanzan
a ese dios brillante y acorazado de fórmulas mágicas
cuyo Nombre no será revelado,
efectivamente, yo también he adelantado
a los dioses de los poderosos brazos.

Hechizo LXI

Los poderes sobre las aguas del cielo

Mírame aquí,
yo que, agrandando y desbordando los Abismos,
hice fluir las Aguas del Cielo.
Ellas me hicieron mantenerme sobres su Espacios líquidos.
Por ello ¡en mi poder se quedaron
las Aguas del Cielo!

En una de sus muchas formas, Ra, dios del Sol,
tiene la cabeza de un halcón y el disco solar.

Hechizo LXII

A fin de beber agua
en el mundo subterráneo

¡Que puedan los Abismos de las Aguas, hogar de Osiris,
abrirse ante mí y permitirme atravesarlas!
Que puedan abrirse ante mí,
¡Oh Señor de los dos Horizontes!
El Océano celeste del Thoth y las aguas del Nilo celestial,
ya que mi nombres es: «Aquel que entra de forma victoriosa».
Que me sea otorgado el poder sobre las aguas.
¡Pues yo poseo ya el poder de los miembros de Seth!
Mira aquí que cruzo el Cielo.
Soy el dios de la cabeza de León y soy Ra;
yo soy el dios Smam.[91]
Dentro de mí brilla la constelación de Khopesh.[92]
Bordeando los lagos y los caminos
de los Campos de los Bienaventurados,
yo tomo posesión de mi Herencia celestial.
La Eternidad infinita me ha sido regalada;
y la Duración sin límites es mi bien más preciado.
Efectivamente, ¡yo soy el Heredero de la Eternidad!

---

91 Literalmente significa: el dios Víctima.
92 Es la constelación de la Osa Mayor.

HECHIZO LXIII

A FIN DE NO SER
ESCALDADO BEBIENDO EL AGUA

¡Salve, oh Toro del Amenti!
Ante ti me aparezco, yo, el remo de Ra.
Fue por mi ayuda que este dios logró llevar a bordo
a las antiguas deidades que están cansadas por su edad
y hacerlas cruzar ilesas al Abismo de las Aguas.
¡Que el Fuego celeste y destructor sea impotente ante mí!
Efectivamente, yo soy el primer Hijo de Osiris
y habito en el Ojo divino.
Toda deidad que en Heliópolis se presente ante él,
¡tolerará mi mirada!
Pues yo soy el heredero de los dioses;
y mi poder es inmenso.
Tan pronto estoy inmerso en un profundo sueño,
tan pronto me despierto y me desbordo de vigor.
Mi nombre es
«Yo te libero del Mal, y tú vives en mí Eternamente».

Hechizo LXIV

La salida del alma
hacia la luz del día

Yo soy el Hoy.
Yo soy el Ayer.
Yo soy el Mañana.
Desde mis Nacimientos repetidos,
me mantengo joven y fuerte.
Yo soy el alma divina y secreta
que, en otra época, dio origen a los dioses
y cuya esencia secreta alimenta a las divinidades
del Duat, del Amenti y del Cielo.
Yo soy el Timón del Oriente,
señor de los dos Rostros gloriosos.
Mi brillo ilumina a todo ser que ha resucitado
que, aunque haya atravesado el Reino de los Muertos,
por transformaciones continuas,
busca su senda de forma afanosa,
a través de la Región de las Tinieblas.
¡Oh, ustedes, Espíritus con cabeza de gavilanes,
de ojos inamovibles, ustedes que como están suspendidos allá
*   en lo alto*
y escuchan con atención las palabras mágicas hechas verso
por los que acompañan mi Ataúd, caminando hacia su mo-
*   rada secreta!*
Y ustedes, que anteponen, y ustedes que siguen a Ra
en su camino hacia el punto final del Cielo.
Mientras que Ra mismo, el Señor del santuario, de pie en
*   su barca,*
hace, por su brillo, florecer la tierra, ustedes todos, ¡aprendan!

Que en verdad, ¡soy yo quien es Ra!
¡Y que Ra es, por otro lado, yo!
Que yo soy quien ha cincelado con cristal firmamento de
    Ptah.
¡Oh, Ra! Está lleno tu espíritu y tu corazón alegre,
cuando contemplas el hermoso orden de este día,
cuando te adentras en esta ciudad celeste de Khemenu
y pronto la dejas por la Puerta del Este.
Los descendientes de los dioses que te habían antecedido
se adelantan a tu encuentro y te saludan con gritos de júbilo.
¡Oh, Ra! ¡Hazme los caminos dulces y placenteros,
los caminos recorridos por tus rayos solares!
¡Agranda para mí tus Senderos luminosos
el día en que empiece mi viaje desde la Tierra
hacia las Regiones Celestiales!
Extiende tu Luz sobre mí, ¡oh Alma misteriosa!
Mira aquí, que me aproximo a ti,
¡Oh dios, cuya voz resuena como un trueno en la vasta Re-
    gión de los Muertos!
¡Que no me sean incriminados los pecados de mis padres!
Líbrame de ese Espíritu destructor y mentiroso
cuyos dos ojos parecen cerrados al caer la Tarde
y que, durante la Noche, asesina a los mortales.
Efectivamente, mis posibilidades son infinitas
y mi nombre es: «el Gran Negro».[93]
Yo verbalizo lo que en mí se esconde
entre las variaciones de mis Formas cambiantes.
Oh, Príncipe de los dioses Etishef,
¿Escuchas aullar a los demonios calvos
a la hora en que el brazo de Osiris está fijado?

---

93   El color negro es el símbolo de la potencialidad, es decir, de todo
lo que es posible.

Tú dirás: «¡Ven! ¡Atraviesa el Abismo!
¡Mira! ¡Ante ti, reducido a la impotencia, yace, tu Adver-
    sario!
Sus muslos están atados al cuello;
su parte inferior está agarrotada en la cabeza».
¡Oh, ustedes, Príncipes gloriosos de la Región de los Muertos!
¡Que Isis y Neftis logren
aquietar el torrente de mis lágrimas.[94]
Cuando desde la orilla contemple a mi Otro Yo,
obligado por los mandatos de mi Destino,
a atravesar los Circuitos del Abydos Celeste!
Y los cuatro Pilares de las cuatro Regiones del Espacio,
con sus Puertas y los Cerrojos de sus Puertas,
sea en el Mundo al Interior o al Exterior de mí,
¡queden entregados al poder de mi brazo!
Ágiles y parecidas a las de un perro son mis piernas
cuando rodeo los santuarios del Más Allá.
El dios de la doble cabeza de León ha alimentado mi Cuerpo;
Igau mismo ha colocado mi Cuerpo en el sarcófago[95]
y fuerte es mi Alma.
Forzando las Puertas del Más Allá, yo las atravieso.
Para mí, cruza las Regiones más alejadas del Cielo,
la Luz que emana en rayos a mi Corazón; pues mi Nombre
    es:
«El que conoce los Abismos».
Es para asegurar su salvación,
¡oh ustedes espíritus desencarnados
que incontables residían en el Más Allá!
Por quienes llevo a cabo mis acciones ahora,
calculando y considerando Días y Horas propicias,

---

94   Para los iniciados era necesario olvidar los sentimientos y no demos-
trar ningún tipo de debilidad.
95   Igau hace referencia a Anubis.

para las estrellas de Orión y las doce divinidades que las go-
biernan.
Mira aquí que juntan sus manos, cada una con cada una,
pero entre ellas, la sexta,
al borde del Abismo está cuando el Demonio es derrotado.
Véanme aquí, llegando victorioso ante un vasto lugar del
Mundo Subterráneo.
Traigo mis ofrendas al dios Shu.
Cuando, después de la Matanza
la sangre de los impuros se haya congelado
y la Tierra totalmente reunida de nuevo,
florezca y de frutos otra vez,
yo me expresaré en calidad de Señor de la Vida.
Mi esplendor será gigantesco
en medio del magnífico Ordenamiento.
¡Del renacimiento Día!
Efectivamente, yo destruiré la resistencia
de aquellos que ocultándose se reúnen en contra de mí.
¡Imaginando planes para rechazarme!
¡Ah, ustedes demonios que se arrastran sobre sus vientres!
¡Que lo sepan! ¡Yo llego aquí como ministro
del Señor de los Señores para vengar a Osiris!
Mi Ojo sabe contener sus lágrimas.
Yo soy el enviado por aquel
cuyo brazo es fuerte y que es Dueño de sus posesiones.
Yo caminaré todos los caminos de Sekhem a Heliópolis.[96]
Para enseñar al Fénix divino las cosas del Mundo Subterrá-
neo.
¡Salve a ti, oh Reino del Silencio, y a los Misterios que con-
tienes!

---

[96]   Las indicaciones de los lugares geográficos no se refieren al conocido Egipto terrestre -y presente-, sino a sus prototipos en el Más Allá;
de donde ellos se reflejan.

¡Oh tú, creador de las Formas de la existencia,
semejante al dios Khepri mismo,
déjame contemplar al Disco de Ra!
¡Que el gran dios Shu
de quien la infinita Duración es su hogar,
me haga presentarme frente a él!
¡Que mis Viajes a través del Más Allá puedan continuar en
*   paz!*
¡Que pueda cruzar el Firmamento y observar
los brillos de la radiación que deslumbra!
¡Que pueda, asimismo, como un pájaro, volar por los aires
y admirar día tras día a los Espíritus santificados reunidos
*   junto a Ra!*
¡Que pueda, en este instante, ser ayudado por las oraciones
*   de los Iniciados,*
cuando sobre sus ligeras sandalias, apoyadas en la arena, ca-
*   minan en silencio!*
Y tú, Ser poderoso de movimientos ágiles,
que guías a las Regiones Inferiores las sombras de los Espíri-
*   tus glorificados,*
¡permíteme como preferido de los dioses,
atravesar en paz la Región de los Muertos!
¡Ten piedad de mí, pues, tan débil como estoy,
solo de forma dificultosa mantengo la unidad de las Almas
*   múltiples!*
En cuanto a ti, demonio, que te escondes a lo lejos
y que calladamente te alimentas de las Almas, ¿quién eres?
¡Apártate! ¡No me toques!
Yo soy, entérate, ¡el príncipe del Re-Stau!
Yo soy aquel cuyo Nombre es suficientemente poderoso
como para abrir las Puertas del Mundo Inferior.
En el momento en que salga, mi Nombre será:

«*Deidad que busca y que desea, señora de la Eternidad de
la Tierra*».
*Apenas la diosa embarazada
colocó, después de dar a luz, su carga,
cuando la Puerta del medio de la Muralla fue empujada,
y echado el cerrojo.
Yo me complazco por haberla cerrado.
El Ojo, al Alba, devolvió a la gran divinidad brillo y rostro.
¡Apártese de mí todo lo que es inmundicia!
Pues yo me he transformado en todo lo que es semejante al
dios-León
adornado con las flores dedicadas a Shu.
¡Yo no temo a las Aguas del Abismo!
¡Bienaventurados los que, desde el Más Allá,
contemplan en paz sus despojos mortales el día en que Osiris,
«Dios del Corazón detenido», desciende planeando sobre los
restos!
Efectivamente, ¡yo soy aquel
que camina hacia la plena Luz del Día!
En presencia de Osiris, llego a ser Dueño de la vida.
Mi Ser es ya eternamente infinito e inmutable;
mírame aquí que rodeando con mis brazos el Sicomoro sa-
grado,
Él, a su tiempo, me abre sus brazos graciosos.
Y cuando llego ante el Ojo de Horus, tomo posesión de él.
¡Que reine en paz sobre los Mundos!
Yo contemplo a Ra cuando se acuesta,
cuando el amanecer se aproxima.
Me uno a su soplo reanimante.
Cuando le rindo homenaje, mis manos son puras.
¡Que puedan pues, todas las porciones de mi Ser,
contener enteramente su unidad!*

¡Que no sean dispersadas!
Mira aquí que vuelo como un pájaro y que desciendo
planeando en dirección a la Tierra.
A medida que me muevo, debo seguir la huella de mis actos
*   pasados,*
pues yo soy el Hijo del Ayer.
Las dos divinidades Akerú visionan mi futuro.[97]
¡Que la poderosa Tierra me preste,
cuando se presente el peligro, su robusto vigor tan propio!
Que el poderoso dios que va detrás de mí
cuando camino al Más Allá,
me proteja y cuide siempre de mí,
para que mi Carne sea cada vez más fuerte y sana,
y que mi Espíritu, glorificado,
permanezca en guardia sobre mis miembros,
que mi Alma los cubra y proteja con sus alas
y les hable de forma dulce, como a una amiga.
¡Ojalá las Jerarquías divinas escuchen mis palabras!
¡Ojalá, sí, comprendan mis palabras!

RÚBRICA

Si el fallecido está al tanto del hechizo que sigue a continuación, podrá, después de la muerte, salir hacia la plena Luz del Día y no encontrará obstáculo alguno en las puertas del Mundo Subterráneo, ya sea al entrar por ellas, o al dejarlas atrás. También podrá atravesar a su antojo por todas las Metamorfosis posibles: no morirá.[98] Su alma se abrirá como una flor. También, si conoce este hechizo, será vencedor tanto en la Tierra como en el Más Allá y podrá llevar a

97   Akerú, son las divinidades asociadas a la tierra.
98   Por supuesto, hace referencia a la segunda muerte en el Más Allá.

cabo cualquier acto del que es capaz un ser humano que habita en la Tierra. Esto es, sin duda, uno de los grandes dones que tienen los dioses.

Este hechizo fue hallado en tiempos del rey Men-Kau-Ra[99], en la ciudad de Khemenu, debajo los pies de la estatua del dios Thoth. Estaba inscrito en un bloque de hierro y la leyenda estaba incrustada con verdadero lapislázuli. El hallazgo fue gracias al príncipe real Herutataf, quien se encontraba realizando un viaje de inspección en los santuarios. Un tal Nekht, que iba con él, fue el que logró descifrar el sentido oculto de este pasaje. De inmediato, el príncipe consciente del misterio que contenía la leyenda, y de que ningún ojo humano lo había visto con antelación, dio a conocer el suceso al rey.

Todo aquel que recite este hechizo debe encontrarse en un estado de purificación total. Es decir, debe estar en ayunas, sin haber comido carne de animales de los campos, ni pescado, como tampoco haber tenido relaciones sexuales.

Al momento de recitar este hechizo, se debe agarrar un escarabajo bordeado de oro y colocarlo en el interior del cuerpo del fallecido; de esta manera, el amuleto hará el efecto de que se logre abrir la boca del fallecido.[100] También hay que untarlo con pomada de Anti, pronunciando la fórmula mágica al mismo tiempo que se frota.[101]

---

99 Son unos 2700 años aproximadamente.
100 La boca y la lengua, así como también la laringe, son los órganos de la Palabra mágica, el instrumento perfeccionado y legado por Thoth; un arma de combate, por excelencia, del difunto.
101 Véase el Hechizo XXX.

HECHIZO LXV

A FIN DE TENER EN SU PODER A LOS ENEMIGOS

Ra está sentado en su Trono
en la mansión de los Años Infinitos.
Delante de él, de pie,
están las Jerarquías divinas
y los Espíritus de los rostros tapados
que llevan a cabo sus acciones en la Región del Eterno De-
        venir.[102]
Ellos se encargan de controlar el orden de las cosas
y absorben todo lo que es superfluo,
bebiendo las ofrendas líquidas.
Ellos hacen girar a los cielos con su Disco de Fuego,
tomados a su vez en el propio movimiento.
¡Ojalá yo pueda poseer a los cautivos de Osiris
y no caer nunca en manos de los demonios de Seth!
En cuanto a ustedes, que disfrutan del descanso
en los bancos cubiertos de verde de los ríos celestiales
en la Región de Aquel que conduce las Almas,
¡ojalá yo pueda estar sentado en el puesto de Ra
cuando mi Cuerpo sea confiado al dios de la Tierra!
¡Ojalá yo pueda triunfar sobre Seth
y sus vigilantes nocturnos que tienen rostros de cocodrilo,
como de los acosadores de rostros ocultos,
cuando transformándose con la apariencia de los dioses,
intentan pasar desapercibidos,
el séptimo día de las Fiestas en el templo del dios del Norte!
Efectivamente, parece que sus lazos

---

102   La región del eterno devenir es literalmente la casa del dios Khepré. Entre todos los mundos suprasensibles, es la más próxima a nuestro
plano terrenal.

están hechos para toda la eternidad
y que sus cuerdas están duras para aguantar por siempre.
Desde aquí noto a un demonio;
su sombra etérea, sedienta y peligrosa,
se mueve en el Valle de las Tumbas.
Yo sé: que los que renacen de la muerte
se arriesgan a morir en los lazos de este demonio.
Pero yo he nacido para el mundo del Más Allá
con la forma de un Espíritu glorificado y lleno de vida.
¡Salve, oh Iniciados que moran bajo la Tierra!
¡Aniquilen y extirpen el Mal que se adhiere a mi persona!
¡Oh Ra! ¡Déjame admirar tu disco de Fuego!
¡Ayúdame en mi lucha contra mis enemigos!
¡Déjame explicarme ante el Tribunal divino
que es presidido por la gran divinidad.
Pero si te rehúsas y me prohíbes
que triunfe sobre mis enemigos
y de que me justifique delante del Tribunal divino,
entonces...
¡Que el orden natural sea trastornado!
Que el Nilo pueda escalar hasta el Cielo
y vivir de la sustancia de la Verdad y Justicia,
y que Ra sea quien haga vivir a los peces del Nilo!
Pero si yo venzo a mis enemigos, entonces...
Que Ra pueda elevarse al Cielo,
vivir de la sustancia de la Verdad y Justicia
y que el Nilo sea quien haga vivir a los peces!
Efectivamente, una vez que yo haya destruido a mis enemigos,
será un gran día para la Tierra.
Mira aquí, que planifico una campaña contra mis enemigos.
Han sido entregados a mi poder;
y yo los deshago ante las Jerarquías divinas.

HECHIZO LXVI

LA SALIDA DEL ALMA HACIA LA LUZ DEL DÍA

La ciencia oculta, ¡yo la he apagado!
Sé que la diosa Sekhmet me ha llevado en sus extremidades,
que la diosa Neith me ha traído al mundo,
que soy a la vez, Uadjit, el de cabeza de Serpiente
y una emanación del Ojo divino de Horus.
Mira aquí que vuelo como un pájaro del Cielo.
Yo desciendo sobre la frente de Ra,
viajo sobre el Océano celestial
sentado muy tranquilamente en la proa de su barca.

HECHIZO LXVII

A FIN DE ABRIR LAS PUERTAS HACIA EL MÁS ALLÁ

Observa aquí, que los diques del Océano celeste son destruidos
y los pasos de los Hijos de la divina Luz, son liberados.
Se entreabren las Puertas del santuario secreto de Shu.
¡Efectivamente! Y como este dios sale con total libertad
yo también puedo salir con libertad.
Dirijo mis pasos hacia mis dominios,
recibo las ofrendas y tomo los tributos del Príncipe de los
    Muertos;
voy hacia mi Trono que está construido en medio de la barca
    de Ra,
a resguardo de las Fuerzas del Mal
¡Ojalá pueda navegar en paz!
¡Oh radiación divina del Lago celeste!

Ani, Escriba de lo Sagrado de todos los dioses de Tebas y administrador de los Graneros de los Señores de Abydos y su esposa Tutu ante una mesa de ofrendas de carne, pasteles, fruta, flores, etc.

Arriba, doce dioses sentados en orden, como jueces, ante una mesa de ofrendas. Abajo, el Pesaje de la Conciencia: Anubis probando en la Balanza el corazón (conciencia) del difunto contra la pluma simbólica de la Ley; a la izquierda, Ani y su esposa en actitud de devoción.

A la derecha, Thoth, el escriba de los dioses, anotando el resultado de la prueba, y detrás de él el monstruo Ammyt, el Devorador. A la izquierda de la balanza, Shai con las dos diosas Renenutet y Meskhenet detrás; sobre ellas, el alma de Ani, como un halcón con cabeza humana y el símbolo de la cuna.

La presentación de Ani, triunfante, a Osiris. Horus hace avanzar a Ani, que se arrodilla de nuevo, con los cabellos blanqueados, y presenta ofrendas.

Osiris en su trono dentro de un santuario; detrás de él, Isis y Neftis; delante, una flor de loto, sobre la que están los cuatro hijos de Horus, genios de los muertos.

Cortejo fúnebre: la momia en un coche fúnebre en forma de barca, tirado por bueyes. Junto a ella se arrodilla la esposa de luto; delante, oficia un sacerdote; detrás, las plañideras y los sirvientes con un relicario fúnebre.

Continuación del cortejo fúnebre: sirvientes portando el mobiliario sepulcral junto a las plañideras. A la derecha, la tumba, delante de la cual Anubis sostiene la momia.

Frente a la momia, dos sacerdotes oficianante una mesa de ofrendas mientras otro lee el servicio funerario de un papiro. El ternero y la vaca simbolizan el Sol naciente y el Cielo.

Las dos almas de Ani de pie sobre la tumba. El disco del Sol, a ambos lados los leones "Ayer" y "El Mañana". La garza, identificada con Osiris; un altar ante él. La momia en el sepulcro con Isis y Neftis en forma de pájaros gemelos.

Una figura masculina de pie con los brazos extendidos sobre los lagos "Maat" y "Hesmeu". La Puerta de los Pasajes funerarios y el Ojo de Horus sobre un pedestal. La vaca Mehet. Un cofre funerario, rodeado por los hijos de Horus, con Ra saliendo de él sosteniendo el signo de la vida en cada mano.

Las almas de Ra y Osiris, entre dos columnas que significan su punto de encuentro.

Un gato delante cortando la cabeza de una serpiente, simbolizando a Ra matando al dragón de la Oscuridad; los dioses Hu, Sau y su padre Tmu. Ani y su esposa adoran a Khepri, que está sentado en la Barca Solar y, ante él, dos cinocéfalos, espíritus del amanecer. Tmu, sentado en la Barca Solar. Un león junto a la serpiente Wadjet, simbolizando el Amanecer, y la Llama de fuego.

Ani y su esposa se acercan a las siete puertas llamadas Arit
y a los diez Pilones de Osiris.

Cada una de las puertas de Arit está custodiada por un Portero, un Vigilante y un Heraldo; y cada uno de los Pilones por un Portero.

Más representaciones de las puertas de Arit y los pilones de Osiris

Ani y su esposa, dos veces representados, precedidos por un sacerdote vestido con la piel de pantera y avanzando hacia dos pilones.

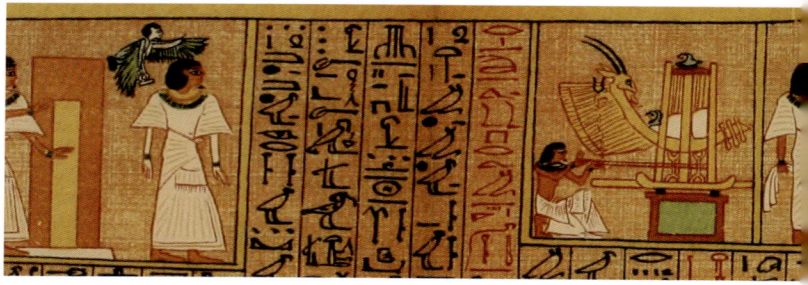

Ani, con su corazón frente a él, suplicando ante cuatro dioses. Nut, la diosa del cielo, en el árbol de sicomoro, dándole fruta a Ani. Anubis, sosteniendo la momia de Ani, que muestra el hechizo para evitar la corrupción del cuerpo. Un pilón con una garza y un alma.

Ani adorando a una tríada de dioses. El alma de Ani visitando su cuerpo momificado. El alma de pie frente a una

puerta, que significa que el alma de una persona no puede ser encarcelada.

Ani entrando por un pasaje, del otro lado su sombra y su alma, y haciendo una ofrenda frente a la Barca de Osiris. Ani entrando al Amenti. Ani frente a un altar, adorando a Osiris, en su forma de carnero y con su triple corona. Ani matando a una serpiente.

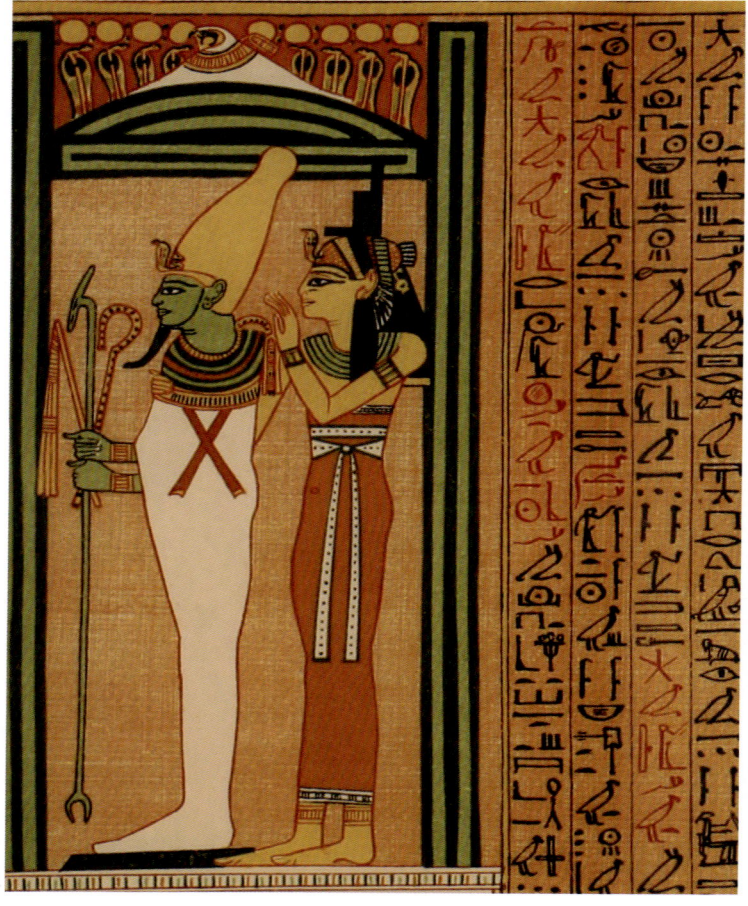

Osiris con su cetro, látigo y gancho, e Isis dentro de un santuario.

Hechizo LXVIII

La salida del alma
hacia la luz del día

Las Puertas del Cielo se abren para mí
y las Puertas de la Tierra no prohíben ya mi paso.
¡Quita los Cerrojos del Portal de Geb!
¡Déjame entrar en la Primera Región!
Efectivamente, los brazos invisibles
que me rodeaban y me protegían en la Tierra
y que guiaban mis pasos,
se han distanciado de mí.[103]
El sitio de los Canales y de las Corrientes se muestra a mi
mirada
y puedo recorrerla a mi antojo.
Efectivamente, soy el Amo de mi Corazón «ib»
y de mi Corazón «hati»,
el Amo de mis brazos, de mis piernas, de mi boca,
el Amo de todo mi Cuerpo,
el Amo de las ofrendas sepulcrales,
el Amo del Agua, del Aire, de los Canales, de los Ríos,
el Amo de la Tierra y de sus Bordes,
el Amo de los Seres mágicos que trabajarán para mí
en el Mundo Subterráneo.
Yo tengo el poder total
sobre todo cuanto podía serme ordenado en la Tierra.

¡Oh ustedes, Espíritus divinos!
¿Han pronunciado estas palabras frente a mí?:

---

103   Alusión muy concreta a la libertad —y responsabilidad— que debe ser asumida por el iniciado.

«¡Que participe en la Vida eterna
comulgando con el Pan consagrado de Geb!».
¡Aparten de mí las cosas que aborrezco!
Mi Pan de comunión será hecho con Trigo blanco,
mi bebida de comunión será sacada del Trigo rojo,
viviré en el lugar puro y glorificado,
bajo las ramas de la Palmera
árbol sagrado de Hathor, princesa del Disco solar.

Mírala aquí que se dirige a Heliópolis
con el Libro de la divinas Palabras de Thoth[104] en sus brazos.
Efectivamente, yo soy el Amo de mi Corazón «ib»
y de mi Corazón «hati»,
el Amo de mis brazos, de mis piernas y de mi boca,
el Amo del Agua, de los Canales y de los Ríos,
el Amo de los Seres mágicos que trabajan para mí en el
*   Mundo Subterráneo.*
Yo tengo total poder sobre todo cuanto podría serme orde-
*   nado*
tanto en la Tierra como en el Mundo Subterráneo.
Si se me coloca a la derecha, me dirijo hacia la izquierda;
si se me coloca a la izquierda, me dirijo a la derecha.
Sentado o de pie, suspiro mediante el Hálito vivificante del
*   Aire.*
Efectivamente, mi Boca y mi Lengua... ¡Mira aquí mis guías![105]

---

104   Thoth es dios de La Palabra creadora y mágica, la palabra hablar, el Logos; así como también de la Palabra escrita.

105   Como se ha mencionado anteriormente, la boca y la lengua, así como también la laringe, son los órganos de la Palabra mágica, instrumento perfeccionado y legado por Thoth. Es lo único que tiene el fallecido para defenderse y valerse por sí mismo.

RÚBRICA

Si el hechizo anterior es conocido por el fallecido, este podrá salir y dirigirse hacia la plena Luz del Día. También podrá recorrer a su antojo la Tierra eternamente, mezclándose con los vivos y sus fuerzas físicas no serán mermadas.

Ba es el aspecto del alma humana
que representa la personalidad.

HECHIZO LXIX

LA SALIDA DEL ALMA HACIA LA LUZ DEL DÍA

Soy un Espíritu de Fuego,
hermano de todos los Espíritus de Fuego.
Yo soy Osiris, hermano de Isis.
Mi hijo, Horus, y mi Padre, Isis,
para vengarme encadenan los brazos de mis enemigos
que han cometido contra mí crímenes impensables.
Yo soy Osiris, el Primogénito de los dioses,
heredero legítimo de Geb, su Padre divino.
Yo soy Osiris, Amo de los Manantiales Primeros de Vida.[106]
Mi espalda y mi pecho tienen el gran poder;
mi fuerza generadora entra a todos los lugares habitados por
hombres.
Yo soy Orión que, ante los incontables ejércitos de Estrellas,
atraviesa la Región del Cielo.
Efectivamente, el Cielo es el seno de Nut,
mi Madre divina, que me ha concebido
y me ha traído al mundo según su voluntad.
Yo soy Anubis, el Día en que llega a ser Sepa.
Yo soy el Toro Sagrado en medio de su Pradera.
Efectivamente, ¡yo soy Osiris!
El día de la Gran Catástrofe fui ocultado por mi Padre y mi
Madre.
El dios Geb es mi Padre; mi Madre la diosa Nut[107]
Yo soy Horus, el Primogénito de Ra, el día de su triunfo.

---

106   Es decir, que esparce su hálito vivificador sobre las aguas primordiales.
107   Geb era el dios de la Tierra. Nut, la diosa del Cielo; nótese que Geb es el macho y que Nut es, por lo tanto, la hembra.

Yo soy Anubis el día en que llega a ser Sepa.
Yo soy Atum, Señor de los Mundos, yo soy Osiris.
Salve, ¡oh, tú, Divinidad muy Antigua!
Mira aquí que entras y hablas
a Thoth, el Escriba divino, Guardián de la Puerta de la Mo-
    rada de Osiris.
¡Déjame recorrer tus Regiones,
visitarlas en paz, lograr ser un Espíritu santificado,
ser juzgado y justificado, llegar a ser un dios
y volver a mi antojo a la Tierra para proteger mi Cuerpo!
Ahora, sentado cerca de donde en otros tiempos nació Osiris
me apresuro a aniquilar el Mal que le contamina.
Efectivamente, ¡poderoso soy!
Y llegando al Mundo con Osiris,
en el mismo lugar donde él nació en otros tiempos,
me transformo en dios.
¡Rejuvenezco! ¡Rejuvenezco!
Y tomo este muslo que es mío y es también el de Osiris,
y con él abro la boca de los dioses.
Entonces Thoth aparece y yo voy junto a él.
Que mi Corazón lore ser vigorizado
por las ofrendas en el altar de mi Padre divino:
pan, cerveza, carne y aves.
Mira aquí que traigo ofrendas a Horus,
 a Thoth y a Enheri-Ertitsa.

HECHIZO LXX

Mira aquí que llego a buen puerto.
Por designio de Enheri-Ertitsa mi Corazón se fortalece.
Mis ofrendas decoran los altares de mi Padre Osiris.
Yo soy el amo de Busiris y sobre su región vuelo.
Yo inhalo, por sus cabelleras, los Vientos del Este,
yo tomo por sus bucles a los Vientos del Oeste.
Por las cejas tomo bien a los Vientos del Sur.
Recorro el Cielo; las cuatro Regiones del Espacio me obe-
    decen.
Traigo el Soplo vigorizante a los Espíritus glorificados
para que lo aspiren como Ofrenda sepulcral.

Ammyt o Ammit, diosa devoradora
de almas condenadas.

HECHIZO LXXI

¡Salve, oh dios de cabeza de halcón,
Amo de la diosa Mehurt![108]
Mira aquí que brillas en medio del Océano celeste.
Efectivamente, si tú eres vigoroso ¡Yo también lo soy!
Muestra pues a la Tierra tu Rostro esplendoroso,
¡Oh tú, que consecuentemente apareces y te eclipsas!
¡Que tu voluntad se realice!
Y ¡observa! ¡Mira aquí que el «Dios de Cara Única» está
*   junto a mí!*
El dios de cabeza de Halcón reside en su santuario.
De un movimiento brusco corro la cortina que le oculta.
¿Qué veo?
¡Ante mi aparece Horus, hijo de Isis!
¡Oh Horus! ¡Devuelve la potencia a mis miembros
como yo devuelvo el vigor a tus miembros!
¡Oh tú que sucesivamente apareces y te eclipsas,
* que tu Voluntad se realice!*
¡Observa! ¡Mira cómo el «Dios de la Cara Única» está junto
*   a mí!*

Horus se halla en el Horizonte del Sur
y Thoth en el horizonte del norte.
Yo calmo el Incendio que destruye los Mundos,
yo conduzco a la diosa de la Verdad y Justicia
hacia los dioses que la veneran.
¡Oh Thoth, Thoth, escucha mi voz!
¡Hazme vigoroso, así como te haces vigoroso tú mismo!

---

108   Mehurt, también conocida como Meheteuret, la vaca celeste, era la diosa del Cielo, del nacimiento, la muerte y la fertilidad. Asimismo, personifica las aguas primordiales.

Muestra a la Tierra tu Rostro esplendente.
¡Oh tú que sucesivamente te elevas y te eclipsas,
 que tu voluntad se realice!
¡Mira! ¡El «Dios de la Cara Única» está junto a mí!
Efectivamente, yo soy una Planta de las zonas desérticas,
¡Una flor de los horizontes secretos!
Mira aquí a Osiris... ¡oh Osiris, escucha mi voz!
¡Tómame vigoroso, como te tomas vigoroso a ti mismo!
Muestra a la Tierra tu Rostro esplendoroso,
oh tú que sucesivamente te elevas y te eclipsas,
 y ¡que tu voluntad se realice!
¡Mira! ¡El «Dios de la Cara Única» está junto a mí!
¡Oh tú, Ser que te levantas sobre tus dos poderosas piernas
y que sabes aprovechar el momento propicio;
tú a quien obedecen los dos Espíritus Djafi[109]
tómame vigoroso como te tomas tú mismo!

Muestra a la Tierra tu Rostro esplendoroso,
¡Tú que sucesivamente te elevas y te eclipsas,
que tu voluntad se realice!
¡Mira que el «Dios de la Cara Única»
está junto a mí!
¡Oh tú, dios Nekhen, que resides en el Huevo Cósmico,
señor de la diosa Mehur
tómame vigoroso como eres tú mismo!

Muestra a la Tierra tu Rostro esplendoroso,
¡Tú, que sucesivamente te elevas y te eclipsas,
que tu Voluntad se realice!
¡Mira que el «Dios de la Cara Única» está junto a mí!

---

109   Djafi puede ser Horus y Ra, o también hacer referencia a Osiris
y Ra.

Mira aquí a Sebek, el dios de la cabeza de Cocodrilo
que recorre sus dominios;
mira aquí a Neith señora de Sais,
que recorra sus canales y sus plantaciones.
Tú, que sucesivamente te elevas y te eclipsas
¡Que tu Voluntad se realice!
¡Mira! ¡El «Dios de la Cara Única» está conmigo!
¡Oh ustedes, los siete Jueces que llevan a hombros la Balanza,
cuando viene la Gran Noche del Juicio!
El Ojo divino, por orden de ustedes,
selecciona las cabezas, corta los cuellos,
destroza los corazones y destruye a los Condenados en el Lago
      de fuego.

Efectivamente, yo los conozco y conozco sus Nombres
y de la misma forma que yo conozco sus Nombres
ustedes me conocen a mí.
Mira aquí que me adelanto hacia ustedes ¡oh dioses!
Así como ustedes lo hacen hacia mí.
¡Ustedes viven en mí, y de la misma forma yo vivo en ustedes!
Tómenme vigoroso mediante la fuerza de los Cetros mágicos
¡Esos Cetros que llevan en sus brazos!
¡Denme una larga vida gracias al Verbo mágico de su boca!
¡Una larga vida!

Que los años de mi vida se sumen a los años,
que los meses de mi vida se sumen a los meses,
que los días de mi vida se sumen a los días,
que las noches de mi vida se sumen a las noches,
para que pueda aparecer ante mi estatua funeraria
y la ilumine con mis rayos.

¡Otorguen a los orificios de mi nariz el aliento de Vida
par que mis ojos vean con claridad y puedan distinguir
cada uno de los dioses del Horizonte el día esperado,
en que serán pesadas y juzgadas las faltas cometidas en la
Tierra!

RÚBRICA

Si este hechizo es dicho en voz alta, el fallecido será capaz de recorrer la Tierra bajo la mirada complaciente de Ra. Su estadía al lado de Osiris será muy placentera y, en general, la declamación será satisfactoria para el fallecido que se encuentre en el Mundo Subterráneo. Las ofrendas sepulcrales no le faltarán y podrá presentarse ante Ra todos los días, por el resto de la eternidad.

Wadjet es una diosa cobra,
deidad tutelar del Bajo Egipto.

HECHIZO LXXII

A FIN DE ABRIRSE CAMINO
EN EL MUNDO SUBTERRÁNEO

¡Salve, oh Señores de la Ordenación de los Mundos,
ustedes que, libres del Mal y de Castigos,
permanecen en la Eternidad de la Infinita Duración!
Yo sigo la Vía que me llevará hasta ustedes.
Yo, Espíritu glorificado, atravieso todas las Formas del Devenir.
Mi Verbo mágico me da el poder;
y fui juzgado y santificado.
Libérame pues de los demonios de cabeza de Cocodrilo
que se esconden en estas Regiones
y frecuentan la Comarca de la Verdad y la Justicia.
¡Denle a mi Boca la Palabra de Potencia!
Que las ofrendas sean colocadas en mis manos,
¡delante de ustedes! Porque yo los conozco
y conozco sus Nombres:
conozco, sí, el Nombre de ese Dios Grande.
Denle una ofrenda a ese Espíritu
que abre la Vía en el Horizonte Oriental del Cielo
y baja planeando hacia el Horizonte Occidental.
Viene hacia mí resuelto a volverme vigoroso,
para que los demonios no se apropien de mí.
¡Que no sea rechazado de su puerta, dioses!
¡Que no esté cerrada con cerrojo!
Porque mis ofrendas sólidas están en Pe,
y mis ofrendas líquidas se encuentran en Dep.[110]
Allí es donde me junto con mis dos brazos.

---

110   Pe y Dep son las mitades de la ciudad de Buto.

¡Ojalá me sea posible contemplar a Atum, mi Padre,
establecido en sus dominios del Cielo y de la Tierra!
Mis ofrendas en realidad no tienen límites,
porque es mi hijo, salido de mi Cuerpo, quien me alimenta.
Denme pues, comidas sepulcrales,
el incienso, la cera y todas las cosas buenas y puras,
necesarias y realmente eternas.
¡Para la vida de un dios!
¡Que me sea posible pasar a mi antojo por todas las Meta-
    morfosis
y bajar y volver a subir en mi barca
los canales de Sekht-Ianrú,
pues yo soy el dios de la doble cabeza de León!

RÚBRICA

Si el fallecido, durante su estadía en la Tierra, ha aprendido este hechizo o ha perdido que lo inscriban en su ataúd, saldrá hacia la plena Luz del Día y recorrerá a su antojo toda la gama de la Metamorfosis. Además, no será expulsado del lugar que le corresponde. No le faltarán ofrendas en el altar de Osiris. Podrá acceder en el Sekht-Ianrú y podrá conocer el decreto del dios Osiris, que habita en el Djedu. Encontrará allí trigo y cebada. Allí prosperará de la misma forma que había prosperado en la Tierra. Y realizará allí su voluntad, igual a uno de los dioses del Duat, millares de veces.

Hechizo LXXIII[III]

Después del paso por la tumba

¡Oh tú, Alma grande, poderosa y llena de vigor!
¡Mírame aquí! ¡Llego! ¡Te idolatro!
He atravesado las puertas del Más Allá
para venerar a Osiris, ¡mi padre divino!
Ahora difumino las tinieblas que están a tu alrededor,
ya que te amo, Osiris, y vengo a admirar tu rostro.
Yo he traspasado el corazón de Seth;
he llevado a cabo los ritos funerarios por Osiris, Padre mío.
Yo limpio los caminos tanto en el Cielo como en la Tierra,
pues soy Osiris, tu hijo, que te ama...
He regresado aquí, con el Espíritu puro y glorificado.
Estoy protegido por Palabras de Potencia...
¡Dioses del gran Cielo! ¡Espíritus gloriosos!
Todos ustedes, ¡contémplenme!
¡Efectivamente! A punto de concluir mi periplo
llego aquí ante ustedes.

---

111   Repetición del Hechizo IX

Hechizo LXXIV

A fin de servirse de las piernas

Todo lo que debes realizar
en tu Mansión del Mundo Subterráneo,
debes hacerlo de pie, ¡oh dios Sokar!
Sostenido por tus dos piernas.
Con respecto a mí, yo irradio
por encima de la Constelación de la Cadera.[112]
Cruzo el Cielo
y me siento en medio de los Espíritus glorificados.
¡Ay qué débil soy! ¡Ay qué débil soy!
Me obedecen mis piernas,
¡Pero me siento desfallecer!
Me siento desamparado
en medio de las fuerzas brutales desencadenadas
que reinan en el Mundo Subterráneo.

Isis es la esposa de Osiris y madre de Horus, vinculada a los ritos funerarios, la maternidad, la protección y la magia.

---

112   Es la constelación de la Osa Mayor.

HECHIZO LXXV

A FIN DE DIRIGIRSE HACIA
HELIÓPOLIS Y PARA OBTENER ALLÍ UN LUGAR

¡Está hecho! ¡He transitado
por todos los ocultos rincones de la inmensa Tierra!
Los Espíritus y servidores de Thoth
que con las manos juntas Saludan al Sol.[113]
Me han dado la ciencia misteriosa de los Órdenes Internos.
Con la ayuda de esta Ciencia puedo acceder a la Morada
en donde se purifican los habitantes de los ataúdes.
Es así que doy un paso muy temible
y llego a las mansiones de los dioses Remrem y Askhsesef;
después entro en la Región de los secretos sagrados
y me encuentro ante el dios Kemkem.[114]
Por encima de mí me protegen sus manos tendidas;
su hermana Khebent y su madre Sekset tienen orden de ayu-
   darme,
me colocan al Oriente, allí por donde Ra se levanta todos
   los días.
Como él, yo me elevo en el Cielo y lo recorro en todos los sen-
   tidos.
Yo, Espíritu con atributos divinos.
Mira aquí que me aproximo hasta el Santo Lugar
ubicado en el sendero que Thoth recorre
cuando va a tranquilizar a los dos Adversarios
entregados a la Gran Batalla.
Entonces paso también por Pe y por Dep.

113   Los servidores de Thoth y adoradores del Sol son divinidades con cabeza de mono.
114   Las divinidades Remkem, Akhsesef, Kemken, Khebent y Seksek son casi desconocidas más allá de este contexto.

Hechizo LXXVI

A fin de cambiar de forma a voluntad

*Mira aquí que yo me dirijo hacia la Morada del Rey de los
dioses.
Me guía un Espíritu con alas.
¡Salve, oh tú que vuelas por las extensiones del Cielo,
e iluminas a los Hijos de la Corona Blanca!
¡Ojalá mi Corona Blanca pueda estar bajo tu protección![115]
¡Ojalá pueda vivir al lado de ti!
He recogido y reunido
los dispersos miembros del Gran Dios.
Ahora he creado enteramente un Camino celeste,
y es por este camino que yo avanzo.*

**Corona de faraón. La doble corona simboliza
el dominio sobre el Alto y el Bajo Egipto.**

---

115   La Corona Blanca era el símbolo de los reyes del Alto Egipto e,
igualmente, símbolo de una de las etapas de la iniciación.

Hechizo LXXVII

Transformación del fallecido en Halcón de Oro

Yo inicio mi vuelo hacia el Cielo
de la misma manera que un gran Halcón de Oro
que sale de su Huevo.
Vuelo en el Cielo igual a un gran Halcón
cuya espada mide cuatro codos
y cuyas alas brillan como esmeraldas del Sur.
Vuelo desde el Ataúd colocado en la barca «Sektet»
Y llevo mi Corazón hacia las Montañas del Este.
Después bajo planeando hacia la barca «Mandjit».[116]
Las Jerarquías divinas se presentan delante de mí.
Se inclinan profundamente
y me saludan con gritos de alegría.
Entonces, como un gran Halcón de Oro con cabeza de Fénix,
inicio mi vuelo hacia el Cielo.
Ante mí, en verdad, Ra está presente todos los días
y escucha mis palabras.
Ustedes, antiguos dioses
¡Oh Primogénitos de Nut, observen
cómo ocupo mi lugar entre ustedes!
¡Firme y estable soy!
Los Campos de los Bienaventurados
se extienden ante mi vista hasta perderse; ellos me nutrirán.
Espíritus glorificados en medio de la abundancia de estos
*   campos,*
vivo según le complace a mi corazón.
El dios Nepra me ha devuelto el uso de mi laringe
guardo, poderoso, el dominio de todas las fuerzas de mi cabeza.

---

116   Mandjit es el nombre de la Barca de Ra, hasta el mediodía. Por la tarde se la llama Sektet.

Hechizo LXXVIII

El Halcón de Oro

¡Salve, oh dios poderoso!
Me dirijo hacia Djedu
y tú glorificas mis caminos
mientras atravieso las Etapas de mi Viaje y visito mis Tronos.
¡Acompáñame! ¡Renueva y exalta mi Ser!
¡Haz que el espanto y el miedo acompañen mi Nombre
para que los dioses de la Región de los Muertos me tengan
    miedo!
¡Que por mi causa luchen entre ellos mismos!
Que quien quiera perjudicarme
no pueda llegar hasta mí en la Región de las Tinieblas
en donde las Almas débiles buscan un refugio para escon-
    derse.
Los dioses, Señores del séquito de Osiris, oyen con atención
    mis palabras.

Hablando entre ustedes ¡oh dioses!
Guarden silencio sobre lo que oigan.
¡Cuidado! A nadie revelen mis Palabras,
pues podría oírlas Maat.
Es el mismo Osiris quien habla por mi boca.
Yo cumplo mis Viajes.
Entro y salgo, según la Potencia de mi Verbo.
Observo mis Formas sucesivas
creadas por la fuerza de mi Alma.
Por el dominio que tengo sobre mis piernas
les transmito la fuerza y rapidez de sus movimientos;
pues yo soy, ¡yo! Igual que Osiris, Señor de los Mundos.

Los dioses de la Región de los Muertos me tienen miedo
y a causa de mí
luchan entre ellos en sus moradas.
Yo puedo circular por ellas,
junto con los Seres que por ellas moran;
y gracias a mi poder de Señor de la Vida,
en mi sitio habitual descanso.
Isis me protege; gracias a su ayuda
reformo el gran Todo de mi Ser,
mientras que los demonios invisibles se oponen.
Ahora descanso, ahora estoy en movimiento.
Transito los límites extremos del Cielo y hablo con el dios
   Geb.

El Señor de los Mundos me concede el Néctar divino.
Los dioses de la Región de los Muertos, en verdad,
¡tienen miedo de mí!
Entre ellos luchan en sus moradas, por mi causa.
A causa de mí renuevan el alimento de pescado y ave.
Yo soy un Espíritu, en verdad,
del número de los Espíritus santificados,
y del número de los Cuerpos Gloriosos
mira aquí que recorro a voluntad el ciclo de las Metamor-
   fosis.
Sin embargo, este dios llega y penetra en Djedu;
imprimiendo un Sello a mi Alma la ha hecho divina e in-
   mortal,
y te cuenta de mis viajes en el Más Allá y de mis proyectos.
En verdad, mi presencia en la Región de los Muertos
siembra el miedo y la confusión.
Los dioses tienen miedo y luchan en sus moradas por mi
   causa.

Pues yo soy un Espíritu santificado,
uno de los Seres divinos creados por Atum al principio de los
Mundos,
uno de los seres que en su Ojo divino se vuelven Plantas Flo-
recientes.
Atum les hace transitar los ciclos de las Metamorfosis
y les toma perfectos y poderosos a causa de su Vida en Él.

¡Mirad! ¡Está solo en el Océano celeste[117]
mientras que recorre el Horizonte!
Retumban himnos alrededor de él: la veneración y el terror
se apoderan de los dioses y de los Espíritus santificados
que están alrededor de él.
Yo soy, en verdad, una de las Serpientes
de los tiempos antiguos creadas por el Ojo divino del Maes-
tro único.

Isis, ella, que dio vida a Horus,
no estaba allí todavía, cuando yo ya existía.
Después he crecido, he envejecido
entre los Seres luminosos del Cielo
que, en el cielo de Atum junto conmigo evolucionan.
Soy coronado como Halcón divino.
Me vuelvo Cuerpo Glorioso, un Sahú[118]
de la misma manera que Horus lo es en su Alma,
con objeto de que pueda entrar en la Región de los Muertos
y poseer el domino de Osiris.

Mira aquí que el dios propuesto

---

117   Por la mañana el Sol se presenta con los rasgos de Khepri; al mediodía con los de Ra, al atardecer con los de Atum.
118   Sahú hace referencia al último o penúltimo escalón de la diviniza-
ción del alma humana.

para el Templo de la Corona de Nemmés[119]
el dios de la doble cabeza de León,
pero que se encuentra en lugar oculto me dice:
«¡Puedes irte! ¡Transita los límites más lejanos del Cielo!
Así como siendo Horus,
has adquirido un Cuerpo Glorioso, Sahú,
de la misma manera la Corona de Nemmés te ha sido con-
*   cedida.*

Tu Palabra de Potencia, en verdad,
llega hasta los límites extremos del Cielo».
Tomo posesión, pues, de los atributos divinos de Horus
que son los de Osiris en la Región de los Muertos.
Así es que Horus repite para mí las Palabras consagradas
pronunciadas por su Padre el día de los funerales:
«Haz que el dios de la doble cabeza de León
te conceda la corona Nemmés que él guarda.

A fin de que puedas transitar los Caminos del Cielo
y observar lo que existe,
¡Hasta los límites extremos del Horizonte!
¡Que los dioses del Duat te tengan miedo
y que por tu causa combatan en su morada!
Todas las divinidades
que pertenecen al Santuario del Dios Único,
cuando oyen estas palabras, se inclinan ampliamente.

¡Salve, oh tú que planeas muy alto por encima de tu tumba
mientras avanzas hacia mí!
A causa de mí, yo sé
que el dios León te ha consagrado la Corona.

---

119   El Nemmés era un peinado real semejante a una peluca.

Aprende, pues, que también yo planeo sobre la tumba muy
*   alto,*
y que el dios Iahd preparó para mí todos los caminos
que el dios León puso en mi cabeza la Corona.
¡Concédeme un vestido de plumas!
Así es que hace vigoroso mi Corazón
por medio de mi espina dorsal y de su gran poder.
En verdad, cuando llegue ante Shu no seré rechazado
y haré las paces con mi Hermano, con el Ser Bueno[120]
señor de los dos Urarei, ¡bendito seas!
¡Yo conozco, en verdad las Rutas del Cielo!

En los Ritmos de mi pecho viven sus alientos.
No podrá detenerme el demonio rabioso de cabeza de Toro.
¡No! No podrá detenerme.
Me dirijo pues, hacia los lugares
donde en los Espacios Eternos por todas partes
se ven las huellas del Hundimientos de los Mundos.[121]
Me conducen rápidamente hacia la Región de las Tinieblas,
en el lugar donde reinan los sufrimientos del Amenti.

¡Salve, oh Osiris!
Todos los días yo atravieso la Morada del dios León
y de allí me dirijo a la Morada de Isis.[122]
Estoy preparado y soy digno
para asistir a la Consagración de los Misterios como maestro.
¡Ojalá sea admitido en el culto secreto

---

120   El ser bueno es Osiris.
121   De una forma más exacta: donde se ven las huellas del Naufragio
en los bordes del Tiempo ilimitado.
122   Hay que tener en cuenta que las dos etapas de la iniciación, los
pasajes a través de las regiones del dios León y de Isis, corresponden a los
signos del zodíaco Leo y Virgo.

y me sea posible contemplar
el Misterio del Nacimiento de la Divinidad!
Es así que, con su Cuerpo Glorioso, Horus viste mis miembros.
mi Alma comunicando con su Alma
veré lo que ocurre en el interior de él.
Cuando ante el Portal resplandeciente del Sol,
yo pronuncio las palabras sagradas,
este vibra y resuena y produce un gran eco.
Porque yo estoy designado para suceder a Osiris,
su Heredero en la Región de los Muertos.

En realidad, yo soy Horus entre los Espíritus santificados,
dueño de su Diadema, Dueño de su Luz.
Es así que yo alcanzo los Límites mismos del Cielo,
es así que Horus en su Palacio está sentado en su Trono.
Mi Rostro en verdad es el del Halcón divino.
mi Espalda es la del Halcón divino.
Yo tengo todas las cualidades mágicas del dios, mi amo.

Así avanzo hacia Djedu,
miro a Osiris y me inclino ante él, a derecha e izquierda.
Me inclino ante Nut; ella me observa fijamente.
Todos los dioses dejan caer lentamente sus ojos sobre mí.
Inmóvil en medio de su frente
el Tercer Ojo de Horus me mira fijamente.
En silencio, los dioses tienden sus brazos hacia mí.
Adquiero impulso y rechazo, en la plenitud de mis fuerzas,
a los demonios que se me oponen.

Los dioses, entonces, me abren la entrada a la Vía sagrada.
Observan silenciosamente mi Variedad de Formas
y oyen con benevolencia las palabras de mi boca:

¡Oh ustedes, divinidades de la Región de los Muertos,
que hacia mí inclinan sus frentes y sus rostros,
ustedes, que como guías de las Estrellas Fijas del Horizonte
crean la Vía sagrada para el Señor del Terror,
miren aquí que una orden de Horus ha llegado!

¡Alcen sus rostros! ¡Obsérvenme,
para que yo a mi vez pueda observarlos cara a cara!
Pues yo, ¡yo he sido coronado Halcón divino!
Mi Cuerpo Glorioso, ¿no es el de Horus?
Vengo aquí a tomar posesión
de la Herencia de mi Padre, Osiris,
en la Región de los Muertos.

Alejo los demonios cabelludos que se me opondrán,
cruzo sus filas y llego a una Región
en que los Espíritus están en guardia.
Acechan a la entrada de sus moradas,
inmóviles, a ambos lados del camino.
Pero yo paso sin detenerme; mi Viaje me conduce entonces
a los Espíritus escondidos en sus cavernas,
guardianes de las mansiones de Osiris.

Enérgicamente les hablo
para que se den cuenta de mi terrible poder;
de mí que, enemigo de Seth, poseo los dos cuernos.
Les manifiesto que me he apoderado del Néctar de los dioses,
que me he adueñado de los mágicos poderes de Atum.
Y en consecuencia, tienen que otorgarme,
ellos, los dioses, Guardianes de los dominios de Osiris,
el paso al Duat,
para que me sea posible llegar hasta él.

Yo me adueño de los nefastos poderes de los demonios de Kse-
   miu
yo santifico mediante mi verbo las rutas del más allá
y a los que garantizan su seguridad
cuando llego, tomo estables y seguros los demonios de Osiris
y glorifico las Rutas del más Allá para él.
Así, cumplida mi misión, arribo a Djedu.

Observo a Osiris y le hablo:
le hablo de su Hijo Primogénito al que ama;
el que ha atravesado el corazón de Seth.
Observo a esta inerte divinidad,
le cuento las hazañas realizadas por Horus
en tu ausencia, Osiris, mi Padre divino.
¡Salve, Señor de las Almas, que siembras el Terror!
¡Ante ti he llegado!
¡Deja caer una mirada benévola sobre mí!
¡Ojalá me glorifique!
¡Ábreme las Puertas del Duat, de la Tierra y del Cielo!
¡Oh Osiris, tu Trono es grande y sublime!

Las noticias que te traigo, ¡oh Osiris! te son gratas de oír.
¡Oh Osiris! Tu poder es inmenso.
Tu cabeza, ¡oh Osiris! está implantada sólidamente.
Tu frente es inatacable, ¡oh Osiris!
Satisfecho está tu corazón ¡oh Osiris!
Tu laringe es fuerte y sana, ¡oh Osiris!
Estás colmado de dioses que te rodean, ¡oh Osiris!

Y proclamado eres Toro del Amenti, ¡oh Osiris!
En tu Trono está tu hijo, Horus, ¡oh Osiris!
En tus manos está la vida de los mundos ¡oh Osiris!

No dejan de trabajar para él incontables años;
tiemblan ante él multitudes de Almas.
Le temen las Jerarquías divinas y obedecen sus órdenes.
Así lo decidió Atum, dios poderoso, dios único en los tiempos
   antiguos.
¡Y para mí es siempre eterna tu Palabra!
Horus es al mismo tiempo Néctar de los dioses y Sacrificio
   divino.
Él recoge y reúne los Miembros de su Padre.
Porque Horus es su Redentor, su Redentor.
Mientras el Cuerpo de su Padre se descompone
él recorre el Océano celeste.
Horus es en verdad, el Amo y Señor de Egipto.
Él fija el curso de las cosas para incontables años.
Los dioses trabajan para él día y noche.
Su Ojo divino es Fuente de Vida para millones de seres.
Él es el Único, el Señor de los Mundos.

HECHIZO LXXIX

A FIN DE SER TRANSFORMADO
EN PRÍNCIPE DE LOS DIOSES

Yo soy Atum que ha creado el Cielo
y ha creado también la Vida en los seres de la Tierra.
Así es que camino, engendrando seres,
dando vida a mis Hijos, los dioses,
y engendrándome a mí mismo.
¡Salve, oh Señor de la Vida, Seres puros,
formas misteriosas de santuarios ocultos!
¡Salve, oh dioses de Tenait[123]
y ustedes, dioses del Circuito de las Regiones frías!
¡Salve, oh dioses del Amenti,
y ustedes que viven en las distantes profundidades de los
    Cielos!
Observen: estoy llegando hasta ustedes, vuelto Alma y Espí-
    ritu puro.

En verdad, ¡soy un dios en todo su vigor!
Un dios entre los dioses que me rodean.
Les he traído perfumes e inciensos
y destruyo el nefasto influjo de sus bocas.
Llego aquí para destruir y hacerme dueño del Mal
que habita en nuestros corazones
y para dejarlos libres de los pecados que los sorprenden.
Observen: les traigo los supremos bienes:
¡La Verdad y la Justicia!
Yo los conozco y conozco sus Nombres ocultos,
sus Formas misteriosas que nadie conoce.

---

123   Tenait es un distrito del Duat.

Es así, ¡oh dioses!, que yo soy un dios entre ustedes,
y que soy coronado dios entre los hombres.
Izado sobre un suelo empedrado,
soy vigoroso y poderoso entre ustedes,
lanzando gritos de alegría los dioses vienen a mi encuentro
y los dioses me dirigen súplicas.
Camino hacia ustedes, ¡oh dioses! Coronado como sus dos
*   Hijas[124]*
y ocupo mi puesto en la Casa de los Dos Horizontes.

Recibo en mi altar, hacia la Tarde, ofrendas sepulcrales
y con ustedes comulgo a través de los sacrificios líquidos.
Así es que, caminando en medio de los gritos de alegría
saludo a los dioses del Horizonte y los adoro;
porque yo soy el Señor de todos los Seres Perfectos.
Me saludan los dioses con sus gritos
igual que a una divinidad sagrada del Gran Santuario
que dejando libre mi Ser de las Entrañas del Cielo,
aparezco ante sus ojos
cuando Nut, mi Madre celestial, me da vida
para otra existencia, en los Mundos del Más Allá.

---

124   Las dos Hijas divinas serían Isis y Neftis.

HECHIZO LXXX

A FIN DE SER TRANSFORMADO
EN UN DIOS QUE ILUMINA LAS TINIEBLAS

Yo soy la Criatura Luminosa
que irradia en el Pecho de Nu
y que aleja las Tinieblas de la Noche.
A través de las invocaciones de mi boca, muy poderosas,
apaciguo la cólera del combate que las dos diosas, sin par,
libran en mi Corazón.
Es así que levanto a mi Padre, que ha caído,
y junto con él a todos los que han caído en el valle de Abydos.[125]
Estoy en paz... Estoy en paz.
Yo soy, en verdad, el Recuerdo de mi Padre Osiris.

Me apodero del Néctar de los dioses
que hallé en mi Ciudad;
y las Tinieblas, las llevo conmigo cautivas.
Yo he liberado al Ojo de los Mundos cuando ya se apagaba
en las fiestas correspondientes al día quince del mes;
yo le libertado a Seth de su enemigo, ese dios Antiguo;
he provisto de armas mágicas
a Thoth en la Casa de la Luna,
durante las fiestas del día quince del mes,
y me he apoderado de la corona de Ureret.
En mi corazón habita la diosa Maat,
cuyos labios son de Cristal y de Esmeralda.
Aquí están mis Campos, que se extienden entre los canales
    de lapislázuli.

---

125   En Abydos se encontraba el santuario consagrado a Osiris, el Padre.

Yo soy, en verdad, la diosa Nut, ella, ¡es la que aleja las Tinieblas!

Avanzo: la Luz es ahora deslumbrante.

Yo enfrento y venzo a los demonios de cabeza de cocodrilo.

Adoro a las divinidades silenciosas escondidas en las Tinieblas.

Protejo y levanto a los que lloran,

ocultándose las caras con las manos, entregados a la desesperación.

¡Mírenme!

Yo soy, en verdad, la diosa Nut ¡que entre ustedes llega!

¡He oído sus lamentos!

¡Abro la Ruta de la Luz!

¡Yo soy Nut, que aleja las Tinieblas!

La diosa Nut se traga el Sol, que viaja por su cuerpo durante la noche para renacer al amanecer.

Hechizo LXXXI

A fin de transformarse
en Loto sagrado

Yo soy el Loto misterioso: brillo en la pureza.
Yo avanzo hacia las ventanas de la Nariz de Ra
a través de los Espíritus santificados.
Avanzo y busco.
¡Miren ¡Yo soy puro!
¡Yo llego a los Campos de los Bienaventurados!
¡Salve, Loto, tú que bajo los rasgos del dios Nefer-Atum, te
      muestras![126]
Yo sé tu Nombre, oculto en realidad,
tus múltiples Nombres solamente conocidos por los dioses.
Porque yo soy un dios como ustedes. ¡Oh, dioses!
¡Oh! ¡Déjenme pasar hacia los dioses guías de la Región de
      los Muertos!
¡Déjenme permanecer junto al Príncipe del Amenti
y poder ser ciudadano de la Tierra Santa!
¡Oh, dioses, déjenme entrar, todos ustedes,
en presencia del Amo de la Eternidad!
¡Que mi Alma pueda recorrer, como le agrade, el Más Allá!
¡Y que no sea rechazada
frente a la jerarquía de los dioses!

---

126   Nefer-Atum es el dios del Sol, el hijo de Ptah y de Sekhmet.

HECHIZO LXXXII

A FIN DE SER TRANSFORMADO
EN DIOS PTAH Y PODER VIVIR EN IUNU

Como el Halcón de Horus yo vuelo en el Cielo;
mis gritos son tan agudos, semejantes a los de un Ganso sal-
    vaje.
Revoloteando, desciendo hasta la Región de los Muertos
en el día de la Gran Fiesta.
¡Horror! ¡Horror! ¡No! ¡No! ¡Esas basuras repugnantes yo no
    las como!
¡Mi doble mágico se horroriza de ellas!
¡No permitiré que penetren en mi Cuerpo!

Yo me nutro con alimentos puros que me dan los Espíritus
    divinos.
Potente, vivo de ofrendas sepulcrales
y pruebo las hojas de la Palmera de la diosa Hathor.
Pan, cerveza, vestidos y vasos son mis ofrendas.
Me aproximo, me siento cómodo; mi cabeza es la cabeza de
    Ra.

Mis extremidades son las de Atum.
Ante mis ojos, la Tierra se extiende y crece, se extiende y crece.
Es así que tomo impulso.
Mientras vibran en mi lengua y mi garganta
las mágicas fuerzas de Ptah y de Hathor,
surgen de mi memoria las Palabras sagradas que mi Padre,
el dios Atum, puso en mi boca.
Así es que violentamente rechazo
a esta diablura nefasta a la que el dios Geb

acuchilló la cabeza, la cara y los labios,
¡para que tuviese miedo!
Mi boca deja oír himnos poderosos.
He sido proclamado Heredero de Geb, el Señor de la Tierra.
Surge y me da su corona.
Ante mí se inclinan los dioses de Heliópolis:
yo soy más poderoso que su Señor,
mi potencia masculina se extiende
a través de incontables años.

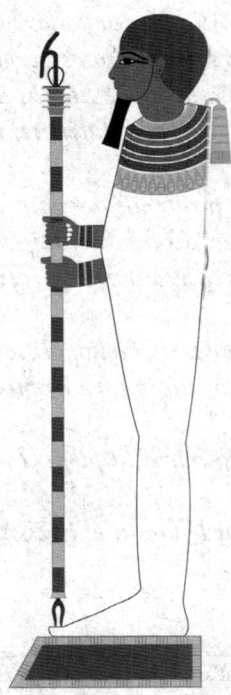

Ptah es un dios creador egipcio que concibió el mundo y
lo hizo realidad mediante el poder creador de la palabra.

Hechizo LXXXIII

A fin de ser transformado
en fénix real[127]

Mira aquí que yo buceo en la Materia Primordial
y llego a ser Khepri, el dios de las Metamorfosis.
Me renuevo gracias a la fuerza universal de reverdecimiento.
Me cubro con un caparazón igual al de una tortuga.
Yo llevo, en verdad, dentro de mí,
los gérmenes y posibilidades de todos los dioses.
Soy los cuatro Ayeres de las diosas Serpientes.
Llevo dentro de mí a las Siete Etapas del Amenti.
Yo soy Horus, el del cuerpo reluciente, mientras combate con
*   Seth.*
Yo soy Thoth, hago surgir un torrente
para separar a los dos Combatientes
y pronuncio su Veredicto, en las profundidades de su san-
*   tuario,*
conforme con los dioses de Heliópolis.
Igual a Thoth, hago surgir un torrente que separa a los dos
*   Combatientes.*
Así es que me dirijo hacia la plena Luz del Día y soy coro-
*   nado dios,*
porque yo soy el dios Khonsu, el irresistible.[128]

---

127   Este hechizo se encarga de resumir las etapas de la Metamorfosis: el fallecido deviene en Khepri, las diosas serpiente, Horus, Thoth,
Khonsu. En cuanto al fénix mismo, Bennu, corresponde al Alma de Ra.
128   Khonsu, también conocido como Jonsu, es el dios de la luna. Su
nombre significa viajero.

RÚBRICA

El fallecido será purificado solo si conoce este hechizo. Después de que llegue al puerto de los muertos, saldrá hacia la plena Luz del Día. Pasará por todas las Metamorfosis que desee, entre todos los que le rodean encontrará al dios Un-Nefer; y quedará satisfecho con las ofrendas sepulcrales de Osiris. Después de la muerte, será el Disco del Sol; prosperará en la Tierra, bajo los rayos de Ra y al lado de Osiris será justificado una vez. Y nunca, nunca jamás, las Fuerzas del Mal triunfarán sobre él ni se apoderarán de su persona.

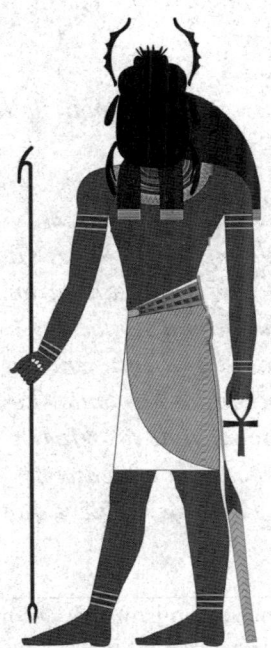

**Kephri es un dios creador solar, a menudo tratado
como la forma matutina de Ra y representado
por un hombre con cabeza de escarabajo.**

HECHIZO LXXXIV

A FIN DE SER TRANSFORMADO EN GARZA REAL

Yo controlo y someto a las Fuerzas Animales.
Yo he cortado las cabezas de las Esmeraldas centelleantes,
las de las largas cabelleras enrolladas.
¡Oh ustedes, viejas divinidades; ustedes, Espíritus antiguos,
dueños de los Ritmos del Universo![129]
¡Comprendan que mi poder es tan inmenso como el Cielo!
¡Que del mismo modo que en otro tiempo
derroté a mis enemigos en la Tierra, así los derrotaré en el
  Cielo!
Yo soy puro, ahora.
De un paso recorro el Cielo, marcho hacia Aukert y hacia
  Hermópolis.[130]
Dejo atrás, lejos,
a los dioses que recorren los caminos.
Yo doy ánimo a la vigilancia de las divinidades
que velan en el fondo de sus santuarios.
¿Acaso el dios Nu me es desconocido?
¿Acaso no conozco al dios Tatunen?[131]
¿Me son desconocidos los Demonios Rojos,
esos que de pronto salen de sus refugios
y se oponen con violencia a los dioses?
¿Desconozco las Palabras mágicas que les he oído pronun-
  ciar?

---

129   Los ritmos cósmicos son la manifestación de la sabiduría divina
que es fuerza creadora, fuente de la vida, la armonía y el orden.

130   Aukert, también conocida como Augert, es un plano del Más Allá,
el mundo subterráneo.

131   Tatunen es otro nombre con el que se hace denomina al dios Ptah.

Yo soy aquel que ha degollado al Toro Sagrado,
ese del que las Escrituras hablan.
Los dioses al verme exclaman:
«¡Sea bienvenido este Ser poderoso!
¿Cómo nos oponemos a su avance?».
Verdaderamente, en mi Ser
están ocultos los Ritmos sagrados del Universo:
¡No podría repetirlo al dios Hu!
Al pasado pertenecen mis acciones malas;
a medida que voy hacia delante, la Verdad y la Justicia bri-
*   llan en mi frente.*
Aquí llega la Noche:
Y el Héroe de la Fiesta
está ahora inerte,
tendido sobre la tierra, muerto.
Es «el Antiguo de los Días»,
el que la Tierra guarda en sus entrañas.

Nu, personificación del abismo acuoso primordial que existía
en la época de la creación y del que surgió Ra.

HECHIZO LXXXV

A FIN DE SER TRANSFORMADO EN UN ALMA VIVA

Yo soy el Alma de Ra, nacido del Océano celeste.
Yo soy el dios Hu, Néctar de los dioses.
La visión del Mal me llena de espanto.
Mi pensamiento está en el Bien y vivo solo para la Verdad y
la Justicia.
Mi sagrado Nombre, el Nombre del Alma divina
está puro y libre de cualquier mancha.
Por mi poder como dios Khepri, he creado mi Ser
y el Ser del Océano celeste.
Yo soy el Amo de la Luz.
La Muerte me repugna, me llena de espanto
y no intento entrar en las cuevas de tortura del Duat.
Alabando a Osiris yo tranquilizo los corazones
de esos Espíritus que, irradiando terror a su paso,
acompañan a este dios en sus viajes;
y mira aquí que subo más alto, más alto.
En este lugar, hasta donde he subido,
al sitio que me fue concedido, llego a ser Nu, Señor del Cielo.
Los perversos no podrían hacerme mal.
Verdaderamente, yo soy el Primogénito entre los dioses.
¡Contémplenme!
Esta Alma es el Alma del Dios Eterno.

HECHIZO LXXXV

Este Cuerpo es la Eternidad misma.
El poder llegar a ser ilimitado, me vuelve el Señor de los
    Años infinitos,
el Príncipe de la eterna Duración.
Fui yo quien creó las Tinieblas
y las he colocado a modo de vallas infranqueables.
¡En los confines del Cielo!
Ya, las piernas haciéndome caso, recorro el Cielo a mi antojo;
ya, sosteniendo con fuerza el cetro entre mis manos
y atento para rechazar cualquier ataque de los Espíritus-ser-
    pientes
que acechan en sus guaridas,
vagabundeo a través de las extensiones del Firmamento,
cumpliendo los celestes Circuitos.
Voy, ahora, hacia el Señor de los Dos Brazos.
Efectivamente, yo sé que mi Alma eterna es un Dios.
Sé, también, que mi cuerpo es la Eternidad misma.
Yo soy una divinidad muy alta, Señor del país Tebú.
Éste es mi nombre.
«Yo llego a ser el joven de las Praderas, yo llego a ser el joven
    de las Ciudades».
Efectivamente, mi Nombre no morirá nunca.
Yo soy el Alma divina que, tiempo atrás, creó el Océano ce-
    leste.
Mi hogar en la Región de los Muertos es inalcanzable;
la Envoltura que me cubre es imposible de romper.
El mal no puede penetrar ya en mi persona.
Mira aquí a mi Padre divino, Señor del Crepúsculo,
cuyo cuerpo descansa en Heliópolis.
Su poder llega hasta todos los seres de la Región de los Muertos.

HECHIZO LXXXVI

A FIN DE SER TRANSFORMADO EN GOLONDRINA

Soy una golondrina, una golondrina.
También soy la diosa Escorpión, la hija de Ra.
¡Oh dioses! ¡Qué placentero y dulce es para mí el perfume de
*   ustedes,*
que arde y se eleva hacia el Horizonte!
Ustedes, que moran en la Ciudad Celeste,
¡miren cómo llevo conmigo a los Guardianes de los celestes
*   Circuitos!*
¡Extiendan hacia mí sus manos protectoras
para que, sin ningún peligro,
me sea posible habitar en el Lago de Fuego!
Y para que pueda avanzar de acuerdo a los mandatos reci-
*   bidos*
y desplazarme según los decretos.
Mira aquí que abro la puerta. ¿Qué veo?
Repito las Palabras de Potencia. Digo:
«¡Observen bien! Soy Horus,
yo que tomo por la fuerza la barca celeste
y devuelvo a Osiris, mi Padre, su Trono.
Con respecto a Seth, hijo de Nut, aquí lo tienen sin poder
*   moverse,*
atado con las cuerdas que había preparado para mí».
Yo conozco lo que pasa en los misterios de Sekhem;
y aquí estoy y extiendo mis brazos a Osiris.
Todas mis acciones se cumplen de acuerdo con los mandatos
*   de los Jueces.*
Aquí llego para decirles: «Déjenme pasar,
para que así el Juicio pueda llevarse a cabo en mi presencia».

Después de pronunciar estas palabras, entro.
Y, después de haber sido pronunciado el veredicto,
traspaso el Portal de la divinidad todopoderosa[132]
Efectivamente, después de haber sido purificado,
me encuentro en el curso del largo viaje.
He conseguido dominar el Mal que manchaba mi Corazón.
He desterrado mis Vicios y arrancado los Pecados
que mi carne había cometido en la vida terrenal.
Permítanme entonces entrar, ¡oh ustedes, Guardianes de las
*   Puertas!*
¡Pues de ahora en adelante soy uno de los suyos!
¡Me dirijo hacia la Luz del Día Eterno!
Marcho dueño de mis actos.
Ustedes, Espíritus de Luz, deben saber:
que los Caminos secretos de la Región de los Muertos me son
*   familiares*
y también lo son los Senderos de los Campos de los Bienaven-
*   turados.*
Arribo, después de haber vencido la resistencia de mis ene-
*   migos.*
No obstante, veo, allá en la Tierra,
mi Cadáver: descansa en su ataúd, inmóvil.

RÚBRICA

Si el fallecido llegara a conocer este hechizo, podría salir hacia la plena Luz del Día y no sería abandonado a las puertas del Mundo Subterráneo; podrá convertirse, entonces, en golondrina todas las veces que desee.

---

132   La divinidad todopoderosa es Neb-er-Dher, Señor del Cosmos, o sea Osiris.

HECHIZO LXXXVII

A FIN DE SER TRANSFORMADO EN SERPIENTE

Soy un Hijo de la Tierra.
Mis años han sido largos.
Por la Tarde yo me acuesto,
por la Mañana vuelvo a nacer a la vida,
de acuerdo a los Ritmos milenarios de los Tiempos.
Soy un Hijo de la Tierra.
Yo le soy fiel.
Ahora muero, ahora vuelvo a la Vida.
Mírame aquí que florezco nuevamente
y que me renuevo, de acuerdo a los Ritmos milenarios del
*   Tiempo.* [133]

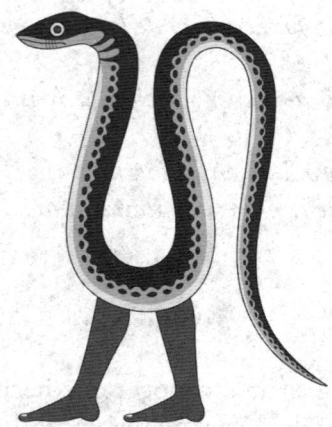

Neheb-Kau es un dios serpiente con pies humanos,
tal y como aparece en el Papiro de Ani.

---

133   La Tarde y la Mañana simbolizan la muerte y la resurrección del
iniciado.

Hechizo LXXXVIII

A fin de ser transformado en dios Sebek

Soy el dios Sebek en toda su fortaleza
brutal y violento.
Soy también el Gran Pez de Horus
que habita en Kem-Ur.[134]
Yo soy el Maestro
de los que van a orar en el Santuario Oculto.

Sebek, es una divinidad que se manifiesta con el cuerpo
de un cocodrilo. Es símbolo de la inteligencia y la destreza.

---

134   Kem-Ur hace referencia a uno de los lagos salados del Delta oriental.

HECHIZO LXXXIX

A FIN DE UNIR EL ALMA Y EL CUERPO EN EL MÁS ALLÁ

¡Oh ustedes, Espíritus divinos, que se mueven
y transportan las ofrendas al templo de la Gran Divinidad,
denle a mi Alma el poder de penetrar en todos los lugares
    que desee!
¡Y nutran a mi Alma en cualquier parte que se halle!
¡Observen!
¡Es el Ojo de Horus, que se eleva ante mí, centelleante!
Efectivamente, del mismo modo que los Espíritus divinos
del séquito de Osiris, que están siempre en movimiento,
nunca reposan en la tumba,
del mismo modo a mí jamás me obligarán a acostarme en
    la tumba,
al contrario de lo que les ocurre a los millares que, en He-
    liópolis,
revolcados por la tierra, se juntan con su carne putrefacta.
Yo tengo, pues, poder sobre mi Alma;
yo, Espíritu santificado que se halla en todos los lugares
donde ella se encuentra.
¡Oh ustedes, Guardianes del Cielo, cuiden de mi Alma!
¡Restauren mi alma! ¡Alimenten mi alma!
¡Dejen que vuelva a ver mi Cuerpo!
¡Observen! ¡Es el Ojo de Horus que se eleva, ante mí, cente-
    lleante!
¡Oh ustedes, Espíritus divinos que tiran
de la barca del Amo de la Eternidad,
que hacen más corta la distancia entre el Cielo y la Región
    de los Muertos,

¡Hagan que mi Alma se acerque a mi Cuerpo Glorioso!
¡Que mis brazos se hallen bien equilibrados!
¡Tomen con sus dedos las armas de combate!
¡Eliminen al Enemigo, el Dragón!
¡Miren! ¡Allá arriba, en el Cielo, va la barca de Ra!
Avanza el Gran Dios pacíficamente hacia el Horizonte
   Oriental,
del Presente hacia el Pasado.
Permítanme que prosiga, pacíficamente,
mi camino hacia el lado opuesto,
al Horizonte Occidental.
Ahora veo, allá en la Tierra,
mi cadáver que, unido a su Cuerpo Glorioso, descansa en paz.
Verdaderamente, no serán ultrajados ni destruidos mis miem-
   bros,
¡durante toda la Eternidad!

RÚBRICA

Todas estas palabras son para ser pronunciadas sobre un
amuleto de oro con piedras preciosas incrustadas y que debe
ser colocado en el pecho del fallecido.

Hechizo XC

A fin de conservar la
memoria en el Más Allá

¡Oh demonio, tú que cortas las cabezas,
que acuchillas las sienes!

¡Oh tú, que anulas la memoria,
y haces que la boca de los Espíritus santificados
no puedan pronunciar la Palabra mágica que habita en su
    corazón!
Verdaderamente, tú no verás, ¡no! Yo tampoco veré con mis
    ojos
como tú los ves. Mírame aquí que yo camino y de repente
    me doy vuelta
y miro hacia atrás.

Pero, ¡oh! ¿Qué veo?
Demonios inmóviles que me siguen con los ojos.
Esos enemigos del dios Shu se preparan para degollarme,
para acuchillarme la frente
para atacarme con violencia, siguiendo las órdenes de su
    amo.

Entonces les diré:

«¡Ah, ¿quieres degollarme y acuchillar mi frente?
¿Quieres anular mi memoria?
¿Quieres enmudecer mi boca y
no dejarla pronunciar las Palabras de Poder
que habitan en mi Corazón,

como has hecho con los otros Espíritus santificados?
¡Fuera, demonio! ¡Vete!
¡Yo te lo ordeno en virtud del poder mágico de la Palabra
que Isis ha pronunciado, cuando venías hacia mí
siguiendo las órdenes de Seth, su enemigo,
con el fin de anular la Palabra poderosa en los labios de Osi-
    ris!».

Entonces Isis dijo:

«¡Fuera, demonio! ¡Que tu rostro se vuelva hacia tus partes
    impúdicas!
¡Mira mejor ese Rostro rodeado de llamas!
¡Observa! ¡Es el Ojo de Horus en llamas, en medio del Ojo
    de Atum!».

Verdaderamente, demonio, no tienes escapatoria.
¡Oh tú, catástrofe de esta Noche!
Del mismo modo que Osiris te había echado
para que tu maldad no se introdujera en él,
así yo te echo, pues para mí ¡eres también una abominación!

Te ordeno, pues:

«¡No te acerques!».
Te repito una vez más:
«¡Atrás, demonio, enemigo de Shu!».

HECHIZO XCI

A FIN DE QUE EL ALMA
NO SEA ATRAPADA EN EL MÁS ALLÁ

¡Oh tú, muy Alto, cuya Alma todopoderosa
es adorada en todos los lugares,
tú que infundes miedo y derramas una parte de tu poder
en las Almas inmensas de los dioses, sobre sus Tronos!
¡Mira! ¡Mírame aquí que voy por los Caminos
de los Espíritus Bienaventurados!
La protección mágica reposa sobre mi Alma.
Ella cuida mi Espíritu y mi Sombra me protege contra cual-
    quier ataque.
Verdaderamente, yo soy un Espíritu
que ha llegado a la perfección
y que va al encuentro de Ra y Hathor.

RÚBRICA

Si el fallecido llegase a conocer este hechizo, entonces será capaz de convertirse, una vez se adentre en el Mundo Subterráneo, en un Espíritu glorificado y será invulnerable contra cualquier ataque. De esta forma, jamás podrá caer prisionero en ninguna de las puertas del Amenti, ni al entrar, ni al salir de ellas.

Hechizo XCII

A fin de abrir el acceso
a la tierra al alma y a la sombra

Yo me dirijo hacia la plena Luz del Día.
Mira aquí que los Sellos de la Muerte son levantados,
que mi Alma ha roto los sellos por mandato del Ojo de
  Horus.
Ahora, me convierto en la corona radiante que adorna las
  sienes de Ra.
Mis pies obedecen lo que les ordeno;
efectivamente, grandes son mis zancadas y mis piernas son
  poderosas.
Yo soy Horus que venga a su Padre celestial.
Mis Palabras de Poder son ofrendas
hacia mi Padre divino y hacia mi Madre divina.
Yo atravieso el camino gracias a mis piernas poderosas
y así contemplo a la gran divinidad Sentada en la barca de
  Ra.

Mientras tanto, en la proa de la barca,
las Almas sufren el juicio, de acuerdo al número de los Años.
¡Oh, Ojo de Horus! ¡Pon en Libertad a mi Alma!
¡Ponla en la frente de Ra como si fuera una joya más!
Con respecto a ustedes, demonios que tienen prisionero a
  Osiris,
¡ojalá sean todos arrastrados por las Tinieblas!
¡Que mi Sombra no sea hecha prisionera por ustedes!
¡Que mi Alma no sea capturada por ustedes!
¡Que se abra el camino para mi Alma y mi Sombra,
para que ambas puedan, el día del Juicio,

contemplar al dios Grande en su santuario!
Y entonces yo pronunciaré las palabras mágicas de Osiris.
Cuya morada es misteriosa y está escondida.
¡Oh ustedes, demonios que tienen prisioneros
los miembros dispersos de Osiris,
que capturan a los Espíritus santificados!
¡Deben saber!
Deben saber que, verdaderamente, el Cielo no me tendrá
prisionero.
¡Ni la Tierra podrá aprisionarme en sus entrañas!
No me someterá el poder de los demonio o verdugos.
Mis piernas me obedecen;
aquí voy hacia mi cadáver que está en la Tierra.
¡Ojalá pueda salvarme de los demonios
que han capturado los miembros de Osiris!

Algunas partes de la representación del alma en el antiguo
Egipto. La personalidad o Ba es un ave con
la cabeza del difunto y la sombra o Shut.

HECHIZO XCIII

A FIN DE NAVEGAR HACIA EL ESTE EN EL MÁS ALLÁ

¡Oh, potencia masculina de Ra creador!
En el tiempo en que se apagó la tempestad cósmica
la inercia del Mundo duró millones de años.
No obstante, yo he llegado a ser
más poderoso que los poderosos, más fuerte que los fuertes.
Pero si, contra mi voluntad fuese hecho prisionero y llevado
*   hacia Oriente,*
a través del pasaje temible de los dos Cuernos,
si los demonios me torturaran y se burlaran de mi Alma,
si devoraran el órgano creador de Ra,
y también la cabeza de Osiris...
Ojalá que yo pueda, por lo tanto,
ser llevado hacia los Campos
donde las Formas mágicas trabajan para los dioses.[135]
¡Si por lo menos los Cuernos de Khepri no me rechazaran!
¡Si por lo menos no me volviese igual al pus en el Ojo de
*   Atum!*
¡Que no sea atrapado por los demonios,
ni que éstos me lleven hacia el Oriente,
donde gozarían divirtiéndose a costa de mi Alma!
¡Que no me hagan mal!
¡Que no me maten!

---

135   Las formas mágicas eran las figurillas que, colocadas en los sarcófagos y animadas con conjuros mágicos, cumplían distintas tareas en el Más Allá para el fallecido. Véase Hechizo VI.

HECHIZO XCIV

A FIN DE POSEER UN PINCEL Y UN TINTERO

¡Oh tú, poderoso Espíritu
de quien habla el Libro Sagrado de Thoth
que miras en completo silencio a tu Padre divino,
mírame aquí que llego ante ti convertido en Espíritu santi-
    ficado!
Yo, Alma viva, que poseo los poderes mágicos
 extraídos de los Libros Sagrados de Thoth.
Yo poseo, aquí entre mis manos, estos Libros,
con el fin de pasar entre Seth y Aker.[136]
Traigo el Tintero y el Pincel conmigo,
los dejo en manos de Thoth, el Escriba divino,
Verdaderamente, es un gran Misterio.
Mira aquí que yo llego a ser Escriba de Thoth;
traigo conmigo los despojos de Osiris, el polvo de su Cuerpo,
con el cual trazó los signos sagrados.[137]
Yo recito, todos los días,
las Palabras de la gran divinidad bienhechora.[138]
Tus mandatos, ¡oh, Horus! Me inundan de bienestar;
mis acciones están de acuerdo con los decretos de Maat.
Verdaderamente, todos los días de mi vida,
yo respetaba y cumplía en la Tierra las leyes del Dios Sol.

---

136   Aker era una divinidad con la forma de un león de dos cabezas,
como se ha mencionado anteriormente, custodiaba las puertas del Duat.
137   Así como en el mundo terrestre y visible este libro Cósmico que
está inscrito en jeroglíficos -y que fue un obsequio de Thoth a los hom-
bres-, también está trazado y escrito con la ayuda del polvo de Osiris.
138   Esta divinidad bienhechora es, sin lugar a dudas, Osiris.

Hechizo XCV

A fin de acercarse a Thoth

Yo soy el poderosísimo Señor de las Tempestades,
el que protege la Corona divina contra sus enemigos.
Con mi espada de hierro que aquí pueden ver.
¡Seth está muerto!
¡Los buenos Espíritus, están reconfortados!
Levanto la espada, fuerte e irresistible de los dioses
al momento de proteger la Corona.
¡Miren cómo, en medio de las tempestades,
el brazo de Thoth lastima a sus enemigos!

Relieve en el templo de Seti I de Thoth
entregando el anj al faraón Seti I.

Hechizos XCVI y XCVII

A fin de acercarse a Thoth

Yo soy aquel que habita en el Ojo de Horus.
Mira aquí que llego y pongo a Maat bajo la custodia de Ra.
Tranquilizo a Seth haciendo ofrendas a Aker,[139]
calmo a los Demonios Rojos adorando a Geb.
Palabras pronunciadas en la barca celestial:
¡Oh, Cetro de Anubis!
¡Deben saber! Yo tranquilizo a los cuatro Espíritus,
vasallos del Amo del Universo;
a través de su mandato llego a ser
dueño de los Campos, Padre de las Inundaciones,
guardián de los Estanques y Exterminador de la Sed.

Yo los contemplo, ¡oh, dioses antiguos,
también a ustedes, los Grandes Espíritus de Heliópolis!
¡Deben saber, todos ustedes,
que mi rango es más elevado que el suyo!
Que yo alcanzo la perfección al compararme con ustedes.
¡Mírenme! ¿No soy, acaso, tan puro como el Alma del dios,
el grande, el antiguo?

No intenten impedir mi avance
soltando a los demonios mediante las Palabras de sus bocas.
¡Aquí ven al impuro que merodea a mi alrededor
y se prepara para atacarme!
Verdaderamente, yo he sido purificado
en el Lago de la Balanza del Juicio.
Me he lavado en los rayos del Ojo divino.

---

139   Aker: para más referencia, véase el hechizo XLIV.

Mírame aquí, listo para reconfortar las Almas de los muertos,
después de haber reposado bajo la Palmera de la diosa del
* Cielo.*
En todas partes donde yo esté presente aparece la Verdad y
* la Justicia.*
Soy, en la Tierra, su Testigo; ellas hablan por mi boca.
Yo tengo el poder del Señor grande y único, ¡Ra!
¡Yo habito en el seno de la diosa Maat!
No seré contaminado por ninguna mancha de pecado;
no importa lo que haga, estoy todo yo envuelto por la Luz
* del Día Eterno.*

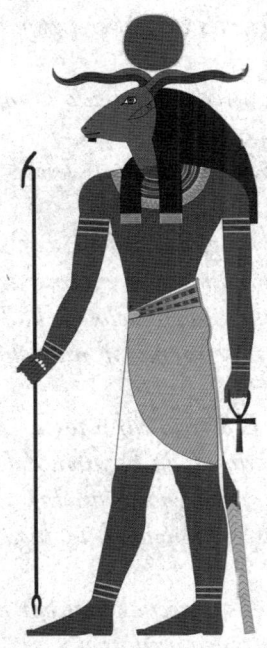

Mientras estaba en el inframundo, Ra era
representado con la cabeza de un carnero.

Hechizo XCVIII

A fin de poder navegar una barca en el Más Allá

¡Salve, oh Estrellas de la Cadera![140]
Ustedes que resplandecen en el Cielo Boreal,
en medio del Gran Lago!
Ustedes que son testigos de mi muerte,

¡Miren! Me presento ante ustedes
con la corona de un dios sobre mi cabeza.
Mira aquí que, después de haber traspasado el Portal de la
    Muerte,
me incorporo ante ustedes coronado lo mismo que un dios.

Mis poderosas alas me llevan muy lejos.
De mi pecho nace un grito agudo,
similar al grito de un ganso salvaje.
Igual que un halcón vuelo por encima de las nubes.
Yo vago por los inmensos Espacios de la Tierra y del Cielo.
Ya que siendo Shu mi entrenador, me dotó de un vigor nuevo.

Mira aquí que los Espíritus luminosos,
en hilera a los costados de la Escalera del Cielo,
me iluminan el camino; y los Planetas,
en su curso me transportan lejos de los lugares de las matanzas.

Los ataques del Mal son rechazados por mí
con las fuerzas que tengo ocultas.
Yo voy hacia ti,

---

140   Se refieren a la Osa Mayor.

¡Oh, dios cuyo Nombre es: «Es el…»![141]
Tu Imagen va creciendo ante mí
a medida que tú te acercas a mi encuentro.

Mira aquí, que llego ante el Lago del Fuego,
entre los Campos de Fuego.
Verdaderamente, este Lago de Fuego,
estos Campos de Fuego, son los dos Manantiales de tu vida.
Con respecto a mí, me siento vivir,
estando cerca de este dios tan venerable.

¡Ah, mira aquí al dios Kaa!
Viene en su barca, trayendo cosas que son necesarias.
Estoy parado en el puente de la barca, al timón,
y la guío a lo largo de la superficie limpia de las Aguas.
Así como mi Verbo de Potencia no queda sin fruto,
así navego en esta barca siguiendo las órdenes de este dios.

Mírame aquí que recorro los caminos celestes con mi barca
y abro las Puertas de los Santuarios.
Verdaderamente, me han sido concedidos
los Campos de la Celeste Hermópolis
título de Herencia.

---

141   El resto del texto está mutilado.

Hechizo XCIX

A fin de navegar una barca en el mundo subterráneo

¡Oh ustedes, Espíritus que van navegando
sobre las sucias Vértebras de la espalda de Apofis![142]
¡Ojalá que yo pueda también navegar en mi barca!
¡En paz, en paz!
Envolviendo y desenvolviendo las cuerdas.
¡Acérquense, pues! ¡Dense prisa!
¡Pues aquí vengo para ver a mi padre Osiris!
¡Oh ustedes, dueños del vestido «Ansi»!
¡Observen! Tomo posesión de él con alegría.
¡Oh ustedes, Señores de las Tempestades
y también ustedes, navegantes masculinos
sobre las Vértebras de Apofis!
Ustedes que después de haber escapado del cuchillo,
atan de nuevo la cabeza, consolidan el cuello,
ustedes compañeros de la barca misteriosa que dominan y
*   atan a Apofis,*
¡mírenme! Enrollando mis cuerdas, yo navego en mi barca,
a medida que voy hacia la zona maldita
donde las Estrellas han caído, precipitándose hacia el Abismo.
Las llamas de Ra trancaron su camino,
por lo tanto, ellas no han podido volver a encontrar sus an-
*   tiguas órbitas.*
«Andebú» es el nombre del Guía de las dos Tierras;
Geb maneja el timón, su fuerza mágica descubre la ruta
al Disco Solar que planea sobre los Demonios Rojos.

---

142   Apofis, también conocido como Apepi, era un dragón, un Espíritu del Mal.

Mira aquí que yo sigo hacia adelante en mi barca.
¡Ojalá mi Doble y mi Espíritu puedan dirigirse
hacia el lugar conocido solo por ti!

—*Adivina mi Nombre, dice el poste de anclaje.*
—*Señor de las dos Tierras reinando en su santuario, mira aquí que es tu Nombre.*
—*Adivina mi Nombre, dice el martillo de madera.*
—*El pie del Toro Apis, ese es tu nombre.*
—*Adivina mi Nombre, dice la cuerda para tirar, en la orilla, de la barca.*
—*Las vendas onduladas con las que se ayuda Anubis inclinado sobre las momias, ese es tu nombre.*
—*Adivina nuestro Nombre, dicen los toletes para los remos.*
—*Adivina mi Nombre, dice la cala.*
—*El dios Aker, ese es tu nombre.*
—*Adivina mi nombre, dice el mástil.*
—*El que trae a la Soberana justo después de una ausencia prolongada, ese es tu nombre.*
—*Adivina mi Nombre, dice el puente interior.*
—*La bandera de Up-Uaut, este es tu nombre.*
—*Adivina mi Nombre, dice la barra de adelante.*
—*La Garganta de Mestha, este es tu nombre.*
—*Adivina mi Nombre, dice la vela.*
—*La diosa Nut, este es tu nombre.*
—*Adivina nuestros Nombres, dicen las correas.*
—*Piel de Toro de Mnevis vuelta por Seth, este es su Nombre.*
—*Adivina nuestros Nombres, dicen los remos.*
—*Los Dedos de Horus primogénito de los dioses, este es su Nombre.*
—*Adivina mi Nombre, dice el achicador.*
—*La Mano de Isis limpiando la Sangre que gotea del Ojo*

arrancado de Horus, este es tu Nombre.
—*Adivina nuestros Nombres, dicen las clavijas.*
—*Mestha, Hapi, Duamutf, Kebhsennuf, Hakau, Thet-emeua, Maa-an-tef, Ir-nef-djest, este es su Nombre.*
—*Adivina mi Nombre, dice la proa.*
—*El Jefe del Distrito, este es tu Nombre.*
—*Adivina nuestros Nombres, dicen los costados del buque.*
—*Las diosas Merti, este es su Nombre.*
—*Adivina mi Nombre, dice el timón.*
—*Recto y leal, visible en el agua y en el límite de los flancos, este es tu Nombre.*
—*Adivina mi Nombre, dice la quilla.*
—*El muslo de Isis al que Ra lastima con su cuchillo para llenar de sangre su barco Seket, este es tu Nombre.*
—*Adivina mi Nombre, dice el marinero que se ocupa de las velas.*
—*El-Proscripto, este es tu Nombre.*
—*Adivina mi Nombre, dice el viento que sopla.*
—*El viento del Norte que te envía hacia la nariz del Khenti-Amenti, este es tu Nombre.*
—*Adivina mi Nombre, dice el río, si quieres seguir mi corriente.*
—*¡Cuidado! Ellos te miran, este es tu Nombre.*
—*Adivina nuestros Nombres, dicen las deslizantes orillas.*
—*Destructoras de la deidad de brazos poderosos en el hogar de las purificaciones, ese es su nombre.*
—*Adivina mi Nombre, dice la tierra firme, ya que deseas pisarme.*
—*La serpiente del Cielo que se dirige hacia el Espíritu guardián del embalsamamiento, morando en medio de los campos de los Bienaventurados y que salen felices de ellos, este es tu nombre.*

En este momento recitarás, frente a todas las divinidades, las
siguientes palabras:

¡Salve, oh dioses de la Naturaleza,
resplandecientes como Ka, que existen y viven eternamente,
ustedes, cuyo límite es el Infinito!
Me he trazado una senda y marcho hacia ustedes, ¡oh, dioses!
Denle a mi boca las cenas sepulcrales,
a fin de que me sea posible servirme de ellas
y pueda pronunciar las palabras del poder.
Denme el consagrado pan de Isis
cuando me encuentre frente al Gran Dios.
Yo conozco, en realidad
a este Gran Dios frente al cual ahora colocan las ofrendas.
Thekem es su nombre.
Se dirige de Oriente a Occidente.
Concédanme que su viaje sea mi viaje
y su travesía mi travesía,
para que no sea destruido en el Mesket.[143]
Y que los demonios no se apoderen de mis miembros.
¡Ojalá encuentre el pan sagrado en Pe y la sagrada bebida
en Dep!
¡Que sus ofrendas me sirvan cada día!
Que pueda recibir trigo, cebada, pomada «Anti», vestidos,
que contribuyan estas ofrendas a mi vida, a mi salud, a mi
fuerza,
para que me sea posible salir a la Luz del Día,
que pueda pasar según a mi antojo por numerosas Meta-
morfosis
y alcanzar finalmente los Campos de los Bienaventurados.

---

143   Mesket es una región del Mundo Subterráneo.

RÚBRICA

Si el fallecido aprendió este hechizo, podrá alcanzar los Campos de los Bienaventurados. También podrá encontrar sobre el altar de la Gran Divinidad el pan y la bebida consagrados. De igual modo, poseerá campos de trigo y de cebada que trabajarán para él los servidores de Horus. Se hinchará de comida gracias a ellos. Frotará sus miembros y su cuerpo será como el de un Dios; después de haberse transformado en todas las formas que desee, alcanzará los Campos de los Bienaventurados y podrá, al fin, caminar por ellos en cualquier momento que se le antoje, de manera real y eternamente.

Isis amamantando a Horus, escultura del siglo VII a.C.

HECHIZO C

A FIN DE HACER AL ESPÍRITU
SANTIFICADO PERFECTO

Parecido al Fénix divino, yo navego
hacia el Oriente se dirige mi barca.
Igual que Osiris avanzó hacia Djedu
Yo abro las cisternas del Nilo,
elimino los obstáculos de los caminos del Disco solar.
Igual que el dios Sokar, avanzo en mi trineo.[144]
Igual que la gran diosa en su culminación, yo soy poderoso.
Alabo al Disco Solar
y me uno a los Espíritus que en el amanecer adoran al Sol.
Yo soy, en verdad, igual a esos Espíritus.
Como ellos, yo soy una emanación de Isis.
El mágico poder de Isis me vuelve vigoroso.
Es así que he enrollado mis cuerdas
y una vez he rechazado a Apofis, le hago volver atrás en su
camino.
Ra tiende sus brazos hacia mí y no me rechazan sus nave-
gantes.
Porque yo soy fuerte gracias al poder del Ojo de Ra,
y él es fuerte gracias a mi poder.
Si no soy admitido a bordo de la barca,
Ra será separado del Huevo Cósmico.

---

144 Es un antiguo dios del Mundo Subterráneo, del Re-Stau, que cuando su barca fue destruida, solo podía desplazarse en trineo. Este dios representa las dificultades creadas por los diferentes obstáculos en el camino.

RÚBRICA

Este hechizo debe ser recitado sobre un dibujo hecho en papiro virgen, puro de cualquier escritura anterior. Deberá ser escrito con tinta elaborada gracias a los granos de Abut y mezclado con líquido de Anti. Una vez realizado, el manuscrito se colocará en el pecho del fallecido. No obstante, no deberá tocar sus miembros. Una vez que se haya recitado el hechizo, el fallecido será capaz de subir en la barca de Ra, de forma regular y diariamente. El dios Thoth será el encargado de cuidar de él cuando llegue y también en sus futuros desplazamientos, de forma regular, real y eternamente. El fallecido, por lo tanto, logrará transformarse en un Espíritu glorificado en toda su perfección. Podrá levantar el símbolo del Djed y consolidar el poder de la Hebilla sagrada, navegando en la barca de Ra por todos los sitios que desee.

Amuleto de Djed.

Hechizo CI

A fin de proteger la barca de Ra

¡Oh, Ra! Sentado en tu barca y hundiendo las olas,
navegas por encima de los Abismos.
Te diriges hacia tu pasado y lo recorres hacia atrás.[145]
aquí te has unido a mí que soy el reflejo de Osiris,
yo, Espíritu santificado entre tus servidores.
¡Oh Ra! En verdad, si tú prosperas, ¡yo también prospero!
¡Oh Ra! Por la virtud de tu Nombre místico: «¡RA!».
Mientras tú atraviesas el Ojo Cósmico
de siete varas de largo y cuya pupila es de tres varas de larga,
¡vuélveme poderoso!
En verdad, si tú prosperas, ¡yo también prospero!

¡Oh Ra! Por la virtud de tu Nombre místico «¡RA!».
Cuando por encima de los que han llegado a ser, después de
*   la muerte,*
sus propios antípodas, tú pasas.
¡Ten piedad de mí! ¡Enderézame!
¡Colócame nuevamente sobre mis piernas!
Porque en verdad, ¡oh Ra! Si tú prosperas ¡yo también pros-
*   pero!*

¡Oh Ra! en virtud de tu Nombre mágico: «¡RA!».
Cuando tú muestras los Misterios de los Mundos del Más
*   Allá*
para iniciar los corazones de tus dioses servidores,

---

145   El difunto, así como el iniciado, debe aprender a vivir al revés de lo que ha hecho, es decir, del presente hacia el pasado. Este movimiento retrógrado es característico de la existencia espiritual.

revela estos secretos también a mi Corazón
porque si tú prosperas, ¡yo también prospero!

RÚBRICA

Gracias a las poderosas palabras de este hechizo, los miembros del fallecido no se alterarán y serán sólidos como los del propio Ra.

Debe pronunciar estas Palabras frente a una vena de lino real, sobre la cual se habrá trazado anteriormente este hechizo con pomada «Anti». Esta venda será colocada en el cuello de la momia cuando llegue el día de los funerales. Una vez realizado esto, el cuello del fallecido se volverá fuerte y resistente e, igual que un dios, podrá realizar todo lo que desee su corazón. Podrá reunirse con los Servidores de Horus. Igual a una estrella, ocupará un lugar en el cielo frente a Sothis. Igual que una divinidad, su momia será venerada por sus allegados, eternamente. La diosa Menhet hará crecer plantas en su tumba y su Majestad el dios Thoth verterá, a profusión, la Paz eterna y la Luz creada sobre sus mortales restos, de la misma manera que en otro tiempo lo hizo para su Majestad Osiris, rey del Norte y del Sur.

Hechizo CII

A fin de subir a la barca de Ra

¡Salve, oh gran divinidad, que en tu barca navegas!
¡Ante ti aparezco, transportado hasta aquí!
Permíteme subir al puente de mando y dirigir la maniobra
*   de la barca,*
de la misma forma que lo hacen tus servidores,
los Arcontes de los Planetas.
¡No! ¡No! ¡No! ¡Yo no como de esas basuras!
¡El solo hecho de tocarlas con mis manos o pisarlas con mis
*   sandalias*
me produce asco y horror!
Porque las ofrendas sepulcrales no me faltan:
mis panes están hechos de trigo blanco;
* mi bebida está sacada del trigo rojo.*
¡Ah! Los barcos traen mis ofrendas, ¡aquí están!
Esas ofrendas son colocadas en el altar de Heliópolis.
¡Gloria al Ojo divino, él que recorre el cielo!
Es así que avanzo y recupero a ese dios
de manos de mis enemigos
que hieren su torso, sus brazos y sus piernas.
Yo me dirijo hacia él,
sujeto sus brazos y fortalezco sus piernas.
Yo circulo en la barca de Ra
mi única ley son los decretos de este dios.[146]

---

146   Ra, al igual que Shamash, el dios Sol de Babilonia, es un dios Legislador y justiciero cósmico.

Hechizo CIII

A fin de permanecer
junto a la diosa Hathor

Mira aquí que llego limpio
observa, ¡oh dios As-Ahi! ¡Observa!
Me encuentro, en verdad en este momento
entre los servidores de Hathor.

Hechizo CIV

A fin de habitar
entre los grandes dioses

Ya sentado entre los grandes dioses,
yo me dirijo a la Región de la barca Sektet,
después, igual que una mariposa que se ha echado a volar,
llego junto a las grandes divinidades del Mundo Subterráneo
y las contemplo en silencio.
¡Contémplenme! ¡Estoy aquí, ante ustedes,
entre las Almas purificadas de los Bienaventurados!

HECHIZO CV

A FIN DE HACER OFRENDAS
AL DOBLE MÁGICO

¡Salve, oh mi Doble mágico[147]
¡Observa! ¡Todavía sigo aquí! ¡Vivo!
Vengo hacia ti lleno de poder y de vigor mágico.
Me levanto igual que el Sol
en posesión de un Alma inmortal
y de una invencible voluntad,
te traigo incienso para que purifique tus emanaciones.

No me reproches lo que he dicho y lo que he hecho de malo
porque yo soy, en verdad, esa Tableta de Esmeralda
que está suspendida en el cuello de Ra,
colocada por los Espíritus
que habitan la Casa de los dos Horizontes.
Si ellos prosperan, yo también prospero,
porque mi Doble se asemeja a su Doble;
son iguales los alimentos de nuestros Dobles.

¡Oh ustedes, Espíritus divinos que hacia las ventanas de la
   nariz de Ra
levantan muy alta la Balanza de la Justicia,
no permitan que mi cabeza caiga sobre mi hombro!
¿No soy yo, en verdad, un Ojo que ve, una Oreja que oye?
¿No soy un poderoso guerrero de Osiris
que combate y rechaza a sus enemigos?

---

147   Se refiere al Ka, quien para algunos egiptólogos es el doble del
muerto, para otros es su genio protector y para algunos otros el cuerpo
vital.

Las sepulcrales ofrendas,
¿no fueron preparadas para mí por Espíritus muy elevados?
Permíteme, pues, ¡oh dios poderoso! Que me acerque a ti.
Porque yo estoy purificado
y hago triunfar a Osiris entre sus enemigos.

Escenas de la pared norte de la cámara funeraria de
Tutankamón. A la izquierda, Tutankamón,
seguido de su Ka, abraza al dios de los muertos Osiris.

Hechizo CVI

A fin de recibir ofrendas

¡Oh ustedes, Espíritus, dueños de las sepulcrales ofrendas,
ustedes, jefes de las Moradas celestiales!
Igual que ustedes, que llevan ofrendas al palacio de Ptha,
así tráiganme a mí sólidas y líquidas ofrendas.
¡Ojalá yo pueda ser purificado por el contacto del Anca sa-
grada[148]
a través de una ofrenda de ropajes de lino!
Ustedes que navegan entre los Campos de los Bienaventu-
rados,
deben saber que las ofrendas destinadas a mí
deben ser traídas a través de este canal,
mientras que nuestro Padre divino pasa en su barca celeste.

El anj o llave de la vida es un antiguo símbolo jeroglífico egip-
cio utilizado para representar la palabra "vida" y,
por extensión, como símbolo de la vida misma.

---

148 El anca sagrada era un instrumento mágico utilizado para abrir la
boca del muerto.

HECHIZO CVII[149]

Texto perdido. No se sabe nada de su paradero.

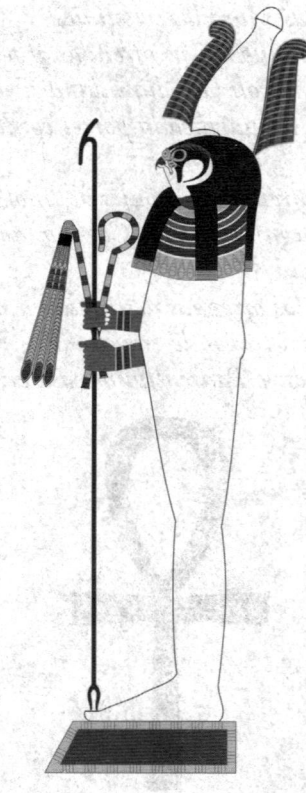

Sokar o Sokar-Osiris, forma sincretizada que
combina la de Osiris (corona *Atef*, cayado y *mayal*)
y la de Sokar (cabeza de halcón, cetro *uas*).

---

149   Variante del Hechizo CIX.

Hechizo CVIII

A fin de conocer
las almas del occidente

Mira aquí la montaña Bakhau[150]
sobre ella reposa al Cielo oriental.
Tiene unas treinta mil varas de altura
y unas quince mil varas de ancho.
Se halla en el Horizonte oriental del Cielo,
en la parte oriental se encuentra el Templo de Sebek, Señor
de la Montaña.
En el flanco de la montaña, extendida, está acostada la gran
Serpiente.
Es de treinta varas de largo y ocho de ancho.
Su pecho está adornado de sílex y de placas muy brillantes.
Pero yo conozco el nombre de la Serpiente de la Montaña.
Escúchenlo: «La que habita en las llamas».
Es así que después de haber navegado en silencio,
Ra contempla a la Serpiente.
Su periplo se detiene bruscamente,
porque está al acecho
aquel que se oculta en su barca.
¡De esta forma se lanza al agua!
Y nada unas siete varas bajo el agua.
Ataca a Seth y lanza contra él su jabalina de metal.
De este modo, alcanzado en pleno pecho,
Seth regurgita por la garganta lo que ha tragado.
Después, ahí está adentro de una celda, sujeto, atado.

---

150   En la mitología, el cielo estaba sostenido por dos montañas:
Bakhau, al Este, y Manu, al Oeste

(Recitar durante este momento la siguiente fórmula mágica:)

«Yo te golpeo, ¡oh Seth! con la lanza.
Mírala aquí en mis manos.
Me acerco para apoderarme de ti lentamente.
Hago maniobrar la barca con cuidado.
Yo elijo con detalle las cuerdas para enlazar la cabeza.
De esta forma avanzo. Tú, al contrario retrocedes.
Yo soy, en verdad, un macho invencible.
¡Mi vigor es grande! Hago palidecer tus labios, enlazo tu cabeza.

En verdad soy poderoso, ¡soy muy poderoso!
Soy el gran maestro de la Magia,
hijo de la diosa Nut. Libero de tu dominio
a los Espíritus santificados, ¡oh Seth!
¿Qué es eso?
¿Qué Espíritu es ese que va arrastrándose sobre su cola,
su vientre y sus vértebras?
¡Espera un momento! ¡Mírame aquí!
¡Salgo a tu encuentro!
Si tú quieres, ¡mide tu poder con el mío!
Demonio, ¡aprende! ¡Mi poder ha llegado al punto más álgido!
¡Avanzo luchando contra los enemigos de Ra!
¡Ya está todo terminado! ¡Los he dominado!
La tarde se oculta. Ahora puedo descansar.
Más tarde, mientras tú, ¡oh Seth!
permaneces inmóvil, estático, yo recorreré el Cielo.
Verdaderamente ya está llevada a cabo la orden
que he recibido en su Horizonte.

¡Ra permanece intocable!
Yo tengo en mi poder todos los medios para rechazar a
*   Apofis.*
Conozco por igual a los Espíritus del Occidente:
este es Atum; y más allá se encuentra Sebek,
dueño de la Montaña Bakhau;
Hathor, la soberana de la Tarde, bien al fondo.

Sopdu es un dios del cielo y de las regiones fronterizas
orientales de Egipto. Representa a Orión.

HECHIZO CIX

A FIN DE CONOCER LAS ALMAS DE OCCIDENTE

Salve, oh Puerta del Cielo septentrional, pues Yo te conozco:
en el país Kharu se encuentra tu parte meridional;
tu parte septentrional está compuesta por el canal de Ersa,
allí por donde Ra entra en el Cielo en su barca guiada por
   los vientos.
Mira aquí que elevo las velas,
de pie sobre mi barca que sigue su curso sin detenerse.
Verdaderamente, yo conozco a los Espíritus
que viven en las ramas de la higueras de esmeraldas,
adorno de los ríos que pasan en silencio.
Mira aquí que consiguen enderezar a Shu
en el Portal del Soberano del Oriente,
por allí es donde pasa, en su barca, Ra.
Yo conozco, verdaderamente, los Campos de los Bienaven-
   turados,
¡El Patrimonio de Ra!
De hierro es la muralla que los rodea;
el trigo mide cinco varas en el Campo: dos por la espiga
y por el tallo tres.
La cebada tiene siete varas: tres por la espiga y por el tallo
   cuatro.
Los Espíritus que trabajan en los Campos miden nueve varas.
Cosechan al lado de las Almas divinas de la Región Oriental.
Yo conozco a todos muy bien: tú, tú eres Heru-Khuit;
tú, tú eres Heskheri, Hijo de la Viuda;
tú eres Neterduai, Señor de la Estrella de la Mañana.

HECHIZO CX

Aquí comienza el Hechizo que habla de los Campos de la Paz. Explica cómo entrar en la plena Luz del Día y llegar a los campos de los bienaventurados, quedarse en los Campos de la Paz, que es la gran Región Soberana de los Vientos; cómo apoderarse de ella, y cómo lograr llegar a ser un Espíritu allí. Cómo trabajar allí mismo los campos y recolectar el trigo, cómo hacerse de comer, beber e incluso cómo convivir, en armonía con los demás. También cómo cumplir en este espacio todas las acciones que se llevaron a cabo en la vida terrestre.[151]

¡Salve, oh mentores de las ofrendas!
Mira aquí que vengo de forma pacífica hacia ustedes
para deleitarme con el alimento
que la gran divinidad me da todos los días.
Seth ha apresado a Horus
mientras cuidaba las obras de las murallas
en los Campos de la Paz.
Pero yo he liberado a Horus del dominio de Seth
y he abierto la Ruta a los dos ojos del Cielo.[152]
¡Aquí tienen a Seth!
Sus peligrosas emanaciones las he tirado al viento
para que vuelvan a caer sobre su Alma
y sobre su Ojo en la ciudad de Mert.
Yo he liberado del dios Aker
todo lo que estaba oculto en el interior de Horus.

---

151   Sekht-Hotep es traducido como los Campos de la Paz, y Sekht-Ianrú, también llamado Iarú, como los Campos de los Bienaventurados.
152   Los dos ojos del Cielo serían el sol y la luna.

Ahora, navego por el Lago de la Paz subido en mi gran barca.
Introduciéndome en la morada de Shu,
procedo a coronar a Horus,
las estrellas, entonces, brillan incluso con más fulgor que
*   nunca.*
Luego cruzo el Lago y llego a la Ciudad de la Paz;
allí reina una paz profunda, en el ritmo de sus estaciones,
en sus posesiones, entre sus dioses primogénitos; todo gracias
*   a mí.*
Yo calmo las ganas combativas de Horus y de Seth.
Yo he creado el Bien, yo traigo la Paz,
yo hago que Horus y Seth respeten a sus árbitros,
yo hago que las nubes se dirijan hacia los que me atacan,
y todo esto gracias a los Espíritus Guardianes de la Vida.
Yo consigo dominar a esos que someten a los débiles,
aniquilo a los demonios que atacan a los Espíritus bienaven-
*   turados.*
Yo, verdaderamente, conozco estas regiones de la Paz;
he viajado por el Lago, entrando en las Ciudades.
Son Poderosos los encantamientos de mi boca.
Yo, verdaderamente, soy digno de llegar a ser un Espíritu
santificado, mis armas podrán resistir los ataques de los de-
*   monios.*
¡Oh dioses! ¡Que me sea permitido habitar
en sus Campos de la Paz, esos que tanto adoran!
¡Ojalá pueda, en ellos, llegar a ser un Espíritu bienaventu-
*   rado,*
después de haber adquirido el control de mis respiraciones,
y allí poder comer, beber,
arar el campo y cosechar trigo,
ejercer mi vigor y mi Verbo mágico!
¡Ojalá que no sea esclavizado!

¡Ojalá que tenga allí un poder inigualable!
Mira aquí: tú le has dado valor al dios de la Paz,
tú le has elevado por encima de las Columnas brillantes de
*   Shu,*
ligadas por los hermosos rayos del Sol,
ordenador de los Años.
Con respecto a esto mi boca queda sellada,
ella guardará silencio;
las palabras que podrían llegar a escucharse
estarían llenas de secretos.
En verdad, yo hago nacer la Eternidad
y tomo posesión de la Duración que no conoce límites.
Pues yo soy el Señor de la Estabilidad que no se inmuta,
mi Alma descansa en el seno de la Paz.
Mira aquí a Horus que se presenta bajo la forma de un
*   Halcón.*
Sus alas miden mil varas.
Su vida dura dos mil años.
Marcha hacia delante con las armas en la mano,
* llega a su Lago bienquerido y a su Ciudad.*
Recibe las ofrendas del dios de la Ciudad, en su templo,
* justo después de haber sido engendrado.*
Recibe las ofrendas de este dios.
Descansa en el centro de su radiación de vida,
* cumple los actos a los que está acostumbrado*
en el Lago del Doble Fuego,
* allí donde la alegría no se conoce*
ya que este es un lugar de dolor y sufrimiento.
¡Oh, dios de la Paz!
Ojalá que yo pueda llegar y partir, pasar y volver a pasar,
unirme a lo que está en el templo de la Ciudad,
descansar en el centro de mi radiación de Vida

y cumplir mis actos a los que estoy acostumbrado,
en el Lago del Doble Fuego,
donde la alegría no se conoce
puesto que este es un lugar de dolor y sufrimiento.
Mira aquí que yo resido en el seno de la Paz divina.
¡Que la protección que me brindan mis Envolturas
no me sea quitada por los Señores del Alimento!
¡Que los dioses me traigan ofrendas en abundancia
y que pueda poseerlas!
Mira aquí que la Paz divina penetra en todo mi ser, pro-
*   fundamente,*
que llego a apoderarme del gran Verbo de Potencia,
que habita en mi Corazón;
pues, verdaderamente, en este momento,
recuerdo por qué mi memoria desconoce las flaquezas,
gracias a las fórmulas mágicas.
Yo camino, cultivo, gozo de la Paz en la Ciudad celeste.
Conozco de esta región, las aguas, las provincias,
los lagos en los Campos de la Paz;
allí es donde resido:
que mi poder llegue a ser grande,
que pueda llegar a ser un Espíritu bienaventurado,
que siempre coseche y me alimente,
que cultive y goce del amor,
que esté en paz con la Paz divina,
que engendre hijos y pueda navegar por el Lago.
Llego con mi cabeza adornada con dos Cuernos.
Traigo ofrendas para los Espíritus bienaventurados.
Verdaderamente, conozco los nombres sagrados
que rigen la ciudad del dios Shu.
Navego por el Lago,
hago que Ra se acerque hacia los Campos de la Paz.

¡Observen! ¡Qué paz suprema reina en el Cielo!
Mi corazón se va calmando a medida que se va acercando
a la Tierra.
Por ustedes, Espíritus, hago lo que ustedes hacen por mí.
Yo logro la paz gracias a mi fuerza que es grande;
y mi Alma marcha detrás de mí
mientras vivo en paz y avanzo en paz.
Yo llevo el Néctar de los dioses en mis manos.[153]
¡Oh Soberana de las Dos Tierras!
¡Dale poder a mis encantamientos!
¡Que mi memoria sea inmensa y que nunca me falle!
¡Que todo mi ser se llene de Vida!
¡Que nunca pueda ser alcanzado por mis enemigos!
¡Haz que posea la alegría del corazón y la paz del espíritu!
¡Que mis arterias y mis articulaciones sean colocadas en su
sitio
cuando vuelva a aspirar el soplo revitalizador del Aire!
¡Que la paz reine en mi ser!
¡Que pueda llegar a ser el dueño de mis respiraciones!
¡Que todos mis movimientos y todo mi ser sean por la paz!
Mira aquí que despejo mi cabeza.
Adormilado en Ra, al fin me despierto. ¿Qué es lo que veo?
Una noche cerrada, el Cielo cubierto por completo,
pero me elevo por encima de los obstáculos, gracias a mis
fluidos.
Llego ante mi Ciudad, la grande.
Mido mis fuerzas, y la atravieso,
me encamino hacia la Región de Uakh.
Yo, verdaderamente, soy el Toro poderoso de los rayos azules,
señor del Campo de los Bienaventurados,

---

153   Este néctar corresponde al dios Hu, y es un néctar similar al Soma
de los hindúes y al Haoma de los iraníes.

señor de los encantamientos mágicos.
Yo soy la diosa Sopdet en el momento de su culminación.[154]
¡Ah! Aquí tienen la región de Ouakh. Entro en ella.
Absorbo mis ofrendas,
y tomo posesión de los alimentos preparados por mis hijos.
Me sirven los Pájaros consagrados Shu.
Marcho detrás de los dioses, delante de los Dobles etéricos.
¡Ah! Aquí tienen la región de Djeft. Entro en ella.
Luego, me pongo los vestidos dedicados a Horus.
Y avanzo detrás de Ra, al igual que los otros dioses del Cielo.
Ahora, me encuentro en los dominios
del dios de la Paz, Señor de las Dos Tierras,
aquí me echo en las profundidades del lago Sagrado.
¡Fuera, lejos de mí toda impureza!
¡Mira aquí al gran Señor! Frente a él cazo pájaros y me los
   como.
Me introduzco al instante en la Región de Kenkent.
Allí me encuentro con Osiris que tendrá que juzgarme.
Me uno a mi madre y capturo a los demonios serpientes.
Estoy liberado, ya que conozco el nombre del dios
que está frente a la diosa Djesert.
Posee los cabellos lisos y tiene dos cuernos en la cabeza.
Dedica los días a cultivar sus campos, yo cultivo los míos.
Al instante entro en la Región de Hast y expulso a los demo-
   nios.
Respiro al mismo tiempo que los dioses.
La gran divinidad me devuelve mi cabeza,
un Espíritu de ojos azules la coloca en mi cuerpo.
Me introduzco de inmediato en la región de Usrt,
en donde sirvo a los Espíritus un banquete sepulcral,

---

154   Sopdet, también conocida como Sothis, brillante de año nuevo,
es el nombre que los antiguos egipcios otorgaban a una estrella muy sig-
nificativa para ellos.

en la parte alta de un templo.
Aquí tienen la región de Smam; entro en ella.
Llevo mi cabeza adornada por una Corona blanca;
y llevo mi corazón prevenido.
Conduzco a los Espíritus celestes,
doy ánimo a los que están en la Tierra.
Yo lleno de gozo los corazones de los dioses,
pues yo soy su Soberano.
Yo soy el que organiza los movimientos en los Espacios de
   turquesa.
Aquí tienen la Región del trigo y de la cebada. Entro en ella.
Mis servidores me traen hasta aquí las ofrendas para los
   dioses.
Amarro mi barca en un muelle del Lago celeste;
enseguida, caminando a lo largo de la orilla,
la arrastro, pronunciando las fórmulas mágicas
y alabando a los dioses de los Campos de Paz.

Relieve de Seth y Horus unen el Alto y el Bajo Egipto.

HECHIZO CXI[155]

Texto perdido. No se sabe nada de su paradero.

Sopdet, personificación de la estrella Sirio, madre de Sopdu.

---

155 Variante del Hechizo CVIII

HECHIZO CXII

A FIN DE CONOCER LOS SECRETOS DE LA REGIÓN DE BUTO[156]

¡Oh, tú cadáver entre todos los cadáveres de la región de
 Mendes!
¡Oh, tú que eres la diosa de los cazadores de la región de
 Buto!
¡Oh tú, diosa Shutet, de las Estrellas Permanentes!
En resumen, ¡a ustedes diosas que vienen
 trayendo sus ofrendas y, además también pan y cerveza!
¿Ustedes saben por qué la Región de Buto le fue entregada
 a Horus?
Yo sé por qué, pero ¡ustedes no lo saben!
Fue por esto: Ra concedió esa región a Horus
como compensación por la herida que recibió en su ojo.
Ra, efectivamente, le dijo a Horus:
«¡Permíteme ver lo que le ha pasado a tu ojo!».[157]
Él lo observó, y después Ra le dijo a Horus:
«Observa hacia allá. Y vigila con cuidad a ese Jabalí negro».
Horus no dejó de vigilarlo ni por un minuto.
De pronto, el jabalí le atacó con una furia tremenda.
Luego Horus le dijo a Ra:
«Ven y mira la herida que Seth me ha hecho en el ojo».
Por culpa del dolor, Horus, comenzó a desesperarse.
Entonces Ra, dirigiéndose a las divinidades

---

156 Este hechizo es uno de los más difíciles de interpretar, ya que narra
algo así como visiones interiores, concretas pero sin ninguna conexión
lógica o coherente entre ellas. Hay una lucha entre Seth y Horus, como
en todos los demás hechizos, pero hay que destacar la imparcialidad de
Ra así como la de Thoth.
157 Hay que destacar que los dos ojos de Horus son el sol y la luna.

que se encontraban junto a él, dijo:
«Busquen para él un sitio seguro
donde pueda curarse su herida, ya que Seth,
convertido en Jabalí negro,
acaba de darle otro golpe muy duro al Ojo de Horus».
Luego, Ra añadió, dirigiéndose siempre a las divinidades que
lo rodeaban:
«Ese Jabalí negro solo le inspira asco a Horus...
Pero les juro que Horus renacerá de la salud.
¡Ah! ¡Qué asco le da a Horus ese Jabalí negro!».
Luego, cuando Horus fue su propio hijo,
los dioses de la corte de Ra trajeron para Horus toros,
ovejas y puercos en calidad de sacrificios reparadores.
Aquí tienen una lista con los Nombres
de los Hijos que tuvo Horus: Duatmutf, Hapi, Mestha,
Kebhsennuf; e Isis es su madre.
Luego Horus le dijo a Ra:
«Dame los dos gemelos divinos de Buto, los dos gemelos de
Nekhen.[158]
Verdaderamente, ¡oh dioses!
Se han engendrado en sus Cuerpos
y conmigo se quedarán hasta el fin de los Tiempos.
Entonces así se calmará el Huracán de Fuego,
y la Tierra volverá a lucir con un nuevo brillo
su nombre misterioso será:
«Horus de la Tableta de Esmeralda».
Verdaderamente, yo conozco
a los Espíritus divinos de la región de Buto,
sus nombres verdaderos son Horus, Mestha y Hapi.

---

158   Hieracómpolis, también llamada Nekhen o Nejen, fue el centro de culto de Horus y allí se erigió uno de los templos más antiguos de la ciudad.

Hechizo CXIII

A fin de conocer los secretos de Nekhen

Verdaderamente, ¡yo conozco los Misterios de Nekhen!
Mira aquí a Horus nacido de su Madre,
en el medio del Océano celeste,
gracias a sus Palabras de Potencia:
«Quiero saber cuál fue la decisión
que has tomado con respecto a mí,
en cuanto al camino que ha quedado detrás de ustedes.
Yo la encontraré, si la busco».
Entonces Ra le dijo:
«Verdaderamente, al Hijo de Isis
le ha ocurrido una desgracia a causa de la forma de ser
en que su madre es con él».
Entonces Isis gritó:
«¡Que me traigan a Sebek, Señor de los Pantanos, inmedia-
*   tamente!».*
Entonces Sebek se puso a pescar y atrapó varios peces.
Con respecto a Isis, ella hizo crecer a Horus
* en un lugar preparado con esmero por ella.*
Sebek, Señor de los Pantanos repletos de cañas, le dijo:
«Aquí estoy, he venido y he encontrado,
al borde de las aguas, bajo mis dedos, las huellas de su paso.
Las he atrapado y las he encerrado en una red muy resis-
*   tente».*
Entonces Ra le dijo:
«¡Ahora es el momento en que todos los peces
queden en poder de Sebek! Ya que es él
quien ha encontrado los brazos de Horus en el País de los
*   Peces».*

Y Ra también agregó:
«Una región de lagos
será establecida en el lugar de la red de Sebek».
Entonces, mientras quitaban el velo del rostro de Horus,
para las Fiestas del primero y quince del mes, en el País de
*   los Peces,*
se llevaron sus brazos.
Ra entonces exclamó:
«¡Para que sus brazos vivan, daré a Horus la ciudad de
*   Nekhen!*
En ese lugar, en la ciudad de Nekhen,
únicamente frente a sus dos brazos,
le será arrancado el velo de su rostro.
Y en el transcurso de estas fiestas, ¡tomará prisionero a sus
*   enemigos!».*
Horus respondió, entonces:
«Permíteme que lleve conmigo a Duamutef y a Kebehsenuf,
para que cuiden mi Cuerpo
y lleguen a ser los servidores del dios tutelar de Nekhen».
Ra le respondió:
«¡Te doy lo que pidas! Del mismo modo
que fuiste recibido en Senket, también lo serás en Nekhen,
y los cadáveres de tus enemigos estarán a tu disposición».
Horus le dijo:
«¡Observa! ¡O bien están a tu lado, o bien están a mi lado!
¡Oyen con atención las órdenes de Seth,
en el momento en que su voz resuena,
* invocando a los Espíritus divinos de Nekhen!*
¡Ojalá yo pueda, por mi parte,
ser llevado después de mi muerte, espíritus divinos de Nekhen!
* Ojalá yo pueda, por mi parte, ser llevado después de mi*
*   muerte,*

¡Entre los Espíritus divinos de Nekhen!
¡Y ojalá sea capaz de desatar los lazos de Horus!
¡Ya que yo conozco bien los Espíritus divinos de Nekhen!
Estos son Horus, Duamutf y Kebehsenuf.[159]

Los cuatro hijos de Horus, de izquierda a derecha:
Mestha, Duatmutf, Hapi y Kebhsennuf.

---

159   Este hechizo es un ejemplo excelente de las dificultades en cuanto
a la interpretación del Libro. El texto parece cifrado desde el inicio hasta
el final. Sebek es una divinidad con cabeza de cocodrilo, un genio tutelar del planeta Mercurio. Duamutef y Kebehsenuf, por otro lado, son
hijos de Horus.

HECHIZO CXIV

A FIN DE CONOCER LOS SECRETOS DE KHEMENU

Mira aquí la estatua de Maat avanza,
lentamente, y es llevada en brazos
durante las fiestas de la Ascensión de Neith,
en Mathit, mientras el Ojo divino resplandece.
Y ante mí tengo la Balanza del Juicio.
He sido iniciado en estos secretos:
yo conozco lo que Maat trae a la ciudad de Kesi,
pero no se lo diré a los hombres ni lo repetiré frente a los
*   dioses.*
Yo estoy aquí por orden del mismo Ra,
para poner la estatua de Maat al paso de la procesión,
puesto que se festejan las fiestas de la Ascensión de Neith, en
*   Mathit,*
cuando el Ojo divino sea juzgado.
Mira aquí, que en virtud de mis conocimientos
de los secretos de Khemenu, me hallo aquí con todo mi poder.
Pues, al igual que ustedes, ellos aman aquello que conocen.
Verdaderamente, yo conozco a Maat en todo su rigor im-
*   placable*
y acepto su veredicto con alegría.
¡Salve ustedes, oh Almas divinas de Khemenu!
Yo hablo con ustedes, yo sé de las ocultas y misteriosas cosas
que nos son reveladas en los sacramentos
de los meses y de los medios meses.
Thoth mismo es quien me ha revelado
los Misterios de la Noche que Ra mantiene ocultos cuidado-
*   samente.*
Y otras cosas que ustedes ya conocen.

Verdaderamente, yo los conozco,
¡oh Almas perfectas de Khemenu!

Khonsu, un dios de la luna,
hijo de Amón y Mut.

HECHIZO CXV

A FIN DE CONOCER LOS SECRETOS DE HELIÓPOLIS

*Verdaderamente, fueron largos los días en que me quedé
en medio de las Sombras del Pasado,
entre los Espíritus de las Épocas más antiguas.
Yo he recorrido sin detenerme, en el seno del dios del Devenir,
Khepri, desde el Amanecer de los Tiempos,
los ciclos de las Metamorfosis.
Mira aquí, que entro en la Región de las Tinieblas
que, de repente, mi cara se despoja del velo
frente al Ojo centelleante que me mira.
¡Oh ustedes, Almas perfectas, deben saberlo!
Yo soy un Alma de las suyas.
¡Pues yo conozco a los Espíritus divinos de Heliópolis!
Verdaderamente, el saber del Gran Vidente mismo[160]
no es superior ni sobrepasa mi propio Saber oculto.
¿Acaso no he ido más allá de todos los obstáculos gracias a mi
energía?
¿No he hablado, acaso, con los dioses?
Por lo tanto, ¡no! No podrán destruirme los demonios,
a mí, Heredero de los dioses de Heliópolis.
Pues, verdaderamente yo conozco los Misterios de la Hebill
que luce el Niño divino en la frente.[161]*

---

160   El Gran Vidente es uno de los principales hierofantes en un centro
iniciático, era el Pontífice de Heliópolis. Poseía el saber sagrado adquirido por su propia Videncia.

161   El Niño Divino, conocido también como Harsiesis -y confundido
a veces con su hermano Harpócrates-, era Horus como hijo de Isis, una
de las formas del dios en la mitología egipcia. La hebilla, que era una
espiral, representaba la evolución del espíritu y se creía que poseía una
magia muy poderosa.

Mira aquí que Ra se dirige al dios Amihaf,
cuya boca fue atacada y lastimada en otro tiempo.
Ra, pues, le dice a esta divinidad:
«Recibe de mis manos esta lanza ¡es la herencia de la huma-
nidad!».
Amihaf recibió la lanza y, de este modo,
nacieron los dos hermanos divinos que,
alrededor de Ra, recorren su órbita en el cielo.
Luego Amihaf se convirtió en una mujer
engalanada con la Hebilla sagrada, ese talismán de Helió-
polis.
El Gran Vidente, Heredero a su vez de su heredero,
llegó a ser el gran confesor-Vidente de Heliópolis.
¡Oh ustedes, Espíritus divinos de Heliópolis!
Verdaderamente, yo los conozco: son Ra, Shu y Tefnut...

Tefnut, diosa leona de la humedad
y miembro de la Enéada.

Hechizo CXVI[162]

A fin de conocer los secretos de Khemenu

Mira aquí que Neith se eleva sobre la ciudad de Mathit
que, al lado de él, va Maat, la diosa.
Ese que se alimenta de los actos impuros cometidos por los
*   hombres,*
es el juez designado por ella.
Entonces, yo soy acompañado por mi confesor.
Entro en el Santuario y contemplo los Secretos.
Verdaderamente, yo no se los contaré a ningún mortal
ni se los diré a ningún dios.
¡Salve, oh dioses de Khemenu,
ustedes que saben quién soy yo,
que me conocen tanto como yo conozco a la diosa Neith!
¡Mira aquí que el Ojo divino resplandece en las Tinieblas!
¡Verdaderamente, yo conozco las Almas divinas de Heliópolis!
Las conozco, cuando en las fiestas mensuales
se abren como flores
cuando, en las fiestas bimensuales,
se eclipsan.
¡Observen! Aquí tienen al misterioso Thoth.
Más allá está Sa, el dios de la Sabiduría.
Y también está, en fin, Atum, el gran dios.

---

162 Variante del Hechizo CXIV

HECHIZO CXVII

A FIN DE PENETRAR EN EL RE-STAU[163]

Hay dos sendas que pasan por encima de mí
y que me llevan hacia el Mundo del Re-Stau.
Tengo puesto el Cinturón de un dios,
y de un dios llevo también la Corona.
Camino y hago que el orden reine en Abydos.
Yo abro los caminos que me llevan hacia el Re-Stau.
Osiris alivia a mis sufrimientos.
Mira aquí que gracias a mí surgen las aguas
y en ellas establezco mi Trono. Recorro el Valle del Gran
*   Lago.*
Porque yo hago que triunfe Osiris sobre sus enemigos;
como ustedes, los otros dioses, ¡yo también soy un dios!
¡Deben saber, Espíritus divinos,
que me protege el mismo Amo de la Eternidad!
Ya camino igual que ustedes caminan;
permanezco de pie o sentado a mi antojo,
igual que ustedes;
y como ustedes poseen el imperio sobre el Verbo de Potencia
frente al gran dios, el Señor del Amenti,
yo también lo poseo.

---

163   Re-Stau es una región o parte del Mundo Subterráneo, la más difícil de acceder y atravesar. Los Hechizos CXVII, CXVIII y CXIX hablan de este mismo tema.

HECHIZO CXVIII

A FIN DE TRANSITAR EL RE-STAU

Mira aquí que he nacido
y que vengo al mundo en el Universo del Re-Stau.
Disfruto de la felicidad junto a los Cuerpos Gloriosos, «Sahú»,
gracias a las libaciones de mis confesores frente a Osiris.
Soy recibido junto a los Espíritus del Re-Stau y en ese lugar
*   crezco.*
Cuando ellos avanzan hacia su Doble Mansión,
guiados por Osiris, yo los sigo, yo, única divinidad.
Hacia la Doble Morada de Osiris me encamino.

Osiris e Isis.

Hechizo CXIX

A fin de transitar el Re-Stau

¡Aquí tienes una gran divinidad
que avanza hacia ti, Osiris, con poderosa radiación!
Soy yo, que me inclino ante ti.

¡Mira! ¡Todas mis impurezas han sido lavadas!
¡Tu Nombre fue consolidado en el Re-Stau!
¡Gloria a ti, oh Osiris!
¡Realmente tu poder es bien grande en Abydos!
¡En compañía de Ra, volando en lo alto del Cielo,
cumples, Osiris, tus circuitos celestes!

Tu Ojo divino mira desde lo alto a los Iniciados.
¡Tú, Ra, el Único, el Solitario, escúchame que te hablo, Osiris!
«Aquí, en tu presencia, en verdad, he revestido un Cuerpo
*   Glorioso».*
Ojalá pueda escuchar las palabras:
«Este Ser que está aquí no será nunca rechazado ante tu pre-
*   sencia, Osiris».*

HECHIZO CXX Y CXXI[164]

A FIN DE ENTRAR Y SALIR A VOLUNTAD

Alabado sea tu nombre,
¡Oh Ra, Protector de las Puertas secretas
esas de las que sale un Camino hacia Geb y la Balanza
que alberga la Verdad y la Justicia!
¡Observa! ¡Yo delimito mi camino a través de la Tierra!
¡Dios quiera que pueda, como un niño, volver a renacer a
*   la vida![165]*

LA LLEGADA AL AMENTI

Llego al Cielo como un Halcón.
Exploro los rincones del Cielo como un ave Fénix.
Los dioses admiran a Ra y él despeja los caminos.
Y ya entro en paz en la bella Amenti.
Estoy aquí, al lado del Estanque sagrado de Horus;
tengo a sus perros prisioneros.
¡Que el camino sea liberado para mí!
¡Que pueda adentrarme en él
y que pueda idolatrar a Osiris, Señor de la Vida Eterna!

---

164   Repetición de los hechizos XII y XIII
165   La muerte es un nacimiento en los dominios del espíritu, es decir que el fallecido deviene en un nuevo-nacido. Nhh es una expresión asociada al concepto de eternidad, puede significar haber nacido, o hacerse viejo. El determinativo del texto debe ser atribuido a un error del copista.

HECHIZO CXXII

A FIN DE ACCEDER EN EL AMENTI

—¡Ábranme las puertas!
—Antes debes responder, ¡oh Alma! ¿Quién eres?
¿A dónde te diriges? ¿Eres capaz de lograr la Metamorfosis?
¿Cuáles son estas Metamorfosis para ti?
—Igual que ustedes, ¡oh dioses!,
yo soy un Espíritu divino, el Nombre mágico de mi barca es:
«La Unión de las Almas múltiples».
«Terror que hace erizar los vellos, es el Nombre de mis remos.
«Aquel que vigila», es el Nombre de mi proa.
«Está mal», es el nombre de mi timón
«Navega todo recto», es el Nombre de mi popa.
Esta barca, en verdad, fue construida para el Viaje en el
    Más Allá.
Llévenme las siguientes ofrendas al templo de Anubis:
carne, pan, leche y tortas, en su totalidad.
¡Que yo sea capaz de acceder al Más Allá en forma de Hal-
    cón!
¡Que yo sea capaz de atravesar los Espacios Celestes en forma
    de Fénix Estelar!
¡Y que pueda recorrer los caminos en paz,
en el bello Reino del Amenti, frente al Lago de Osiris,
para allí adorarlo, al Señor de la Vida Eterna!

Hechizo CXXIII

A fin de entrar en el gran templo

¡Salve, oh Atum!
¡Obsérvame! Yo soy en verdad, Thoth.
¡El árbitro entre el combate de Seth y Horus!
Por mí, al fin su lucha acabará;
tomaré su furia y terminaré con las devastaciones
que su guerra ha ocasionado.
Es así que golpeo y rechazo al pez Andu.
En lo que respecta a él, he cumplido tus órdenes.
Me he acostado en la tumba,
en medio de las acciones de mi vida pasada;
desde ahora, ya no tendré más obstáculos.
Es así que llego hasta el templo del dios Uhem-Hra,
donde tú me contemplas en silencio.
Comunico a este dios las órdenes de los dioses antiguos.
Yo puedo, en verdad, servir de guía a los dioses inferiores.

Hechizo CXXIV

A fin de efectuar la metamorfosis en fénix real

En Djedu, mi Alma construye para mí un hogar estable,
y en la región de Buto, mientras yo prospero,
mis servidores mágicos cultivan y trabajan mis campos.
El rostro de mi Palmera es bello igual al del dios Amsu.
¡No! ¡No! ¡No comeré de eso! ¡Qué asco esas basuras!
¡No comeré eso! Ni siquiera mis manos se acercarán a ellas!
¡Ni siquiera las pisaré con mis sandalias!
¡Poseedor de mis hermosas ofrendas, no pereceré!
Porque poseo panes hechos con trigo
y cerveza hecha con la cebada
que los barcos Sektet y Mandjit me traen en forma regular.[166]
Sentado debajo del agradable follaje de los árboles,
a los que quiero, disfruto de la paz y miro las abundantes
    ofrendas.[167]
¡Ojalá llegue a ser un Espíritu santificado!
¡Ojalá pueda la diosa-Serpiente enderezarme
y sobre mi cabeza poner la Corona Blanca![168]
¡Oh ustedes, Espíritus, guardianes
de las Puertas del Pacificador de los Dos Países!
¡Deben saber! ¡Deben saber que en mi Ser traigo las sustancias
que sirven de ofrenda a los dioses![169]
¡Acudan en mi ayuda!

---

166   Sektet y Mandjit son las dos barcas del sol.
167   Es el ideal de existencia póstuma para los egipcios.
168   Es el símbolo del Alto Egipto.
169   Un elemento justo consagrado al Bien: alimentan y vivifican a los dioses.

¡Ayúdenme a despejar la opaca niebla que me oprime y me rodea!
¡Que me abran sus brazos los Espíritus santificados!
¡Que las Jerarquías divinas guarden silencio
y no revelen las palabras que intercambio
con las Almas de las Generaciones Futuras![170]
Yo conduzco los corazones de los dioses que me dan protec-ción,
soy poderoso entre los que vuelan por los aires.
Todo dios y toda diosa que me dé vigor
será promovido como Guía Espiritual del Año.
Viviré gozando de las ofrendas colocadas delante de mí,
bajo verdes follajes, igual a Osiris cuando aparece en Abydos.
Se reconoce en mí al antepasado de Ra y a los Seres lumi-nosos.
Permanezco delante de los antiguos dioses,
envuelto en el enorme manto del Cielo estrellado.
Comparezco frente a los dioses Ahiu,
con el pan de la comunión en mi boca.
Que me hablen, pues, ¡y yo les contestaré!
Hablaré con el Disco Solar y con los Seres de Luz.
Mi poder es enorme en medio de las Tinieblas
que reinan en los Mundos de Mehurt, cerca del Ser vene-rado.
Desde ahora formaré, en verdad, ¡un solo ser con Osiris!
¡Miren! Me vuelvo perfecto,
así como Osiris lo es entre las divinidades antiguas.
Hablaré a Osiris a la manera de los hombres
y él me contestará a la manera de los dioses.
Es así que convertido en Espíritu glorificado,
llego hasta aquí ayudado por las fuerzas mágicas

---

170   El Henmenit, o las almas en la espera de su reencarnación.

conduzco a la diosa Maat hacia los que la aman.
Porque yo soy un Espíritu santificado
provisto de todas las fuerzas mágicas
de todos los Espíritus santificados.
Yo me presento bajo la forma de Sahu
en las ciudades de Heliópolis, Busiris, Heracleópolis,
Abydos y Panópolis.

Capilla de Amón en Abydos, Egipto.

Hechizo CXXV

Palabras para enunciar
en la entrada del santuario de Maat

¡Oh Maat! Estoy aquí, ante ti.
¡Permíteme, pues, mirar tu radiante belleza!
¡Mira! Mi brazo se levanta para adorar
tu nombre sacrosanto. ¡Escucha, oh Verdad y Justicia!
Llego a los lugares en donde los árboles no crecen,
en donde el suelo no hace nacer plantas...
Es así que me introduzco en los lugares de los Secretos,
y le hablo a Seth, dueño de estos lugares.
Mi Guía-protector se acerca hasta mí,
su cara está cubierta con un manto espeso.
E inclinándose ante los lugares de los Secretos,
accede al Santuario de Osiris,
y observa los Secretos que se desarrollan en él.
Aquí están los Espíritus Guardianes de los Pilones:
tienen la apariencia de los Espíritus santificados de los Muertos.
Escuchen a Anubis, que comienza su discurso.
Habla dirigiéndose de derecha a izquierda,
como un hombre venido de la tierra de Egipto
conocedor de los caminos y de las ciudades de nuestro país.
Dice: «¡Olfateen! El olor de este hombre,
¿les parece que es uno de los nuestros?».
Yo le contesto: «¡Yo soy Osiris!
Estoy aquí para mirar a los dioses,
los grandes, y entrar en posesión de la Vida eterna».

El fallecido implora a sus 14 jueces. Ante la balanza donde es pesado su corazón, lo acompaña Anubis. También hay un monstruo que, en caso de ser condenado, se encargará de comerse su corazón. Thoth es quien se encarga de inscribir las acciones de su vida pasada. Horus es quien lo conduce hasta la capilla, donde lo espera Osiris.

Tomando la comunión con el pan celestial.
He llegado hasta estos lejanos límites del Cielo donde habita
*   Osiris,*
Alma grande, Señor de Djedu.
Él me ha dado la fuerza de los movimientos
* bajo la forma de un Espíritu con cabeza de Fénix.*
Poseedor del Verbo de potencia me adentro en las aguas que
*   corren;*
he realizado ofrendas de incienso;
como un niño, he ido hasta el árbol Shendet.
Es así que llegué a Elefantina, frente al Templo de la diosa
*   Satit.*
Hice dar la vuelta a la barca cargada de mis enemigos.
En paz he viajado por el Lago
he contemplado los Cuerpos gloriosos de Kam-Ur [171]
visité la Ciudad sagrada de Djedu; pero sobre esto guardo
*   silencio.*
Restituí a la divinidad el uso de sus piernas.
Alcancé el templo de Anubis y contemplé al Señor del lugar.
Entré en el templo de Osiris y probé en mí mismo sus Vesti-
*   duras.*
Atravesé el Re-Stau y vi los secretos de ese lugar.
Fui oculto y enterrado, y encontré un camino de salida.
Atravesé desolados pueblos en los que nada crece
cubrí mi desnudez con vestidos que allí encontré.

---

171   Kam-Ur, es el nombre de un toro sagrado y de una ciudad que le fue consagrada, así como de un lago ubicado en el Duat.

Recibí las pomadas de las mujeres para untarme,
me enseñaron las Palabras de Potencia de los iniciados.
Es así que Seth me habla a su manera.
Yo le contesto: «Tu balanza, en verdad,
hay que buscarla es en nuestro Corazón».
Su Majestad Anubis me dice:
«¿Sabes tú el Nombre de esta Puerta
de manera que puedas decirlo frente a mí?».
Yo le contesto: «El dios Shu el destructor»,
¡ese es el Nombre de esta Puerta.
Su Majestad Anubis me responde:
«¿Conoces el Nombre de la Bisagra superior de esta Puerta
y el de la Bisagra inferior?».
Yo le contesto: «El Señor de la Verdad y de la Justicia sobre
  sus piernas»,
ese es el Nombre de la Bisagra Superior.
«El Señor de la doble Potencia y Domador del Ganado»,
ese es el Nombre de la Bisagra inferior.
Su Majestad Anubis ordena:
«Entra pues, ya que conoces estos Nombres Mágicos.»

(Mientras entra en la Doble Sala de la Verdad y la Justicia, el fallecido deberá pronunciar lo que sigue a continuación, con el fin de limpiarse de sus pecados y de poder mirar
a los dioses al rostro).

LA REVELACIÓN NEGATIVA I
(PAPIRO NU)

Alabado, dios grande, Señor de la Verdad y de la Justicia,
amo poderoso: he llegado hasta ti.

¡Permíteme contemplar tu radiante belleza!
Sé tu Nombre mágico y también los de las cuarenta y dos
dignidades[172]
que te rodean en la gran Sala de la Verdad y la Justicia;
el día en que se rinden cuentas de los pecados ante Osiris;
la sangre de los pecadores le sirve de alimento.
Tu nombre es:
«El señor del Orden del Universo, cuyos dos Ojos son las dos
diosas hermanas».
Es así que yo traigo en mi Corazón la Verdad y la Justicia,
porque he sacado de él todo el Mal.
Yo no he hecho mal a los hombres.
Yo no usé la violencia contra mis familiares.
Yo no reemplacé la Justicia por la Injusticia.
Yo no frecuenté a los malos.
Yo no cometí crímenes.
Yo no hice trabajar con explotación para mi beneficio.
Yo no conspiré por ambición.
Yo no di malos tratos a mis servidores.
Yo no insulté a los dioses.
Yo no le quité al pobre su alimento.
No cometí actos repudiados por los dioses.
Yo no permití que un amo maltratase a su sirviente.
Yo no hice sufrir a ninguna otra persona.
Yo no provoqué el hambre.
Yo no hice llorar a los hombres, mis semejantes.
Yo no maté ni ordené matar.
Yo no provoqué enfermedades entre los hombres.
Yo no robé las ofrendas de los templos.
Yo no robé panes de los dioses.

---

172   Las cuarenta y dos divinidades integraban el Jurado cuando un alma era juzgada ante Osiris.

*Yo no me apoderé de las ofrendas destinadas a los Espíritus
   santificados.*

*Yo no cometí acciones vergonzosas en el recinto sagrado de
   los templos.*

Yo no reduje la porción de las ofrendas.

Yo no traté de aumentar mis dominios

utilizando medios ilícitos ni usurpando los campos de otros.

Yo no toqué los pesos de la balanza ni su mango.

Yo no quité la leche de la boca del niño.

Yo no me apoderé del ganado en los campos.

*Yo no tomé con el lazo las aves que estaban destinadas a los
   dioses.*

Yo no pesqué peces con peces muertos.

Yo no puse obstáculos en las aguas cuando debían correr.

Yo no apagué el fuego en el momento en que debía arder.

Yo no violé las reglas de las ofrendas de carne.

*Yo no me apoderé del ganado que pertenecía a los templos
   de los dioses.*

Yo no impedí a un dios que se manifestase.

Yo, ¡soy Puro! ¡Soy puro! ¡Soy puro! ¡Soy Puro!

Fui purificado igual que el gran Fénix de Heracleópolis.

Porque yo soy El Señor de la Respiración

que da vida a todos los Iniciados

el solemne día en que el Ojo de Horus,

en presencia del Señor divino de esta tierra,

culmina en Heliópolis el Ojo de Horus,

ya que vi culminar en Heliópolis el Ojo de Horus

no me sucederá ningún mal en esta Región ¡oh dioses!

Ni tampoco en vuestra Sala de la Verdad y la Justicia.

Porque yo sé el Nombre de los dioses

*que rodean a Maat, la gran divinidad de la Verdad y la Jus-
   ticia.*

LA REVELACIÓN NEGATIVA II
(PAPIRO NEBSENI)

¡Oh tú, espíritu que caminas con grandes pasos
y que naces de Heliópolis, óyeme!
Yo no cometí malas acciones.

¡Oh tú, Espíritu que te apareces en Ker-aha
y cuyos brazos están envueltos en un ardiente Fuego!
Yo no actué con violencia.

¡Oh tú, Espíritu que te apareces en Hermópolis
y que respiras el Aliento divino!
Mi corazón odia la bestialidad.

¡Oh tú, Espíritu que te apareces en las fuentes del Nilo
y que te alimentas de las Sombras de los Muertos!
Yo no robé.

¡Oh tú, Espíritu que te apareces en Re-Stau
y cuyos miembros se pudren y huelen mal!
Yo no maté a mis semejantes.

¡Oh tú, Espíritu que te apareces en el Cielo
bajo la forma doble de León!
Yo no disminuí las medidas del trigo.

¡Oh tú, Espíritu que te apareces en Letópolis
y que tus ojos como dos puñales hieren!
Yo no cometí ningún fraude.

¡Oh tú, Espíritu de la máscara luminosa
y que lentamente caminas hacia atrás!
Yo no me apoderé de lo que pertenecía a los Dioses.

¡Oh tú, Espíritu que te apareces en Heracleópolis
que trituras y aplastas los huesos!
Yo no mentí.

¡Oh tú, Espíritu que te apareces en Menfis
y que gracias a ti surgen y crecen las llamas!
Yo no robé el alimento de mis compañeros.

¡Oh tú, Espíritu que te apareces en el Amenti,
divinidad de las dos fuentes del Nilo!
Yo no difamé.

¡Oh tú, Espíritu que te apareces en la región de los Lagos[173]
donde tus dientes brillan como el Sol!
Yo no fui agresivo.

¡Oh tú, Espíritu que te apareces junto al patíbulo
y te arrojas, hambriento, sobre la sangre de las víctimas!
Entérate: yo no maté a los animales de los templos.

¡Oh tú, Espíritu, que te apareces en la gran Sala de los
      treinta Jueces
y que te alimentas con las entrañas de los pecadores!
Yo no cometí fraude.

---

173   Es la región de Fayum, en árabe llamada Al-Fayyum, tierras pan-
tanosas, ubicada al sur del delta del Nilo.

¡Oh tú, Señor del Orden Universal
que te apareces en la Sala de la Verdad y la Justicia!
¡Aprende! Yo no me apoderé jamás de los campos cultivados.

¡Oh tú, Espíritu que te apareces en Bubastis
y que caminas hacia atrás!
¡Aprende! Yo no escuché detrás de las puertas.

¡Oh tú, Espíritu Aati
que te apareces en Heliópolis!
Yo no pequé jamás por hablar en exceso.

¡Oh tú, Espíritu Tatuf que te apareces en Aati!
Yo jamás pronuncié maldiciones
cuando me han hecho daño.

¡Oh tú, Espíritu Uamenti,
que apareces en las cuevas de tortura!
Yo nunca cometí adulterio.

¡Oh tú, espíritu que te apareces en el templo de Amsu
y que con detalle observas las ofrendas que te llevan!
Entérate: yo jamás he dejado de ser casto en la soledad.

¡Oh tú, Espíritu que apareces en Nehatú!
tú, jefe de los dioses antiguos!
Yo jamás atemoricé a la gente.

¡Oh tú, Espíritu-destructor
que te apareces en Kaui!
Yo nunca violé la ordenación de los tiempos.

¡Oh tú, Espíritu que apareces en Urit
y cuya voz oigo que tararea!
Yo nunca me he encolerizado.

¡Oh tú, Espíritu que apareces en la región del Lago Hekat
con la forma de un niño!
Yo nunca hice oídos sordos a las palabras de la Justicia.

¡Oh tú, Espíritu que apareces en Unes
y que posees una voz tan penetrante!
Yo nunca inicié conflictos.

¡Oh tú, Espíritu Bastí
que apareces en los Secretos!
Yo nunca hice llorar a mis compañeros.

¡Oh tú, Espíritu cuyo rostro se encuentra en la parte posterior
    de la cabeza
y que sales de tu oculta morada!
Yo nunca pequé contra natura con los hombres.

¡Oh tú, Espíritu cuya pierna está rodeada de fuego
y que sales de Akhekhu![174]
Yo jamás fui impaciente.

¡Oh tú, Espíritu que sales de Kemet
y tu nombre es Kenemti!
Yo jamás le causé injurias a nadie.

¡Oh tú, Espíritu que apareces en Sais

---

174   Esta palabra es una transliteración de la expresión Akhekh, que era
una criatura mitológica.

y en tus manos llevas tu propia ofrenda!
Yo jamás inicié querellas.

¡Oh tú, Espíritu que te apareces en la ciudad de Djefit
y que tienes múltiples rostros!
Yo nunca he obrado con precipitación.

¡Oh tú, Espíritu que apareces en Unth
y que eres muy astuto!
Yo nunca he faltado el respeto a los dioses.

¡Oh tú, Espíritu que apareces en Satiú
adornado con cuernos!
Yo nunca usé palabras excesivas en mis discursos.

¡Oh tú, Nefer-tum que apareces en Mentís!
Yo nunca defraudé ni obré perversamente.

¡Oh tú, Atum-Sep que apareces en Djedu!
Yo nunca maldije al Rey.

¡Oh tú, Espíritu de corazón altivo
que surges de Debti!
Yo nunca ensucié las aguas.

¡Oh tú, Hi que apareces en el cielo!
Entérate: jamás hablé con altanería.

¡Oh tú, Espíritu que das órdenes a los Iniciados!
Yo jamás maldije a los dioses.

¡Oh tú, Neheb-Nefert que apareces en el Lago!

Yo nunca fui insolente ni impertinente.

¡Oh tú, Neheb-Kau que apareces en la ciudad!
Yo jamás me hice valer ni he causado intrigas.

¡Oh tú, Espíritu de cabeza glorificada
y que de pronto sales de tu escondite!
Entérate: yo no me enriquecí de forma ilegal.

¡Oh tú, Espíritu que surges del Mundo Subterráneo
y que llevas frente a ti tu brazo cercenado!
Yo nunca desdeñé a los dioses de mi ciudad.

FRENTE A LOS DIOSES DEL
MUNDO SUBTERRÁNEO
(PAPIRO NU)

Yo los saludo,
¡Oh ustedes divinidades que habitan en la Gran Sala de
    Justicia!
¡Yo los conozco, en verdad y conozco también sus nombres!
¡No me abandonen a la cuchilla del verdugo!
¡Ante el dios que es su Señor, no insistan sobre mis pecados!
¡Que su intervención no cause mi mala suerte!
¡Hagan que el Señor del Universo escuche la Verdad!
Porque yo hice en mi vida en la Tierra todo lo que era ver-
    dadero y justo.
Yo jamás maldije a los dioses.
Que no me aflijan con infortunios
los genios tutelares de los Días y las Horas.
Yo los saludo,

divinidades que tienen un asiento en la Gran Sala de la Verdad y la Justicia
sus corazones son ajenos a la mentira y la iniquidad.
¡ustedes siguen bajo la mirada inmóvil de Horus, el que vela en su Disco!
¡Libérenme de Babai, que en el día del Gran Juicio[175]
se alimenta con las entrañas de los Poderosos!
¡Dejen que yo entre en sus casas!
No cometí fraude, ni pecado alguno.
Tampoco di falso testimonio.
¡Que no me sea hecho ningún daño!
Me he nutrido siempre de Verdad y de Justicia.
Mi forma de proceder era la que dictan las buenas costumbres
y la que es aprobada por los dioses.
He alegrado a los dioses haciendo lo que ellos aman.
Yo di pan al hambriento y agua al que tenía de sed,
di vestido al hombre desnudo y una barca al náufrago;
he hecho ofrendas a los dioses y libaciones a los Espíritus glorificados.
¡Espíritus divinos!
¡Libérenme! ¡Denme protección!
¡No me acusen frente a la gran divinidad!
¡Mi boca es pura! ¡Mis manos son puras!
Hagan que, viniendo de ustedes, escuche estas palabras:
«Oh tú Alma que llegas aquí,
¡Acércate en paz! ¡Acércate en paz!».
Yo he escuchado, en verdad, las palabras de gran peso
que intercambiaban el Gato Divino y los Cuerpos Gloriosos
allá en el templo de Hapdré.

---

175 Babai o Baba es una divinidad con cabeza de cocodrilo que devoraba las almas condenadas.

Respondí a las cuestiones del Espíritu que da el veredicto
cuyo rostro está en la parte de atrás de su cabeza.
Yo he visto los sacramentos de Re-Stau:
sobre ellos el Árbol bendito extiende sus ramas.
Pedí su socorro,
conociendo los pensamientos secretos de los dioses.
Llego hasta aquí para dar testimonio de la Verdad,
con el objeto de que la Balanza sea establecida en Aukert.[176]
¡Oh tú, Señor de la corona Atefü,
cuyo nombre es «Señor de los Vientos»!
¡Tú, que desde lo alto de tu pedestal habitas,
líbrame de tus servidores cuyos decretos traen dolores
y pena y cuyos rostros están desvelados!
Porque en presencia del dios de la Verdad y la Justicia
no hice nada que no sea verdadero y justo.
He lavado mi pecho, por eso es puro.
He purificado mi espalda y mis entrañas en el Lago de Maat.
Todas las partes de mi ser
han participado de la Verdad y la Justicia.
Yo me purifiqué en el Estanque del Sur;
yo descansé en la Ciudad del Norte,
cercana a los Campos de los Saltamontes,
allí donde, en la segunda hora de la noche y en la tercera
  del día
los servidores de Ra se limpian.
Los corazones de los dioses hablan de mí,
de día y de noche: dicen: «¡Que se acerque!»,
«¿Quién eres? ¿Cuál es tu Nombre?».
«Flor de Olivo», es mi Nombre.
Saliendo del Espacio
una voz me contesta, invisible: «¡Pasa!».

---

176   Aukert o también llamado Okert, es el Mundo Subterráneo.

Mira aquí un pequeño bosque y, después, una ciudad.
Una voz me pregunta:
—*¿Qué encontraste en tu camino?*
—*Un Pie y una Pierna.*
—*¿Qué les has dicho?*
—*Alegría y calma.*
—*¿Qué te han dado?*
—*Una antorcha encendida y una tablilla de cristal.*
—*¿Qué has hecho con esos regalos?*
—*Los he enterrado, al alba cerca del lago, en medio de los*
  canales.
—*¿Qué encontraste en ese lugar?*
—*Una corona de piedra.*
—*¿Cuál es el Nombre de esa corona?*
—*Su nombre es «Libre como el Viento».*
—*¿Qué has hecho después de haber enterrado*
la antorcha encendida y la tablilla de cristal?
—*Pronuncié Palabras de Potencia, desenterré la tablilla,*
apagué la antorcha, rompí la tablilla de cristal y excavé en
  el lago.
—*Tú conoces la doble cara de la Verdad y la Justicia,*
Por lo tanto, puedes franquear la Puerta de la Sala de Maat.
El cerrojo de la Puerta me dijo:
—*No entrarás, si no me dices mi Nombre secreto.*
—*«Centro de gravedad en la Balanza de la Verdad y la Jus-*
  ticia», ese es tu nombre.
—*No entrarás, dijo la viga de la derecha,*
si no me dices mi Nombre secreto.
—*«Platillo de la Balanza que lleva la Verdad y la Justicia»,*
  ese es tu nombre.
—*No entrarás, dijo la viga de la izquierda,*
si no me dices mi Nombre secreto.

—«La ofrenda del Vino», ese es tu Nombre.

—No entrarás, dijo el Porche de la Puerta,

si no me dices mi Nombre secreto.

—«El Toro del dios Geb», ese es tu Nombre.

—No entrarás, dijo el Cerrojo de la Puerta,

si no me dices mi Nombre secreto.

—«Los dedos de los pies de tu Madre», ese es tu Nombre.

—No entrarás en la Sala, dijo el Mango de la Puerta,

si no me dices mi Nombre secreto.

—«El Ojo fuente de Vida del dios Sebek Señor de Bakjau», ese es tu Nombre.

—No entrarás en la Sala, dijo el Vigilante de las hojas de la Puerta,

si no me dices mi Nombre secreto.

—«Codo del dios Shu, protector de Osiris», ese es tu Nombre.

—No entrarás con nosotros, dijeron los dos Obreros de la Puerta,

si no nos dices nuestros Nombres secretos.

—Sus Nombres son: «Los Hijos de las diosas coronadas de Serpientes».

—Nos has reconocido ¡Puedes pasar!

—No permitiré que tus pies me pisen, dijo el Suelo de la Sala de Maat,

porque yo soy sagrado y silencioso.

Tampoco conozco los Nombres de tus dos pies

que están dispuestos a pisarme. ¡Habla pues!

—«El Cetro de Hathor», es el Nombre de mi pie izquierdo.

«El Corredor del dios Khas», ese es el Nombre de mi pie derecho.

—Me conoces. ¡Puedes pasar!

El Guardián de la Sala de la Verdad y la Justicia, dijo:

—*Yo te anunciaré si me dices mi Nombre secreto.*
—*«El que conoce los corazones*
y el que escarba las entrañas del hombre», ese es tu Nombre.
—*Te anunciaré al dios... Pero dime todavía esto:*
¿Quién es el dios que gobierna en esa hora?
¿Cuál es su Nombre?
—*«Aquel que protege las Dos Tierras», ese es su Nombre.*
—*Pero ¿quién es este dios*
que bajo su poder tiene las Dos Tierras?
—*¡Thoth, ese es el dios!*
—*Atraviesa la Puerta y acércate, dijo la voz de Thoth in-*
 visible.
—*Antes que nada, dime, ¿por qué motivos vienes aquí?*
—*Vine hasta aquí para que me anuncien.*
—*¿Cuál es tu condición? ¿Qué clase de hombre eres?*
—*Yo estoy purificado de todos los pecados.*
No obedezco a las imperfecciones de los hombres
que siguen los defectos del momento.
¡Yo no soy de ellos!
—*Te anunciaré a la divinidad*
que es protegida, si me respondes lo siguiente:
¿Cuál es el Nombre de la divinidad
que está protegida por el Cielo de Fuego,
que se encuentra rodeada por una Muralla de dioses Ser-
 pientes
y que reposa sobre la superficie de las Aguas corrientes?
¿Quién es?
—*Es, ¡Osiris!*
—*¡Atraviesa el Umbral! Sí, verdaderamente, podré anun-*
 ciarte.
¡Debes saber, pues!
El Pan de tu Comunión,

y el Vino de tu Comunión
y todas las ofrendas sepulcrales que te destinan,
¡son emanaciones del Ojo de Ra!

RÚBRICA

Componer imágenes de lo que sigue en la Sala de la Verdad y la Justicia.

Este hechizo deberá ser recitado una vez que el cuerpo del fallecido haya sido lavado, purificado y envuelto con las vendas de momia; después de haberle colocado las sandalias y cuando se le hayan untado los ojos con antimonio y todo el cuerpo con pomada «anti», y después de que se le hayan ofrecido ofrendas sepulcrales como incienso, carne, aves, pan, cerveza y también legumbres.

Enseguida se deben componer imágenes de color en una teja hecha con tierra, y ésta no puede haber sido pisada ni por cerdos ni por ningún otro animal doméstico. Si el hechizo anterior se escribe en esta teja, el fallecido y sus hijos prosperarán. Su nombre no será olvidado y se ganará el favor del rey y de sus príncipes. Y sobre el altar de la Gran Divinidad encontrará pan, vino y carne. Y no será expulsado de las Puertas del Amenti; por el contrario, accederá en compañía de los reyes de Egipto y se encontrará cerca de Osiris, de forma permanente y para siempre.

Hechizo CXXVI

Canto a los cuatro espíritus superiores

¡Salve, oh ustedes, los cuatro Espíritus poderosos
con máscaras de mono[177]
que, en la proa de la barca de Ra,
anuncian las Órdenes del Señor de los Mundos!
Ustedes son mis jueces y mis árbitros.
¡Compartan, entonces mis miserias y mis virtudes!
¡Con el fuego devorador que sale de sus bocas, calmen a los
*   dioses!*
Ustedes llevan las ofrendas a los dioses,
las comidas sepulcrales a los Espíritus santificados.
Viven y se nutren de la Verdad y la Justicia.
No conocen la Mentira ni el Mal.

Saquen, entonces, el mal de mi Corazón,
destruyan mis pecados por los cuales, en la Tierra, sufrí tan-
*   tos castigos.*
¡Borren toda mancha que se une a mi persona,
para que me sea posible llegar hasta ustedes!
¡Permítanme entrar en Ammehet,
penetrar en el Re-Stau y que pueda franquear el secreto Por-
*   tal del Amenti!*
Que me sean servidas las comidas sepulcrales
de la misma forma que le son servidas a los Espíritus glori-
*   ficados*
cuya existencia es la siguiente:

---

177   Son los Iaani, espíritus cinocéfalos, ayudantes de Thoth, maestros
de sabiduría y adoradores de Ra al amanecer.

ellos entran en el Re-Stau y salen del Re-Stau,
los cuatro Espíritus poderosos con máscaras de mono, con-
*   testan:*
«¡Ven! Porque hemos destruido tus pecados y sacado tus vicios,
que eran las causas de tus castigos en la Tierra.
Eliminamos cualquier mancha que se unía a tu persona,
¡Entra, pues, en el Re-Stau!
¡Atraviesa el Portal misterioso del Amenti!
Recibirás las comidas sepulcrales.
Entrarás y saldrás a tu antojo,
de la misma forma que lo hacen los Espíritus santificados,
cuya vida es según las prescripciones de los dioses.
Tu Nombre será proclamado todos los días
en el interior del Templo del Horizonte.

Escultura de un cinocéfalo.

HECHIZO CXXVII

CANTO A LOS DIOSES DEL KERTI

¡Salve, oh ustedes, divinidades del Kerti[178]
a ustedes habitantes del Amenti!
¡Salve, Guardianes de los Umbrales de Duat!
Que protegen a los dioses,
pronuncian los Nombres de los que llegan frente a Osiris,
levantan ante él una Barrera mágica,
glorifican a los dioses y vencen a los enemigos de Ra,
extienden la Luz y borran las Tinieblas,
que miran la grande y santa divinidad
y viven en comunión con su vida... Ustedes todos,
¡Invoquen a Aquel que habita en el Orbe solar!
Sean mis guías hasta sus Mansiones ocultas,
para que a mi Alma pueda asistir a sus Secretos;
porque yo soy poderoso e igual a ustedes.
derribé los obstáculos que se levantaban frente a mí en el
    Amenti,
y triunfé ante mis enemigos.
¡Oh tú, gran dios que moras en el Orbe solar!
¡Tú, que irresistible triunfas de tus enemigos!
Igual que tú, Osiris, Señor del Amenti,
yo triunfé sobre tus enemigos en la Tierra y en el Cielo,
¡Señor de todos los dioses y todas las diosas!
Eres poderoso junto a Aquel cuyo Nombre está oculto
y nunca es revelado a las demás divinidades.
¡Salve, Guardianes de los Umbrales! ¡Salve!
Ustedes que dan castigo a las Almas y devoran los cadáveres;

---

178   Kerti hace referencia tanto a las subdivisiones del Mundo Subterráneo, como a las divinidades que allí residen.

que guían a la Verdad y la Justicia hacia el Alma divina
que librados de todo Mal, habitan en el Akert.[179]
¡No me dejen sin su protección para que no sea aniquilado!
Ustedes que llevan la Verdad y la Justicia hasta ese Ser per-
    fecto
y misterioso que habita en el Mundo Subterráneo,
ese ser cuya Alma, igual a la de Ra, es proclamada.
¡Osiris! Enséñame el Camino,
abre las Puertas de la Mansión de Kerti, ante mí.
¡Porque ustedes son los que me hacen triunfar ante mis ene-
    migos!
¡Que el Guardián de la Puerta me enseñe las ofrendas
 que coloque en mi cabeza la corona de Nemmes,
atributo de Aquel que habita en el santuario oculto!
Es ésta la forma inmóvil de Horus
el de los dos Horizontes,
el Dueño de la Verdad y la Justicia, Alma divina,
Espíritu perfecto; sus manos son poderosas.
Grandes dioses, llenos de alegría me saludan,
y una vez glorificados, me abrazan
me dan su protección.
Mi ascenso al Cielo es igual a la de un dios.
Recorro todo el ciclo de las Metamorfosis,
obedeciendo las órdenes. Triunfo frente a los Jueces;
las Puertas del Cielo se abren frente a mí,
de la misma manera que las de la Tierra
y las del Mundo Subterráneo, igual que se abren ante el pro-
    pio Ra.
Yo digo en voz alta:
«¡Ábranme las Puertas del Cielo, de la Tierra y del Duat!
¡Yo soy el Alma viva de Osiris!

---

179   Akert, el Mundo Subterráneo.

¡Yo vivo en el seno de este dios!
¡Permítanme cruzar sin inconvenientes
todas las Regiones prescritas según la Ley divina!
¡Que los dioses me vean y me glorifiquen!
¡Ojalá, junto a ellos sea merecedor de sus favores!
¡Ojalá me sea posible avanzar y circular según mi voluntad!
¡Y que ningún pecado ni ningún vicio me sea reprochado!».

Escena del juicio del Libro de los Muertos del Papiro de
Hune-fer. El difunto Hune-fer es conducido a la sala del juicio
por Anubis. La siguiente escena es el pesaje de su corazón, con
Ammit esperando el resultado y Thoth escribiendo.
A continuación, el triunfante Hune-fer, es presentado por
Horus, a Osiris, sentado en su santuario con Isis, Neftis y los
cuatro hijos de Horus. (Dinastía XIX, hacia 1300 a.C.)

HECHIZO CXXVIII

CANTO A LA GLORIA DE OSIRIS

¡Salve, oh Osiris,
vencedor, hijo de Nut, Ser-Bueno,
primogénito de Geb, dios antiguo, Dueño del Soplo de la
*   Vida,*
gran Príncipe del Occidente y del Oriente,
señor de los secretos que siembran el terror!
Fuiste coronado en Hnemi-nesu con la corona Atef.[180]
¡Amo de la potencia del Aliento,
señor de la Sala de los ritos mágicos,
amo de todas las ofrendas y de las fiestas de Djedu!
Es así que Horus exalta en todos los rincones del Universo
a su Padre Osiris.
Isis y Neftis unen sus esfuerzos:
el Verbo mágico de Thoth santifica al Ser-Bueno;
en su pecho maduran largamente sus palabras;
salen de su boca y dan a Horus
más fuerza que a todos los demás dioses.
¡Levántate, Horus! ¡Hijo de Isis, restaura a tu Padre, Osiris,
*   en su trono!*
¡Salve, Osiris! ¡Mira! ¡Yo me acerco a ti!
¡Soy tu hijo Horus que restituye toda tu Potencia divina!
A partir de este momento yo vivo, en verdad,
de las ofrendas sepulcrales de Osiris.
.¡Levántate Osiris, pues yo triunfé ante tus enemigos!
¡Te he vengado!
Yo soy, en verdad, el dios Horus de este día de hoy.

---

180   Hnemi-nesu es otra forma de referirse a Heracleópolis. Atef era la corona del Alto Egipto.

A medida que me levanto bajo los rasgos de mi Alma,
esta Alma te glorifica frente a los dioses que están alrededor
  de ti.
¡Salve, oh Osiris! ¡Mira aquí a tu Doble que llega frente a ti!
Tú te encuentras en paz, en tu Nombre de Ka-Hotep.
Yo soy Horus que te glorifica en tu Nombre de Espíritu san-
  tificado.
Yo te adoro en tu Nombre de Pehu
te abro el camino en tu Nombre de Upuaut.[181]
¡Salve, oh Osiris! ¡Aquí estoy ante ti!
Pongo entre tus manos a tus enemigos traídos de todas partes.
Mira aquí que recibes tu Cetro y tu Pedestal,
que tus pies aplastan al caminar.
Tú llevas a los dioses su alimento espiritual
a los que están en las tumbas les haces llegar ofrendas sepul-
  crales.
¡Oh dios poderoso! ¡Tu inmenso poder
ha quedado en las manos de los dioses por ti creados!
Tú habitas en los Cuerpos Gloriosos
reúnes tus atributos desparramados entre todas las divini-
  dades.
Tú escuchas la Voz de la Verdad y la Justicia
el día de las ofrendas,
en las fiestas de Ugá.

---

181   Upuaut, también conocida como Upuat, era una divinidad que
tenía forma de chacal y que se encargaba de despejar los caminos.

Hechizo CXXXIX[182]

¡Salve, oh Atum!
¡Obsérvame! Yo soy en verdad, Thoth.
¡El árbitro entre el combate de Seth y Horus!

Por mí, al fin su lucha acabará;
tomaré su furia y terminaré con las devastaciones
que su guerra ha ocasionado.

Es así que golpeo y rechazo al pez Andu.
En lo que respecta a él, he cumplido tus órdenes.
Me he acostado en la tumba,
en medio de las acciones de mi vida pasada;
desde ahora, ya no tendré más obstáculos.

Es así que llego hasta el templo del dios Uhem-Hra,
donde tú me contemplas en silencio.
Comunico a este dios las órdenes de los dioses antiguos.
Yo puedo, en verdad, servir de guía a los dioses inferiores.

---

182   Repetición del Hechizo CXXIII

Hechizo CXXX

A fin de perfeccionar
a los espíritus glorificados

¡Observen! Abiertos están el Cielo y la Tierra,
el Oeste está abierto, el Este está abierto,
está abierta la mitad del Cielo del Sur
está abierta al mitad del Cielo del Norte.
Abiertas de par en par se encuentran las Puertas,
tienen corridos los cerrojos los Portales
es así que Ra aparece en el horizonte.
La doble Puerta es abierta por la barca Sektet,
el Portal es abierto por la barca Mandjit;
él respira el Orden divino de los Mundos.
Es así que surge el dios Shu, creador de Tefiut;
los servidores de Osiris forman el cortejo de Ra.
En cuanto a mí, yo empuño mi lanza de hierro
como Horus, accedo por la fuerza en los santuarios.
Me dirijo hasta los lugares donde los Secretos se celebran.
Purifica con sus libaciones mi capilla el mensajero del dios
*   que me ama.*
Me acompaña la Verdad y la Justicia.
Para consolidar mi santuario recibí cuerdas.
Me horrorizan las tempestades.
¡Que no se acerque a mí la inundación!
¡Que frente a Ra no sea rechazado!
¡Que no me obliguen a volver atrás en mi marcha!
¡Miren! ¡Miren aquí los actos de mi vida anterior en la Tie-
*   rra!*
¡Los llevo en mis brazos!
¡No me obliguen a vagar por el Valle de las Tinieblas!

¡No me hundan en el Lago, mansión de los Perversos,
ni me dejen abandonado junto con los condenados!
¡Que mi alma no sea arrastrada o cautiva por los demonios!
¡Que no me permitan volver el rostro frente al cadalso de
*   Sepdú![183]*
¡Alabados sean oh ustedes, Espíritus planetarios
de la constelación de la Cadera!
Ustedes, oh cuchillos divinos de los Secretos,
Ustedes, los de los dos Brazos divinos
que alumbran y regocijan al Universo
guían según los Ritmos de las Épocas,
a jóvenes y viejos.
¡Contemplen! ¡Aquí está Thoth, Señor de los Secretos!
Comienza con las libaciones ante el Amo de los Incontables
*   Años,*
despeja el camino a través del Firmamento.
Thoth es el que inmoviliza los vientos y los encierra en sus
*   fortalezas.*
Mira aquí que yo, Osiris, arribo a mi Morada eterna.
¡Oh ustedes Espíritus divinos,
alejen de mí la miseria y los pesares!
Que mi persona sea de agrado de Ra.
¡Permítanme llegar hasta él!
¡Que me otorgue una barca de aspecto firme
para navegar sin temor y regocijo!
¡Que Thoth llene de gozo mi corazón!
Entonces yo alabaré a Ra y mis palabras serán escuchadas
*   por él.*
Él apartará los obstáculos que mis enemigos
siembran en mi camino.

---

183   Sepdú hace referencia a varias divinidades así llamadas, unas con cabeza de león y otras con cabeza de ibis.

¡Que mi navegación no sepa de naufragios!
¡Que no me fuercen a retroceder en mi camino!
Pues, verdaderamente, ¡yo soy en la medida en que Ra-Osiris
es!
Por esta razón mi barca no teme a los naufragios.
Aquí tienen a un Espíritu planetario,
cuyo Rostro alumbra igual que la Constelación de la Ca-
dera;
su mirada se posa sobre mí
ya que el Nombre de Ra habita en mi Corazón,
de mi boca emana mi Forma espiritual.
Verdaderamente, Ra escucha mi Palabra de Potencia cuando
yo hablo.
Ra, ¡que seas glorificado, tú que reinas en el Horizonte!
¡Tú, que con tus llamas limpias a los Seres de Luz!
En el Cielo, tú tienes el máximo poder
en el instante en que el enemigo va a atacarte.
¡Mírame aquí! ¡Aquí estoy para establecer el Orden Cós-
mico![184]
Ya que el demonio Apofis ha dañado este firmamento gris
que protegía el mundo del Amenti;
a través de los inventos y de las tormentas
ha penetrado en él a pesar de los contraataques
del poderoso dios de la cabeza de León
¡Depende de mí la restauración del Orden de los Mundos!
¡Escuchen, pues, oh dioses
ustedes que ocuparon sus Tronos majestuosos!
Aquí estoy ante las Jerarquías celestes
libero para siempre a RA del dragón Apofis.
¡Yo cuido! ¡Yo cuido!

---

184   Una de las primeras manifestaciones de la doctrina, según la cual
el Hombre es la clave del Cosmos.

¡Verdaderamente, el Dragón no podrá nunca acercarse a él!
Yo sabré apoderarme
de los signos mágicos que el demonio colocó ante mí.
¡No me faltarán las comidas sepulcrales!
La potencia mágica, resultado de los actos de mi vida ante-
* rior,*
me será dada por Thoth.
En la barca celeste haré circular la Verdad y la Justicia.
Estableceré las jerarquías celestes por incontables años
y triunfaré en medio de ellas.
Los dioses me indican el camino;
y me acogen con gritos de alegría, recibiéndome en su barca
* celestial.*
Los Príncipes divinos que rodean a Ra se ponen detrás de mí.
En verdad, ¡soy dichoso!
Reina el orden divino. Es glorificado el Amo del Universo.
La diosa Maat llega frente a su Señor y Dios.
Yo recibo en mis manos el arma sagrada y atravieso el Cielo.
Me glorifican los Seres de Luz;
porque es inmensa mi actividad e ignoro el descanso.
El mismo Ra le da a mis hazañas
el tributo de sus alabanzas; porque yo hice cuanto pude
para aplacar las consecuencias de los desastres de otros tiem-
* pos.*[185]
En este momento miro a mí alrededor y me siento compla-
* cido.*
Ahora abandono los remos,
mi barca, irresistible como el Sol al amanecer,
por la vasta extensión del Cielo, se desliza.
Thoth, el gran dios, me conduce al medio de su Orbe;

---

185   Esto es una clara alusión a las catástrofes cósmicas que tuvieron
lugar en la guerra del Alto Egipto.

me coloco en la barca de Khepri
con la que recorro el ciclo de las Metamorfosis.
Hablo, y enseguida mi Verbo mágico se vuelve acción cumplida.
Me adelanto, recorro el Cielo.
Ahora llego frente al Amenti.
Shu se alegra de verme,
los Espíritus de Fuego se acercan a mí.
Se apoderan y conducen la barca
en el lugar en que Ra y su comitiva toman lugar.

Entonces Ra avanza,
su vista cae sobre mí, Osiris, y ordena:
«¡Que la Paz sea con él! ¡Que la Paz sea con él!
¡Que no sea rechazado!
¡Que no sea arrebatada la Llama que en este momento le
    sostiene!
¡Que la tempestad que brota de tus fauces, demonio,
no se vuelva contra él!
¡Que evite los senderos amenazados por los Espíritus del Mal
con cabeza de Cocodrilo! ¡Esos por los que siente espanto!
¡Que no puedan acercársele!».
Ahora subo a la barca de Ra. Me conceden tu Trono los dioses,
¡oh Ra! También tu Cuerpo Glorioso.
Yo recorro tu ruta y rechazo, al amanecer,
al demonio Nebt que se esconde detrás de un anillo de llamas
y, en un angosto y largo corredor, me ataca de improviso.
Yo he sido prevenido con antelación de los peligros
que me aguardaban, así es que me ubico en tu barca,
oh Ra, y recibo las ofrendas que me son debidas.

RÚBRICA

Este hechizo deberá ser enunciado en un sitio de ritual puro, sobre un barco de Ra pintado con variados colores. La estatuilla que presenta el fallecido debe ser colocada en la proa de este barco y se debe pintar la barca «Sektet» a estribor, y la barca «Madjit» a babor. El día del aniversario de Osiris, se les entregarán ofrendas líquidas y sólidas. Estas ceremonias harán revivir el alma del fallecido y la harán durar eternamente. No experimentará, entonces, la segunda muerte.[186]

Observamos que la redacción salta a las siguientes líneas, inmediatamente después: *el fallecido participará de los misterios del Duat y será iniciado en los misterios del Mundo Subterráneo.*

En los tiempos del rey Hesepti, este hechizo se encontraba en la gran sala del Templo; había sido encontrado años atrás en la gruta de una montaña.

Horus en beneficio de su padre, Osiris, el Ser-Bueno, fue quien elaboró las Palabras de Potencia de este hechizo.

Cuando Ra mira el cuerpo y los miembros momificados del fallecido, el espectáculo que se ofrece a sus ojos es este: ve el cuerpo bajo el aspecto de un gran panorama de las Jerarquías divinas.[187] Es grande el horror, es grande la angustia que produce esta visión a los hombres, a los dioses, a los Espíritus santificados y a los condenados.

---

186   Esta segunda muerte sería la pérdida total de la conciencia en el fallecido.

187   Es una imagen esotérica, pese a su realismo.

El fallecido será unido, eternamente, a su alma; no morirá en el Mundo Subterráneo por segunda vez; no le sucederá ningún contratiempo durante el ritual del Peso de las Palabras.[188] Triunfará frente a sus enemigos y encontrará sobre el altar de Ra todos los días, eternamente, sus ofrendas sepulcrales.

Mehet, Mehet-Weret o Mehturt, es una deidad del cielo en la antigua religión egipcia. Su nombre significa "Gran Diluvio".

---

188   Es decir, el juicio de Osiris.

Hechizo CXXXI

A fin de quedarse al lado de Ra

Yo soy Ra y mi luz envuelve la Noche.
Todo hombre que le sigue,
sigue a Thoth y participa de la Vida eterna.
Será igual a Horus
que, adornado con una corona, recorre la Noche.
Yo soy uno de esos Seres cuyos amigos
fueron destruidos por el Príncipe de los dioses, y mi corazón
*   se alegra.*
Recorro la ruta junto a Ra, recibiendo su arma de hierro.
Es así que vengo hacia ti, ¡Oh Ra, mi Padre divino!
Llego con los rayos de Shu e invoco a la diosa poderosa.
Yo soy la continuación del dios Hu.
A través de mi presencia aparto al demonio Nebt
del camino de Ra. Yo soy un Espíritu santificado.
Llego hacia los confines extremos del Cielo
donde habita el Príncipe de los dioses.
Encontré a la poderosa diosa.
Yo reanimé tu valor,
para que mi Alma viva
por el poder y el terror de tu Nombre.
Porque cuando en el Cielo se escucha la voz de Ra;
¡El que aquí da las órdenes soy yo!
¡Salve, oh gran divinidad en el Oriente del Cielo!
¡Permíteme ocupar un lugar en tu barca!
¡Permíteme bajar hasta ella planeando
bajo las plumas de un Halcón divino!
¡Permíteme que pronuncie las palabras de mando!
¡Es sí que golpeo con fuerza y me hago dueño de mi viña!

Permíteme, pues, subir a tu barca en paz,
¡oh Ra! Y navegar en paz por el bello Amenti.
Ahora Atum me dirige la palabra y dice:
«¿Quieres entrar? Como la diosa Mehen,[189]
su duración es de incontables años, sí, ¡muchísimos e incon-
tables años!
Vive en Urt cerca del Lago de los Incontables años.
Mira aquí que los ejércitos del Cielo
están en marcha junto a la diosa y los dioses que la rodean.
El dios del fraccionamiento del Universo también está al
lado de ella».
Yo digo: «Cualquiera que sea el camino que se tome,
durante los incontables años que vendrán,
por todas partes no se descubrirá sino a Ra, nuestro Amo y
Señor.
Su camino es el camino del Fuego
y tras él marchan todos los Ejércitos del Cielo».

**Mehen, rodeando a Ra en forma de hombre
con cabeza de carnero, en su Barca Solar.**

---

189   Mehen es la diosa-serpiente que protege a Afu-Ra en su Barca,
antes del viaje nocturno al Duat.

HECHIZO CXXXII

A FIN DE REGRESAR A LA TIERRA
Y VOLVER A VER SU CASA

Yo soy el dios León.
A grandes zancadas atravieso el Cielo.
Es así que tenso mi arco y mi presa es abatida.
Ahora llego ante los canales,
 paso a través del Ojo de Horus.
En realidad, ¡yo mismo soy el Ojo de Horus![190]
¡Oh dioses! ¡Permítanme que avance en paz!

El sol alado en el techo de
la entrada del templo de Ramsés III.

---

190 Al atravesar el ojo de Horus el fallecido se identificaba con él.

Hechizo CXXXIII

A fin de perfeccionar al
espíritu glorificado del fallecido

Es así que Ra aparece en el Horizonte
que, al salir de las regiones misteriosas,
le siguen los dioses y aplaca el hambre del Cielo Oriental.
El Verbo de Potencia de la diosa Nut
prepara la vía a este Príncipe de los dioses,
ahora se yergue en su santuario.
Tú hueles el aire fresco, aspiras los vientos del Norte,
das alimentos a tus pulmones.[191]

El día que respiras siguiendo la divina Ordenanza.
Es así que tú hundes a la multitud que está alrededor de Ra
y bogas en la barca de Nut.
Obedecen tus órdenes los Príncipes de los dioses,
mientras tanto tú recoges tus huesos
y cuentas tus miembros desparramados.

Te diriges hacia la bella Amenti,
apareces en ella y tu Forma, día a día se vuelve más joven.
Bañada en la radiación del Disco solar
ahora resplandece como una estatua de oro.
Cada día que pasa, en realidad,
tu imagen se hace más bella y más joven.

Suben gritos de alegría desde el horizonte;
en el cordaje de tu barca se los oye vibrar.
Como si fuera el mismo Ra

---

191   La expresión literal sería a tu caja torácica.

me miran con admiración los dioses del Cielo.
Su Amo va en busca de la corona Ureret.[192]

Me encuentro solo junto a los dioses que rodean a Ra,
pero me siento fuerte por mi misma soledad,
yo soy tan vigoroso como Ra sobre la Tierra y en el Mundo
    Subterráneo.
¡Yo no permaneceré, en verdad, muerto ni pasivo!
Es así que mis dos ojos ya tienen toda la fuerza de antes
y que con mis dos orejas
escucho las Armonías de la Ordenación divina.
Igual que Ra navegó en el Océano celeste.

No repetiré nunca lo que he oído;
a nadie contaré lo que vi en los lugares de los Secretos.
Es así que con gritos de alegría
me saludan, e igual que un triunfador recorro el Océano ce-
    leste.

Yo soy el Halcón divino. Según quieren los dioses,
los Espíritus que me rodean traen la Paz celestial a mi Do-
    ble etéreo.
Muchas y variadas, hasta el infinito,
son mis Metamorfosis ante el Halcón de Oro.

RÚBRICA

Este hechizo debe ser enunciado sobre un barco largo, de
cuatro codos[193] aproximadamente, construido con porcelana

192   La Ureret es la corona real de Ra.
193   El codo egipcio (el meh) medía unos 0,45m y el codo real egipcio
medía unos 0,523m.

verde y decorado con pinturas de las imágenes de los Espíritus y guardianes de las ciudades. Además, se debe pintar un cielo estrellado. Con incienso y con natrón, será purificado.

Se debe esculpir en una piedra «Meth» nueva, una imagen de Ra y ponerla en la proa del barco. De la misma forma, se debe colocar en él una imagen del fallecido amado, para que alcance la perfección, pueda recorrer el Cielo en la barca de Ra y pueda contemplarle él mismo en persona.

Ninguna mirada humana debe descubrir estos objetos sagrados, solamente tú mismo, tu padre y tu hijo. ¡Cuídate muy bien de eso!

Gracias a esto, el fallecido alcanzará, en el seno de Ra, una gran perfección. Será gigante su poder entre los dioses que lo rodean; éstos lo considerarán como semejante a ellos. Y si los hombres que habitan en la Tierra, o los Muertos del Más Allá le hallan en su camino, tendrán que arrodillarse ante él, porque aparecerá en el Mundo Subterráneo coronado con una radiación, enteramente igual que Ra.

Hechizo CXXXIV

A FIN DE PERFECCIONAR
AL ESPÍRITU GLORIFICADO DEL FALLECIDO

¡Salve, oh dios! Que brillas y resplandeces
de pie en tu santuario. Tú das la alegría
de los incontables años, a los que te aman.
Tú haces que terminen, según tu deseo,
las muchas Metamorfosis en la barca de Khepri y de los Se-
res de luz.
Has derribado al demonio Apofis.
Y ustedes, oh hijos de Geb, ¡derribarán a mis enemigos!
Sentados en la barca de Ra ¡ustedes lo destruirán!
¡Horus cortará sus cabezas! Ellas se convertirán
en el Cielo, como otros tantos pájaros que revolotean.
Sus partes inferiores se parecerán a animales de la Tierra,
y a peces en los Lagos.
Todos los demonios, en verdad, machos o hembras,
yo los destruiré: a los que recorren el Cielo,
a los que habitan la Tierra y también a los que alcanzan las
Estrellas.
Es así que Thoth, hijo de Aner,
sale del Amenti mientras yo le miro hacer, silencioso y mudo.
¡Ojalá este dios poderoso, gran degollador,
espanto de los demonios, pueda destrozarles,
triturarlos, barrerlos de la vida!
¡Que él se purifique en la sangre de ellos!
¡Que se tome un baño en la sangre de los Demonios Rojos!
Él los destruirá a todos ustedes, oh demonios,
atacándolos desde su asiento en la barca de Ra, su Padre.
¡Deben saber que yo soy Horus, nacido en Isis!

Me ha alimentado Neftis con su leche.
De la misma manera que esas diosas trajeron al mundo
y alimentaron a Horus, el que destruye a los demonios, alia-
*   dos de Seth.*
¡Ah! Cuando observen en mi cabeza la corona de Ureret,
¡pondrán sus rostros contra el suelo y me adorarán!
Los hombres y las mujeres, los dioses y los muertos,
los Espíritus glorificados, ¡todos me miran a mí, Horus,
con la corona Ureret en la cabeza!
¡Y me adoran y caen con el rostro en el suelo!
Porque, en realidad, ¡yo vencí a mis enemigos
en el Cielo superior y en el Cielo inferior
frente a las Jerarquías divinas, frente a dioses y diosas!

RÚBRICA

Este hechizo debe ser enunciado sobre la imagen de un Halcón, adornado con una corona blanca, y sobre las imágenes de los dioses Atum, Shu, Tefnut, Geb, Nut, Osiris, Isis, Seth, y Neftis. Sobre una piedra sin labrar «Meth» y pintadas de color amarillo, se deben colocar estas imágenes en el interior de una «barca del Sol», junto a una figurita del fallecido que se quiere glorificar. Hay que untar todos estos objetos con aceite de cedro, quemar incienso y asar aves. Todo esto es un acto de veneración hacia Ra en el transcurso de su navegación.

Cumplidos estos actos, el fallecido estará con Ra todos los días, y lo seguirá por todas partes a donde este dios se dirija; y realmente, continuamente y eternamente destruirá a sus enemigos.

Hechizo CXXXV

A fin de pronunciar durante la luna nueva

Yo, Osiris, domino a las Tempestades del Cielo.
Rodeo con vendas y doy fuerza a Horus,
el Dios-Bueno, en forma continua.[194]
Yo cuyas Formas son diversas y múltiples,
recibo las ofrendas en las horas que fija el Destino.
Ante mi rostro están las Tempestades inmovilizadas.
Es así que llega Ra, y cuatro divinidades superiores lo acom-
pañan.
Todos recorren el Cielo en la barca solar.
Yo, Osiris, parto para mi viaje
en el momento fijado por el Destino.
Sobre el cordaje de la barca solar,
comienzo mi nueva existencia.

Rúbrica

Si está al tanto de este hechizo, el fallecido llegará a ser un Espíritu glorificado en el Mundo Subterráneo; no morirá por segunda vez y sentado a los pies de Osiris recibirá su alimento.

Si conoce este hechizo, el fallecido, durante sus peregrinaciones, llegará a ser en la tierra igual a Thoth; los vivos lo venerarán y llegado el momento no lo eliminarán a las Llamas Reales de la diosa Bast, sino que esta princesa poderosa le hará prosperar grandemente.

---

194   Aquí Horus, momificado, es identificado con Osiris.

HECHIZO CXXXVI

A FIN DE CIRCULAR EN LA BARCA DE RA

¡Oh ustedes, espíritus estelares de Heliópolis!
¡Y ustedes, Seres luminosos de Kher-Aha![195]
¡Observen! ¡Acaba de nacer un dios!
Las amarras de su barca celeste están completas.
Aquí me ven que tomo los remos.
Verdaderamente, yo soy lo suficientemente poderoso
como para manejar las armas de combate de los dioses.
Mírame aquí que yo desato la barca de Ra y penetro en el
*   Cielo.*
Yo voy por los canales y llego ante Nut.
Junto a Ra navego bajo la forma de Espíritu con máscara
*   de mono.*

Verdaderamente he alejado
los males que amenazan ya a los Mundos:
la limitación del Cielo y la Escalera del dios Sebagú.[196]
Aquí tienen a los dioses Geb y Nut contentos.
No dejan de repetir mi Nombre,
por mí, un recién venido al cielo.
Por mí, el Ser-Bueno rejuvenece;
Ra vuelve a aparecer en todo su esplendor;
el dios Unti recobra el poder de la palabra,
el dios de las inundaciones, Bahú, es el primero entre los
*   dioses.*

---

195   Kher-Aaha es una ciudad situada bajo el emplazamiento de Fustat, el Viejo Cairo de hoy.
196   Sebagú o Shbaghú hace referencia al planeta Mercurio.

Verdaderamente, los desgraciados
que no habían conocido la felicidad en vida la conocerán
*   ahora.*
Los lamentos no se oyen más.
Por todas partes se sienten los fuertes actos de la Jerarquía
*   celeste.*
¡Yo te amo, Alma divina, cuyo mágico poder
sobrepasa la fuerza de los dioses del Sur y del Norte
en todo el brillo de su esplendor!
¡Ojalá pueda crecer y magnificarme en el Cielo
como tú lo haces entre los dioses!
¡Para estos debes liberarme de todas las amenazas de los de-
*   monios!*
¡Fortifica mi corazón!
¡Haz que pueda ser fuerte con la misma fuerza de todos los
*   dioses,*
todos los Espíritus santificados y todos los muertos!
¡Verdaderamente, sí, soy fuerte con todas las fuerzas!
¡Yo soy el Señor de la Justicia divina
cuyas riendas tiene la diosa Uadjit![197]
¡Las mismas fuerzas que me protegen
y viven desde los confines de los Mundos,
protegen a Ra e su Cielo!
Que mi Viaje se realice en paz, ¡oh RA!
Despeja la Vía a tu barca celeste
pues el poder que me protege
es el que te protege a ti, ¡oh Ra!
Al Cielo llego igual que un dios vengador,
soy Horus Khuti, Amo de los dos Horizontes.
Yo restablezco para Ra el orden de las Moradas del Cielo
los dioses se regocijan cuando yo rechazo a los demonios.

---

197   Uady era una diosa-serpiente del Bajo Egipto.

El demonio Nebt será incapaz de aproximarse a mí;
no podrán destruirme los Guardianes de los Umbrales.
Ya que soy un dios lleno de secretos con el rostro oculto,
propuesto para el santuario del Gran Templo.
Yo vengo e informo a Ra acerca de las palabras de los dioses
según las palabras del mensaje, imploro a mi Señor.
Verdaderamente, estoy lleno de vigor;
yo recibo mis ofrendas en el tiempo que me ha fijado el Des-
tino.

RÚBRICA

Este hechizo será enunciado sobre una imagen que represente al fallecido y puesta en el interior de un «barco de Ra». El que lo recite deberá, con antelación, lavarse y purificarse ritualmente. Comenzará por quemar el incienso frente a Ra; enseguida ofrecerá ofrendas de pan, vino y aves asadas destinadas al viaje del fallecido en la barca de Ra.

Todo Espíritu glorificado para quien se haya realizado esta ceremonia podrá quedarse entre los que «viven»; nunca podrá ser destruido, disfrutará de la presencia de una divinidad sagrada. El Mal nunca podrá llegar a él; será igual que un Espíritu perfecto que ha sido santificado en el Amenti; no podrá morir por segunda vez. Comerá sus alimentos todos los días en presencia de Osiris; podrá moverse junto a los reyes del Norte y del Sur, todos los días; podrá apaciguar su sed en los manantiales. Saldrá, al igual que Horus, en dirección a la plena Luz del Día; podrá vivir y podrá llegar a ser semejante a un dios; será alabado e invocado por los vivos igual que Ra.

Hechizo CXXXVII

Mientras se enciende el fuego en el mundo subterráneo (Papiro Nebseni)

Mira aquí que el Ojo deslumbrante de Horus,
luminoso como Ra, aparece en el Horizonte.
Sus movimientos están llenos de armonía,
él ha destruido la triple dominación de Seth.
Pues él ha decretado que Seth será traído y juzgado,
que las llamas que devoraron el Ojo divino
serán dirigidas contra él.
Así viene, entonces, esta Llama regeneradora,
¡que yo puedo adorar!
¡Que establezca su reino alrededor de Ra,
 de acuerdo con las voces de tus dos Hermanas,
 el ordenamiento divino!
¡Oh Ra! En verdad, el Ojo divino de Horus,
¡está vivo! ¡Está vivo!
Está vivo en el santuario del Gran Templo.
Su nombre es «An-Maut-f».

Hechizo CXXXVIII

Mientras el fallecido entra en Abydos

¡Salve, oh dioses que habitan en Abydos!
¡Y ustedes, Jerarquías divinas que están reunidas en esos lugares,
vengan a mi encuentro!
¡Miren y pónganse contentas!
Aquí tienen a Osiris, mi Padre divino.
Yo he sido juzgado ante su Tribunal.
He penetrado en su Santuario, verdaderamente,
yo soy Horus, amo de Egipto y Señor del Desierto Rojo;
pues me he apoderado de este país.
¡Nadie puede sobrepasar a Horus en poder!
¡El miedo hacia su Ojo divino amedrenta a sus enemigos!
Verdaderamente, él ha vengado a su Padre divino
y ha podido detener la inundación que provocó su Madre.
Él ha vencido a sus enemigos, destruido el desorden
y la violencia, reducido a la impotencia al demonio Nebt,
él, Horus, Señor de un sinnúmero de pueblos.
¡Príncipe de las dos Tierras!
Mira aquí que por mandatos
logra tomar posesión del Dominio de su Padre.
Luego del Juicio de la Balanza,
¡mi Palabra ha sido hallada justa y verídica!
Yo he reducido a mis enemigos
y descubierto todos sus ardides dirigidos contra mí.
Verdaderamente estoy protegido por mi fuerza,
pues yo soy el hijo de Osiris;
mi Cuerpo es protegido por mi Padre con fuerza milagrosa.[198]

---

198   Alusión a la identidad de Osiris fusionada con la del mismo fallecido.

HECHIZO CXXXIX[199]

A FIN DE ENTRAR EN EL GRAN TEMPLO

¡Salve, oh Atum!
¡Obsérvame! Yo soy en verdad, Thoth.
¡El árbitro entre el combate de Seth y Horus!

Por mí, al fin su lucha acabará;
tomaré su furia y terminaré con las devastaciones
que su guerra ha ocasionado.
Es así que golpeo y rechazo al pez Andu.
En lo que respecta a él, he cumplido tus órdenes.

Me he acostado en la tumba,
en medio de las acciones de mi vida pasada;
desde ahora, ya no tendré más obstáculos.
Es así que llego hasta el templo del dios Uhem-Hra,
donde tú me contemplas en silencio.

Comunico a este dios las órdenes de los dioses antiguos.
Yo puedo, en verdad, servir de guía a los dioses inferiores.

---

199   Repetición del Hechizo CXXIII

Hechizo CXL

A fin de recitar cuando
el ojo divino está en su punto culminante

¡Observen, un dios poderoso se eleva en el Horizonte!
Mira aquí que Atum se muestra Rodeado de nubes con olor.
Todo el Cielo, miren, está abrasado por las irradiaciones
de los Espíritus santificados.
La alegría y el regocijo reinan en el templo de los pilones,
ya que yo aparezco en medio de los dioses.
Mi Forma se asemeja a la de los otros dioses.
En este instante estallan gritos
y enseguida se oyen con más vigor.
En el mundo Subterráneo, en los santuarios, reina la alegría.

Se reciben con veneración los decretos de Atum y de Horu-
*   Khuti,*
pues es orden de su Majestad,
dirigida a las divinas Jerarquías de su séquito:
«¡Que el Ojo divino se aproxime a sus miembros!
¡Que su brazo se vuelva poderoso
para que realice los decretos de dios!».
Verdaderamente, el Ojo divino resplandece
en medio del Rostro durante la larga Noche,
durante la Cuarta Época de la Tierra.[200]
Y hasta el fin de la segunda subdivisión de la Época.
Entonces, frente a las Jerarquías Celestes,
la Majestad del Ojo divino se muestra en todo su esplendor.
Su Majestad es luminosa como lo era antes,

---

200   La cuarta época de la Tierra es la época semejante al Kali-Yuga, de
la tradición hindú.

cuando todas las divinidades eran a la vez al alba de los
  Tiempos:
Ra, Atum, Shu, Geb,
Osiris, Seth, Horus, Mentha, Bahú, Thoth,
Naú, Djetta, Nut, Isis, Hathor, Neftis, Merti, Maat, Ampú,
Tamesdjetta, el Alma y el Cuerpo de Ra.
Ésta es la lista que recita Udyat frente al Señor de la Tierra.
Está completa; los dioses se regocijan,
ahora, sus brazos permanecen inactivos.
Los dioses dicen, durante las fiestas:
«¡Salve, oh Ra, que entre tu numeroso séquito
tú eres el navegante! ¡Verdaderamente, Apofis está vencido!
¡Salve, oh Ra, tú que te manifiestas
bajo todas las Formas del Devenir universal!
¡Salve, oh Ra, que vences a tus enemigos!
¡Sea tu Nombre santificado!
¡Salve, oh Ra, que destruyes a los Hijos de la Revuelta!».

RÚBRICA

Este hechizo debe ser enunciado sobre un amuleto de Udyat[201] fabricado con lapislázuli verdadero, o con piedra «Mac» adornada con oro. Y frente a este amuleto se pondrán ofrendas puras y hermosas durante el último día del segundo mes de la estación «Pert», justo en el mismo momento en que aparece Ra.

Se debe fabricar otro amuleto de Udyat con jaspe y ubicarlo sobre cualquier parte del cuerpo del fallecido que se desee. Cuando este hechizo se recite frente a un «barco de

---

201   Udyat es el ojo de Horus.

Ra», el fallecido será capaz de moverse en compañía de los dioses; se transformará en uno de ellos y resucitará en el mundo Subterráneo.

En el mismo momento en que se recite este hechizo y cuando se coloquen las ofrendas frente a Udyat, mientras este se encuentre en su apogeo, serán encendidos, en los altares para Ra-Atum, cuatro fuegos, del mismo modo que otros cuatro para Udyat y, en fin, cuatro más deberán de ser encendidos en honor a los dioses mencionados antes.

Deben dejarse en cada uno de los altares, además, cinco panes, incienso y carne asada.

Aker es un dios de la Tierra y del horizonte.

HECHIZOS CXLI Y CXLII[202]

A continuación, comienza aquí el hechizo que deberá recitar o bien un hijo en beneficio de su padre, o bien un padre en provecho de su hijo fallecido. Deberá recitarse con motivo de las fiestas del Amenti, con el fin de hacer que el fallecido se vuelva perfecto, tanto en el seno de Ra como en medio de los dioses entre los cuales habitará.

Esta recitación deberá ser realizada en el noveno día de las fiestas.

Hay que decir:

¡Aquí tienen las ofrendas: pan, cerveza,
carne, aves, asado, incienso encendido.
Están destinadas:

a Osiris, Príncipe del Amenti;
a Ra-Harakhte, a Nu, a Maat, a la barca de Ra y a Atum;
a la Gran Jerarquía de los dioses y a la Pequeña;
a Horus, Dueño de la corona Ureret;
a Shu, a Tefnut, a Geb, a Nut, a Isis, a Neftis;
a los templos de los múltiples Ka del Señor de los Mundos;
a los circuitos y a las revoluciones celestes
que sostienen el Orden divino;
a Augert que está en su sitio habitual;
al Egipto del Norte y del Sur y a los Cuerpos gloriosos de los
    dioses;
a la venerada diosa de la caballera rojiza;

---

202   Estos hechizos forman un solo bloque que puede ser dividido en dos partes: la primera, referente a los nombres de los dioses asociados a Osiris, y la segunda a los nombres que recibe el propio Osiris.

a la diosa, amiga de la Vida, cuyos cabellos flotan al viento;
a la diosa cuyo nombre poderoso se manifiesta en sus ha-
    zañas,
al Toro sagrado, esposo de la Vaca divina;
al poder bienhechor del bello Timón
que brilla en el Septentrión del Cielo,
al poder bienhechor del Timón del Cielo Occidental
que cumple su circuito y que sirve de guía de las dos Tierras;
al dios de la Luz, en medio del Templo repleto de estatuas
    de los dioses
que es el Timón bienhechor del Cielo oriental;
a Aquel que mora en el Templo de los Espíritus Rojos,
que es el Timón bienhechor del Cielo Meridional;
a Mestha, Hapi, Duamutf y Kebhsennuf;
a los Templos de la Tierra de Egipto,
la del Norte y la del Sur;
a Sektet y Mandjit, las dos Barcas del Sol;
al dios Thoth;
a los dioses del Sur, del Norte, del Este y del Oeste;
a los dioses de la Cadera del cielo;
al dios de las ofrendas sepulcrales;
al dios del gran Santuario;
al dios del templo de Fuego;
a los dioses de las necrópolis,
a los dioses de los dos Horizontes;
a los dioses de los campos,
a los dioses de la hierba y de la vegetación,
a los dioses de los panes de trigo;
a los Espíritus de los caminos del Sur,
del Norte, del Este y del Oeste;
a los Espíritus-guardianes de las Puertas del Duat;
a los Espíritus-guardianes de los Pilones del Duat;

a los Espíritus-guardianes de las Puertas de los Misterios;
a los Espíritus de rostros ocultos que cuidan los cruces de los
  caminos;
a los Espíritus-guardianes de los que se quejan y ruegan;
a los Espíritus-guardianes de los sepulcros
que se hallan a los costados de las montañas,
lugar de gozo y alegría para los fallecidos;
a los Seres deslumbradores que avivan el fuego;
a los Seres que merodean alrededor de los altares humeantes;
a los Seres que alivian el fuego llameante en el Amenti.

* * *

A Osiris, el Ser-Bueno Señor de la Vida,
señor del Universo y Amo del Templo de Abydos;
a Osiris, dios Saa y dios Orión,
señor de los Templos del Sur y del Norte,
cuyo dominio se expande sobre incontables años;
a Osiris-Ptah, Señor de la Vida, Bati-Erpit,
príncipe del Re-Stau, que habita en las Montañas-necrópo-
  lis;
a Osiris que mora en Anti, Sehtet, Nedjeft,
en Resú, Pe, Neterú, Saú, Baket, Sonnu,
en Rehenenet, Aper y Kefdenú.
A Osiris-Sokar de Ped-Seh y de Pesg-Re;
a Osiris que habita en su ciudad;
a Osiris que habita en el Cielo como así también en el Re-
  Stau;
a Osiris Nebjesti el del gran cuchillo;
a Osiris, Señor de la Eternidad;
a Osiris que habita en las aguas y que dispone la suerte de
  las batallas;

a Osiris, Príncipe cubierto de vendas de momia,
señor de Tanent y de Nedbit;
de Sati, Bedeshu, Depu, Sais, Nepert, Shennú,
de Henket, Te-Sokar, Sahú, Fat-herú, Maati, Hena.

Neftis, miembro de la Enéada, consorte de Set,
que lloraba a Osiris junto a Isis.

Hechizo CXLIII

El texto está perdido y se desconoce su paradero.

Bennu es un dios de la Tierra y del horizonte, representado como una garza y más tarde como un ave fénix.

Hechizo CXLIV

La entrada en los Arrits

Primer Arrit[203]

«*Criatura de aspectos múltiples, suspendido con la cabeza
    hacia abajo*»,
es el Nombre de su Guardián.
«*Averiguador*», es el nombre de su Vigilante.
«*La voz que desciende*», es el Nombre del Alguacil.

Segundo Arrit

«*Gloria gigante*», es el Nombre de su Guardián.
«*Vuelve el rostro*», es el nombre de su Vigilante.
«*Amo*», es el Nombre de su Portero.

Tercer Arrit

«*Come porquerías*», es el Nombre del Guardián.
«*Rostro que vigila*», es el Nombre de su vigilante.
«*El que chilla*», es el Nombre de su Alguacil.

Cuarto Arrit

«*Rechaza la Cara de diversas Voces*», es el Nombre de su
    Guardián.
«*Corazón que vigila*», es el Nombre del Vigilante.
«*Ser con alas que rechaza a los Rabiosos*», es el Nombre del
    Portero.

Quinto Arrit

«*Come Serpientes*», es el Nombre de su Guardián.

---

203   Los Arrits, también conocidos como Arruts, eran puertas macizas
que accedían a las siete «mansiones» del Duat.

«El tragador», es el nombre del Vigilante.
«Cabeza de hipopótamo y terror de los Rebeldes», es el Nombre del Alguacil.

Sexto Arrit
«El que moldea los Panes y golpea la Voz», es el Nombre de su Guardián.
«Lleva un rostro», es el Nombre del Vigilante.
«No apuñalar el Rostro del Guardián del Lago», es el nombre del Portero.

Séptimo Arrit
«No juegues con el Puñal», es el Nombre de su Guardián.
«Gran voz», es el Nombre del Vigilante.
«El miedo de los Demonios», es el Nombre del Alguacil.

* * *

¡Salve, oh Arrits!
¡Salve también a ustedes que en nombre de Osiris,
hicieron surgir a los Arrits!
Ustedes que cuidan de ellos que,
todos los días informan a Osiris lo que las dos tierras necesitan,
verdaderamente, yo los conozco
así como conozco sus Nombres.
Pues yo vuelvo a nacer en el Re-Stau;
he sido exaltado en la ciudad de Pe, y en el Re-Stau,
proclamado espíritu glorificado de los Dos Horizontes,
saludado como un cuerpo Glorioso,
en el seno de Osiris, como un ser purificado.
Junto con los dioses, yo recorro la Casa del Horizontes.

Pues yo, ahora, soy uno de ellos, su igual, incluso su jefe;
he sido reconocido jefe de los espíritus santificados.
Yo presido las fiestas de los meses y de los medios meses.
Con respecto a ti, que cumples los circuitos celestes,
¡Observa! Yo habito bajo el Ojo centelleante de Horus
y una vez que cae la noche,
cuando en mi barca voy navegando por el Océano celeste,
el brazo de Thoth permanece extendido sobre mí
y soy protegido por la barca sagrada de Ra.
En verdad, mi Nombre es mucho más poderoso que el de
 ustedes,
y en el camino de la Verdad y la Justicia yo salgo victorioso.
Horus, el hijo mayor, el bienamado de Ra,
viene a mi socorro y yo poseo las fuerzas mágicas del dios
 León.

Es por esto que no me rechazarán
cuando llegue a las puertas de los Arrits.
Todos los días en las inmediaciones de Osiris,
príncipe del Amenti, yo me purifico.
Y cultivo en los Campos de la Paz,
habito entre los Iniciados y los Magos
frente por frente de los Espíritus
que, bajo la protección del poderoso brazo de Thoth,
traen las ofrendas.
Vigilen a los demonios cumpliendo el mandato de Anubis
y no les permitan quitar las ofrendas.
Mírame aquí que llego, como Horus en su esplendor.
Ra me facilita la entrada a los Arrits del Horizonte;
y con gritos de alegría me saludan los dioses.
El demonio Nebt no podrá acercarse a mí;
y no me rechazarán los guardianes de los Arrits,

porque mi cuerpo está protegido por amuletos.
Mi rostro está cubierto por un espeso velo;
rodeado de Iniciados y por la diosa Hathor
me quedo en la penumbra sagrada de su Templo.
Yo soy, en verdad, el que crea las multitudes humanas
y quien destruye los poderes nefastos de Apofis
y quien hace que Maat se acerque a Ra.
Mírame aquí que abro un camino en el firmamento,
y que dejo inmóviles las tempestades
y doy vida de nuevo a los que están alrededor de Ra.

Ahora hago transportar mis ofrendas a un lugar conveniente
y, equipada mi barca, navego en paz,
abro vías y las recorro a mi gusto.
Mi cara es igual a la de un dios poderoso:
yo soy el Señor del Poder.
Mírame aquí que en el Horizonte tengo descanso.
En realidad, soy lo bastante poderoso como para voltearlos,
¡oh demonios! ¡No se opongan a mi avance!
¡No me empujen a mí, Osiris, su Señor!

RÚBRICA

Este hechizo debe ser recitado sobre un dibujo que represente a las Jerarquías divinas y realizado, en color amarillo, sobre un «barco de Ra». Deberán realizarse ofrendas tales como aves e incienso; gracias a éstas, el fallecido revivirá y sus fuerzas se redoblarán entre los dioses que estén a su alrededor. No lo rechazarán frente a los Pilones del Mundo Subterráneo.

También debe hacerse una figura representando al fallecido; hay que ponerla frente a los dibujos y hacerla avanzar en forma sucesiva hacia cada una de las Puertas.

Hay que recitar este hechizo frente a la Puerta dibujada de cada Arrit y se debe colocar una ofrenda ante ella: cadera, corazón, cabeza y pie de un toro de pelo rojizo, y cuatro recipientes llenos de sangre que no sea del corazón; algunos amuletos, dieciséis panes blancos, ocho panes Khenfu, ocho panes Hbennu; ocho vasos de cerveza; ocho celemines de grano; cuatro vasos llenos de leche de una vaca blanca; hierba verde; aceitunas verdes; pomada de linimento para los ojos; pomada Hatet e incienso en grandes cantidades. Hay que recitar este hechizo dos veces sobre cada uno de los vasos. Después de hacer los dibujos en la cuarta hora, hay que caminar en círculo, alrededor de ellos, todo el día, haciendo cada cosa con gran atención, teniendo cuidado en calcular el tiempo según el cielo.

Mientras se realizan estas ceremonias, hay que tener cuidado de no ser vistos por nadie. Gracias estas ceremonias el fallecido hará grandes progresos en el Cielo, en la Tierra y en el Mundo Subterráneo; todo esto le beneficiará para cualquier cosa que emprenda. Obtendrá todo lo que necesite, de forma real y continúa, por el resto de la eternidad.

Hechizo CXLV

Los pilones de Sekht Ianru[204]

I

Te traigo a ti el saludo de Horus,
¡Oh tú primer Pilón del Dios del Corazón Detenido!
Mírame aquí que termino mi Viaje.
Entérate: yo conozco tu Nombre misterioso,
como conozco al Espíritu que monta guardia junto a ti.
este es tu Nombre: «Señora de los terrores
Protegida por las murallas infranqueables
artista de la palabra mágica.
Yo rechazo las fuerzas del Caos
y yo protejo al Viajero en las rutas del Cielo».
El Nombre del Espíritu que monta guardia es «Nerau».
Entérate: yo me purifiqué en las aguas en las que se purifica
  el propio Ra,
cuando abandona el Horizonte Oriental.
Yo me unté con pomada «hati» del bosque de cedro;
llevo el traje ritual «menkh».
Tengo en la mano un cetro hecho con madera «heti».
El Genio del Pilón dice: «¡Pasa! ¡Tú eres puro!».

II

¡Oh tú, segundo Pilón del templo,

---

204   El pilón es una especie de construcción en forma piramidal-cuadrangular y truncada, que contenía una puerta y un pasillo. Fue levantado por los egipcios en la entrada de los templos. En cuanto a Sekht-Ianrú, era una de las regiones del Más Allá; la otra era Sekht-Hotep.

donde habita el «Dios del Corazón Detenido»!
Te traigo el saludo de Horus.
Mírame aquí que he finalizado mi Viaje.
Conozco tu Nombre oculto,
de la misma manera que conozco al Espíritu
que monta guardia junto a ti.
Este es tu Nombre: «Soberana del Cielo
dueña de los dos Mundos.
La que siembra el terror en la Tierra, hasta sus profundi-
    dades».

El Nombre del Espíritu que hace guardia a tu lado es: «Mes
    Ptaha».
Entérate: yo me purifiqué en las aguas,
en las que en los tiempos antiguos se purificó Osiris,
en donde las Barcas «Sekhtet» y «Mandjit»
fueron conducidas cuando salió de Am-urt
y pasó bajo los Pilones.
Yo fui untado con la pomada durante las fiestas,
y llevé el vestido ritual «seshet»!
Tengo en la mano un cetro de madera de «benben».
—«¡Adelante!», contesta el Genio del Pilón. «¡Tú eres puro!».

III

¡Oh tú, tercer Pilón del templo
donde habita el «Dios del Corazón Detenido»!
Te traigo el saludo de Horus.
Mírame aquí que he finalizado mi Viaje.
Entérate: conozco tu Nombre misterioso
como conozco al espíritu que monta guardia junto a ti.
Tu nombre es: «Señor de los Pilones

a quienes están destinadas numerosas ofrendas,
que las dirige y es agradable a los dioses,
la que fija el día de la navegación hacia Abydos de la barca
    Nshent».
El Nombre de tu Guardián es: «Bek».
Yo me purifiqué, en verdad, en las aguas
donde se purificó Ptah durante el viaje de la barca Solar
en las fiestas en que el Rostro quedó desvelado.
Yo me unté con «hati», «hekennú» y «tehennú».
Yo llevo el vestido «shesa» y tengo en la mano
un cetro de madera «ihn».
—«¡Adelante!», contesta el Genio del Pilón. «¡Tú eres puro!».

IV

¡Oh tú, cuarto Pilón del templo
donde habita el «Dios del Corazón Detenido»!
Te traigo el saludo de Horus.
Mírame aquí que ha finalizado mi Viaje.
Entérate: yo conozco tu Nombre Misterioso,
como conozco al Espíritu que monta Guardia junto a ti.
este es tu Nombre: «Soberana armada de cuchillos.
Dueña de las Dos Tierras, que destruyes
a los enemigos del Dios del Corazón Detenido.
Que ayuda a los desgraciados en sus calamidades».

El Nombre de tu Guardián es: «Golpea ganado».
Yo me purifiqué en las aguas
en las que el Ser-bueno se purificó
después de obtener la victoria sobre Seth.
Yo me unté con «sunit» y «enen».
Yo llevo puesto el vestido «shesa»,

en mi mano un cetro de madera «tau-atutú».
—«¡Adelante!», contesta el Genio del Pilón. «¡Tú eres puro!».

V

¡Oh tú, quinto Pilón del templo!
Te traigo el saludo de Horus.
Mírame aquí que he finalizado mi Viaje.
Entérate: yo conozco tu Nombre misterioso
conozco al Espíritu que monta Guardia junto a ti

Grabado de los templos de Karnak mostrando sus pilonos.

Hechizo CXLVI[205]

No hay texto. Se desconoce su paradero.

**Horus representado como un halcón
con la corona faraónica.**

---

205 Variante del Hechizo precedente.

HECHIZO CXLVII[206]

No hay texto. Se desconoce su paradero.

Otro aspecto de Ra,
el escarabajo que mueve al sol.

---

206   Variante del Hechizo CXLIV.

HECHIZO CXLVIII

A FIN DE ABASTECER AL FALLECIDO CON OFRENDAS

El fallecido está representado por una viñeta en un santuario, adorando al dios Ra. Siete vacas y un toro, con sus ofrendas están al lado de él. Detrás de ellos, se ven cuatro timones que representan los cuatro puntos cardinales del espacio.

¡Salve! ¡Oh tú que brillas en el Disco solar!
Es así que, Alma de la Vida universal, surges en el Horizonte.
En verdad, yo te conozco y conozco tu Nombre,
y el Nombre de las siete Vacas y el del Toro.
¡Oh ustedes, Espíritus que nutrís a los fallecidos
con ofrendas en el Más Allá,
tráiganme las ofrendas y déjenme vivir junto a ustedes![207]

* * *

Oh tú, «Hermosa Potencia»,
¡Timón del Norte!
Oh tú, «Cumplidor de los Circuitos y Conductor de las Dos Tierras»,
¡Timón del Oeste!
Oh tú, «Fulgurante en el Templo de los dioses visibles»,
¡Timón del Este!
Oh tú, «Habitante en el Templo de las Divinidades Rojas»,
¡Timón del Sur!
¡Haz que surjan ante mí las ofrendas!

---

207   Acá continúa con los nombres de las siete vacas y del toro.

¡Concédeme Vida, Salud, Fuerza, Triunfo
en la Tierra, en el Cielo y en el Mundo Subterráneo!
Ustedes, los Padres de los dioses,
ustedes, las Madres de los dioses,
libérenme de los obstáculos que levantan en mi camino
las Potencias de las Tinieblas;
libérame de los ataques de las Fuerzas del Mal,
de sus terribles cuchillos
de todas las calamidades condenables
que puedan ser ocasionadas en mi contra,
ya sea por los hombres de la Tierra, ya sea por los dioses,
ya sea por los Espíritus santificados de los muertos
o por las almas condenadas,
durante el día o durante la noche,
en las fiestas de los meses o de los medios meses,
durante los años o las estaciones.

Rúbrica

Este hechizo debe recitarse cuando Ra aparezca sobre las pinturas que representan a los dioses. Las ofrendas deben ser colocadas delante de ellos: pan, carne, aves, incienso. Gracias a esto el fallecido recibirá comidas sepulcrales en el pecho de Ra y tendrá abundancia de alimentos en el Mundo Subterráneo, también se liberará para siempre del Mal.

Durante la recitación solamente estará presente el que brinda las ofrendas. En realidad, Ra será el Timón del fallecido, que le dará protección y destruirá a sus enemigos en el Cielo, en la Tierra y en el Mundo Subterráneo; y en todas partes el fallecido tendrá gran abundancia, real y eternamente.

Hechizo CXLIX

Los catorce Iats[208]

Iat I

¡Salve, oh tú, primer Iat del Amenti,
lugar donde los muertos retornan a la vida
probando el pan consagrado!
¡Cuando me veas llegar, quítame las vendas de la muerte
que aprietan mi cabeza!
El Espíritu poderoso que vive en ti
reunió mis huesos y fortificó mis miembros;
ahí, el Señor de los Corazones ajustó mis huesos.
¡Coloca, sobre mis cabellos, a Ureret, la corona sagrada de
Atum!
Mi cabeza fue consolidada por Meheb Ko;
y están bien equilibrados los dos platillos de la Balanza.
Oh-Amsn-ket, en verdad tú serás más poderoso que los de-
más dioses.

Iat II
(Para pintar en verde)
(Su divinidad es Ra-Harakhté)

Para recitar:

Mira hasta dónde se extienden mis poderes de Skhet-Ianrú,
se pierde a la vista.

---

208   El Iat es una división o morada del Sekht-Ianrú. Había catorce de ellas. Según Gastón Máspero (egiptólogo francés, 1846-1916) eran realmente como islas.

¡Oh, Campos de Juncos! Son de hierro sus murallas.
Su trigo tiene cinco codos, dos la espiga y tres el tallo;
la cebada tiene siete codos, tres la espiga y cuatro el tallo.
Aquí, los Espíritus son altos, de nueve codos;
en compañía de Harakhté, siegan el trigo.
Yo conozco, en verdad, una puerta en medio de esos Campos,
a través de la cual Ra sale hacia el Oriente del Cielo.
Al sur se encuentra un lago que frecuentan los pájaros Kharu;
al norte está situado un canal agradable para los pájaros Re.

Por este mismo sitio pasa la barca de Ra,
empujada por los vientos en popa.
Yo soy un marino infatigable,
encargado del cordaje de la barca divina.
Yo conozco, en verdad, los dos sicómoros de turquesa,
de donde surge Ra, cuando parte para su viaje.
Le lleva hacia los Pilares de Shu
hacia la Puerta del Señor del Oriente.
En verdad, yo conozco estos Campos de Ra.
El trigo tiene en ellos cinco codos;
la cebada siete codos;
los Espíritus miden nueve codos;
allí siguen lado a lado,
con las Almas perfectas del Oriente.

IAT III
(Para pintar en verde)
(Es un Iat de Espíritus glorificados)

Para recitar:

¡Salve, oh Iat de los Espíritus glorificados

que nadie se atrevería a cruzar en barco,
porque se extiende por todas partes un fuego abrasador!
¡Oh espíritus! Santifiquen nuestros caminos
y purifiquen nuestras moradas;
hagan lo que Osiris les ha pedido, desde siempre.
Mírame aquí que llego frente a ustedes, yo, Ser grande,
que poseo la Corona Roja
que adorna la frente del dios de la Luz.
Mediante la llama que sale de mi boca
yo doy vida a las Dos Torres y a sus habitantes.
En verdad, ¡Ra está a salvo del poder del demonio Apofis!

Iat IV

(Para pintar en verde)
(Es un Iat de dos montañas altas)

Para recitar:

¡Salve, jefe del Iat secreto,
tú gran montaña del Mundo Inferior
arriba de la cual está el cielo estrellado!
Tienes trescientas medidas de largo
y doscientas treinta de ancho.
Habita en ella una serpiente que mide setenta codos,
  «Lanzadora de Cuchillos», es tu Nombre.
Se nutre de los Espíritus santificados
de los condenados en el Mundo Inferior,
que aplasta y devora.
Mírame aquí que detengo mi barco, ¡oh Maat!
Frente a tu cerca fortificada,
miro a mi alrededor buscando una entrada que me lleve a ti.
Encuentro la entrada y me uno a ti, yo, Macho potente.

Yo soy digno, en verdad, de adornar tu cabeza, ¡oh diosa![209]
Porque mi poderío es cada día mayor.
En este momento yo soy el Gran Mago divino,
a mi vista nada se escapa.
Llamo la atención a un Espíritu que se arrastra sobre su
*   vientre.*
¿Quién es?
En las montañas en que vive sé que es poderoso.
¡Oh Espíritu, permíteme acercarme a ti
para que tu fuerza esté conmigo!

Mírame aquí que, me mantengo de pie, haciendo un es-
*   fuerzo.*
Avanzo y me apodero de los demonios Akriú
que son enemigos de Ra; y la paz de este dios baja sobre mí,
a la tarde, mientras en los cielos realizo mis circuitos
y tú permaneces en el Valle.

Iat V
(Para pintar en verde)

Para recitar:

¡Salve, Iat de los Espíritus,
allá impenetrable para los que tratan de cruzarle!
Los Espíritus que allí viven
tienen los muslos de siete codos de largo,
se nutren sobre las Sombras de los muertos
que desfallecen debilitados. ¡Oh Iat!

---

209   La cabeza de la diosa Maat, estaba adornada con dos plumas y
simbolizaba la Verdad y la Justicia.

*Indícame un camino, para que pueda cruzarlo entrar en la
    hermosa Amenti.
Porque ésa fue la orden de Osiris,
Señor de los Espíritus santificados. ¡Contempla!
Aquí estoy como Espíritu santificado
celebrando los meses y los medios meses, las fiestas prescriptas.
Yo cumplo mis revoluciones celestes,
el Ojo de Horus, igual que Thoth, me acompañan en mi
    viaje.
Las llamas que salen de la boca de los dioses
hoy devoran a mis enemigos, si no han terminado ya sus días
en los lugares de matanza.*

IAT VI
(Para pintar en verde)

Para recitar:

*¡Salve, oh Immehet[210], tú, el venerado por los dioses,
gran misterio de los Espíritu glorificados
lugar oscuro para las almas condenadas!
Vengo para mirar al dios de esta región.
Corred, entonces, el velo que cubre sus cabezas
cuando me vean llegar;
porque yo soy un dios poderoso
traigo para ustedes ofrendas, para que se alimenten.
¡Que el Señor de su Iat no acerque su mano hacia mí!
¡Que no se apoderen de mí los Asesinos!
¡Que no intenten cazarme los demonios Destrozadores!
¡Que me sea posible vivir en paz entre ustedes!*

---

210   Immehet es el reino del dios Sokar.

Osiris e Isis dentro de un santuario; ante ellos una flor de loto donde están de pie los cuatro hijos de Horus, los genios de los muertos.

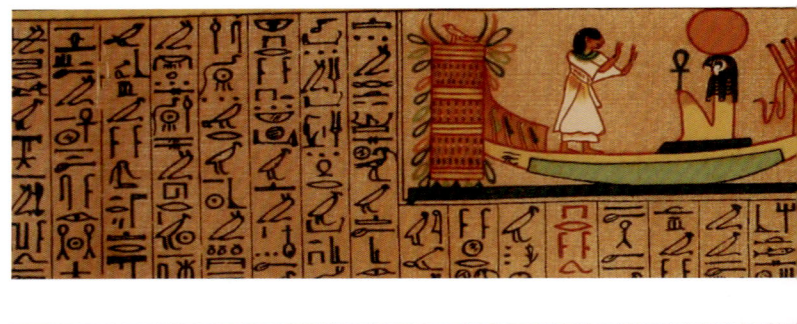

Ani en la Barca Solar adorando a Ra. En segundo plano, vemos a Ra en su Barca Solar.

Ani adorando a las deidades del panteón egipcio.

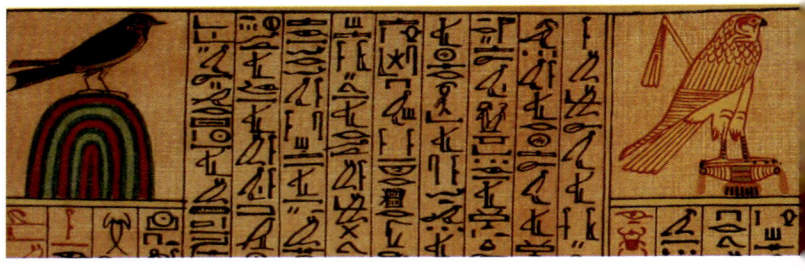

Ani continúa adorando a la deidades del panteón egipcio. Ani junto a su esposa, adorando a una tríada de dioses.

La Paloma, el Halcón de Oro y el Halcón Divino, que significan la transformación del difunto en las formas míticas de Ra, el dios Sol.

La Serpiente, el Cocodrilo Sebek, el dios Ptah, el Carnero (el alma de Tmu), y la Garza, que también significan la
transformación del difunto.

La sala del Maat, mostrando algunos de los jueces de los muertos. Arriba las dos diosas de la ley, luego Ani adorando a Osiris, el juicio del alma, y Thoth y la pluma de la ley.

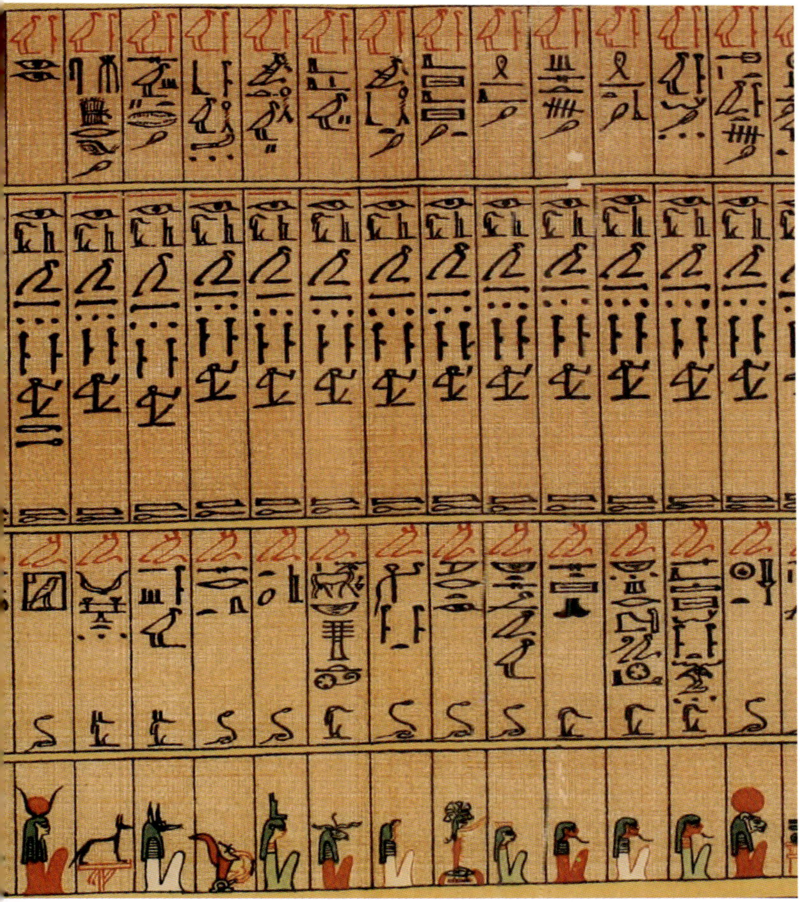

Del otro lado se ven varios dioses que representan distintas partes del cuerpo humano.

   Cuatro cinocéfalos sentados en las esquina de una piscina de fuego, de la que salen cuatro llamas. Cuatro amuletos que acompañarán a la momia en su último viaje.

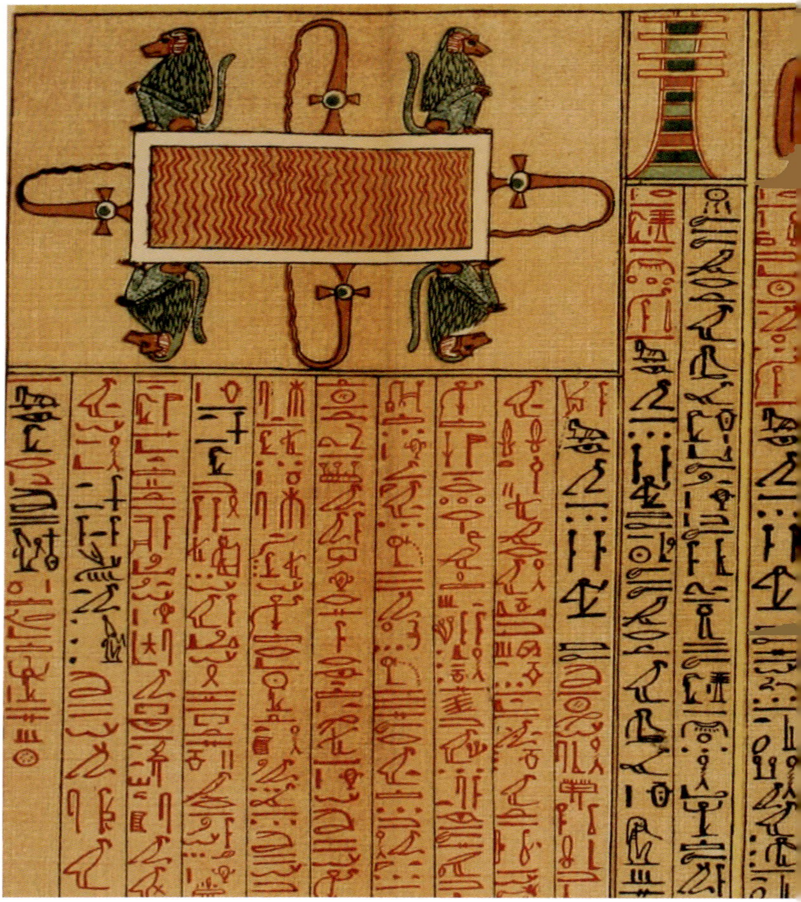

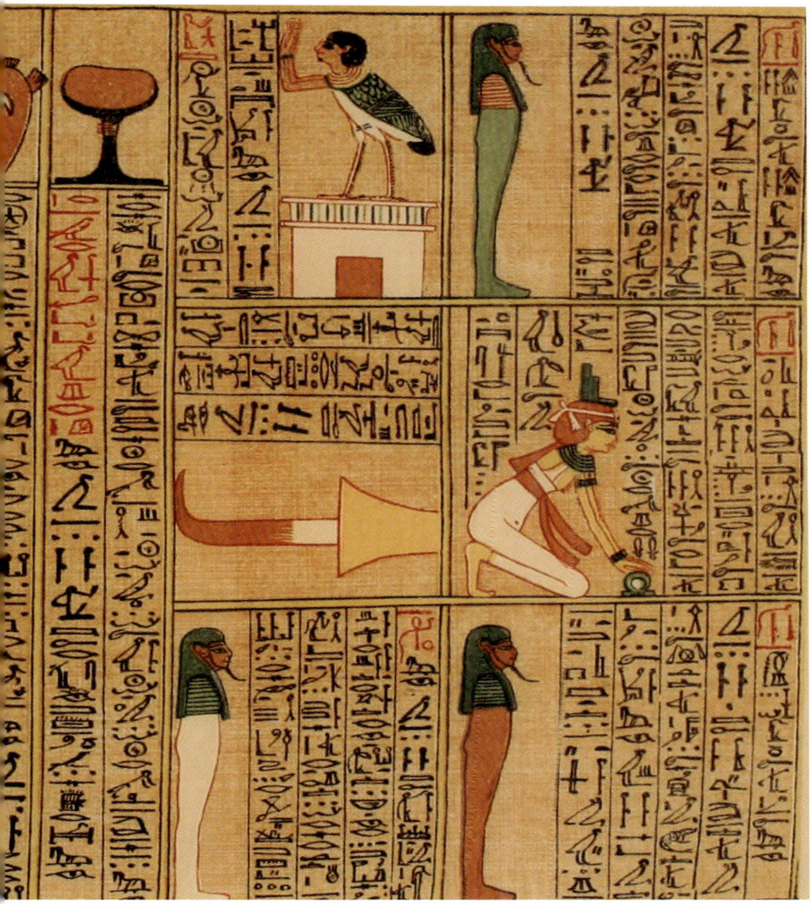

Escena parcial de la cámara sepulcral.

Otra escena de la cámara sepulcral: la momia en su féretro, protegida por Anubis. Isis y Neftis, arrodilladas a cada lado, rodeadas de las figuras de los sirvientes que ayudarán al difunto en el más allá.

Ani y su esposa frente a una mesa de ofrendas.

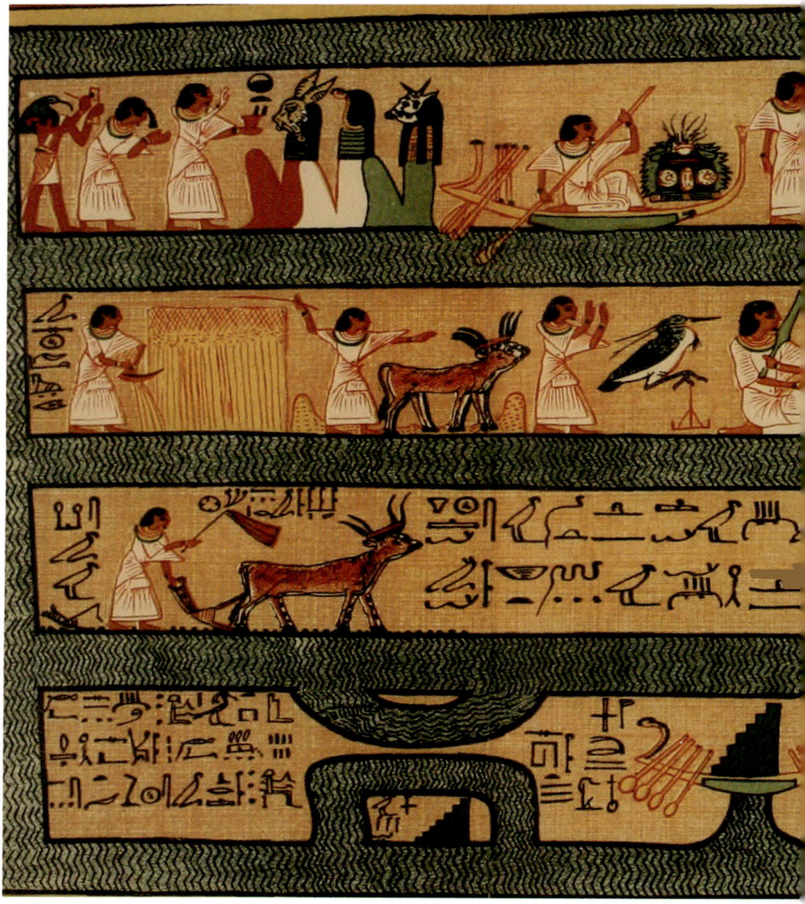

Los diferentes oficios de Ani en los Campos Elíseos, a través de los cuales fluyen ríos de agua fresca. Thoth presentando al difunto y a su sombra ante una tríada de dioses.

Santuario donde Ani adora a Ra ante dos altares.

Vestíbulo donde están los cuatro remos del cielo y cuatro tríadas de dioses.

Ani y su esposa frente a una mesa de ofrendas.

Representación de varias deidades que presiden sobre ciertas localidades de Egipto.

Iat VII
(Para pintar en verde)

Para recitar:

¡Oh ciudad de Iss, lejana y difícil de divisar!
Entre las llamas que enrojecen
allí vive una serpiente y su Nombre es Rerek.
Su lomo es de siete codos de largo.
Se nutre de muertos y los destruye.
¡Atrás, Rerek, tú que vives en la ciudad de Iss,
que trituras sobre los muertos con tus fauces,
tus ojos lanzan relámpagos!
¡Que tus huesos sean quebrantados
y que tu semilla permanezca sin fecundar!
¡No te acerques a mí!
¡No me lances tu veneno!
¡Que caiga en la tierra y se quede en ella!
¡Que para siempre sean sellados tus labios!
¡Ah! ¡Es así que su Ka cayó en medio de las serpientes ene-
    migas!
Mientras yo sigo sano y salvo.
Tu cabeza, Rerek es cortada por la divinidad con rostro de
    lince.

Iat VIII
(Para pintar en verde)

Para recitar:

¡Salve, oh Ha-hopep,
que tienes tu imperio sobre los ríos de este Iat!

Su corriente nadie podrá dominar;
el estruendo de sus aguas produce terror.
Ka-Ha-Hoted es el Nombre del guardián.
La entrada, según su parecer, la concede o la niega,
a los seres que no tiene derecho a pasar los mantiene sepa-
rados.
Entérate, entonces que yo soy yo, el pájaro Ennur,
parado sobre sus patas y cuya voz no calla nunca.
Yo traigo a Atum lo que es del dominio de la Tierra,[211]
yo vuelvo fuertes a los vasallos de Ra
siembro el terror entre los Señores del Santuario.
Cuando me ven llegar,
tiemblan los Espíritus de los Elementos.
No seré arrastrado, naturalmente, hacia el inicio de los tor-
mentos.
Yo no seré, en verdad, destruido.
Porque yo soy el Guía del horizonte Septentrional.

IAT IX

(Para pintar en amarillo)

Para recitar:

¡Salve, oh ciudad de Ikesi,
que sigues siendo un misterio hasta para los mismos dioses!
Al oír tu Nombre los Espíritus se sobrecogen de terror.
Nadie se animaría a penetrar en ti, ni a salir,
excepto la misma Gran Divinidad,
que habita en el Huevo cósmico
y que inspira miedo a los dioses y terror a los Espíritus.
La entrada de la ciudad está rodeada de llamas

---

211 Se refiere a sus experiencias en la vida terrestre.

*que entran por la boca y la nariz, llamas avivadas por el
   viento.
Esto ocurre a causa de los dioses
que rodean, a su capricho, a la Gran Divinidad
para que no le sea posible reconocer ni sentir
lo que no puede ser percibido sino por esta Gran Divinidad
que permanece en su Huevo cósmico.
Ella fundó esta ciudad para vivir en ella, sola,
y para gozar de su soledad;
nadie podía acercarse a ella,
salvo en el día de las Grandes Metamorfosis.
¡Salve, Divinidad sagrada,
tú que permaneces en el Huevo cósmico!
Mírame aquí, que estoy ante ti
para poder seguirte
junto a los dioses que te acompañan
¡Que me sea posible entrar en la ciudad de Ikesi
y salir de ella a mi capricho.
¡Que sus puertas permanezcan abiertas para mí!
¡Que pueda respirar el aire de esos lugares
y gozar de las ofrendas que hay en ellos!*

IAT X
(Para pintar en amarillo)

Para recitar:

*¡Salve, oh tu cuidad de los dioses Kahu!
Los que cazan a los Espíritus santificados
se adueñan de las Sombras de los muertos;
los que comen la carne cruda y se hartan de inmundicias,
mientras sus ojos espían,*

para que no escape a su vigilancia
nada de lo que sucede en la Tierra.
¡Oh ustedes dioses que viven en nuestros Iats,
arrodíllense ante mí, en cuanto me presente!
¡Porque no les será posible arrebatarme mi Espíritu santifi-
   cado,
ni tampoco apoderarse de mi Sombra!
¡Porque yo soy, en verdad, el Halcón divino!
Mírame aquí que fui coronado, untado y aireado con in-
   cienso.
Los animales fueron inmolados para mí en la Tierra,
Isis avanza, de pie y Neftis, detrás de mí, me protege la es-
   palda.
El Camino es, en verdad, santificado para mí.
¡Oh tú, serpiente Ñau, Toro de Nut, y tú, Neheb-Kau!
Aquí estoy, acabo de llegar.
Aleja de mí todo mal, haz que sea feliz para siempre.

Iat XI
(Para pintar en verde)

Para recitar:

¡Oh tú, ciudad del Mundo Inferior
en donde los cuerpos son esfumados
y donde los Espíritus santificados son tomados prisioneros!
Por miedo a los Espíritus que guardan tus Puertas
nadie se atreve a penetrar en ti.
Los dioses miran con asombro en el interior de la ciudad
también miran a los muertos condenados que están encerra-
   dos allí,
miran lanzando gritos llenos de amenazas;

los dioses que allí habitan para santificar a los muertos
y transmitirles los Misterios, son los únicos benévolos.
¡No te opongas a mi camino, oh tú, ciudad de Idú!
Pues yo, gracias a un cuchillo que he heredado de Seth,
soy el Dueño de los encantamientos mágicos,
a mí me pertenecen mis piernas para siempre.
Aquí me tienen, levantándome sobre el Horizonte,
poderoso, gracias a las virtudes del Ojo de Horus;
después de un lapso de sopor despierta a la vida mi Corazón.
Soy santificado en el Cielo y vigoroso en la Tierra;
y levanto el vuelo al igual que un halcón,
emito gritos igual que un ganso salvaje.
Después bajo hasta los bordes en flor del Lago;
recibo allí la corona en manos de una Divinidad.
O bien sentado, o bien de pie,
gozo del alimento en los Campos de la Paz.
Aquí ven cómo las Puertas de Maat
son abiertas para mí, se descorren los cerrojos
de las puertas de los abismos celestes.
Luego, elevo una escalera hacia el cielo,
rodeado de los dioses; ya que al igual que ellos, yo soy un dios.
Yo, al igual que un ganso salvaje,
lanzo gritos para que los dioses puedan oírme;
mi voz se asemeja a la voz de Sothis.

IAT XII

(Para pintar en verde)

Para recitar:

¡Salve, Iat de Unt en el Re-Stau!
Estás rodeado por llamas ni los dioses

ni los Espíritus pueden acercarse a ti;
pues de ser así, los Uraei en llamas harían desaparecer sus
*   Nombres.*
¡Salve, Iat de Unt!
Verdaderamente yo soy uno de los grandes
* entre los Espíritus que en ti moran;*
yo soy una estrella entre todas las que allí brillan.
Nunca podré ser destruido, nunca mi Nombre podrá ser bo-
*   rrado.*
Los dioses que habitan en este Iat dicen de mí:
«Verdaderamente él satura el aire igual que como lo haría
*   un dios».*
Mira aquí que, con ustedes estoy y que vivo entre ustedes.
¡Oh ustedes, dioses de la Iat Unt!
¡Quiéranme, pues, más que a nuestros dioses
y yo por siempre estaré con ustedes, hasta la eternidad!

IAT XIII
(Para pintar en verde)

Para recitar:

¡Salve, oh Iat, del cual los Espíritus santificados
no podrán dominar las aguas que están rodeadas de llamas!
Verdaderamente, de fuego líquido son tus torrentes,
que aniquilan a los que están allá abajo,
queriendo beber para apagar su sed.
Dominados por el miedo y el terror no pueden beber.
Los dioses y los Espíritus retroceden
sin poder apagar su sed cuando miran esos torrentes de fuego.
Sus corazones están insatisfechos;
pues a pesar de sus deseos

no pueden aproximarse a esos torrentes
en los cuales el agua está sembrada de plantas
igual que las que crecen en el Cuerpo de Osiris.
En cambio, yo, yo he podido dominar los torrentes de fuego,
y he podido calmar mi sed,
igual que un dios, que morador del Iat de las Aguas, es el
*   guardián.*
Los otros dioses retroceden espantados;
están más aterrorizados que los Espíritus de los muertos.
¡Salve, dios que vives en el Iat de las Aguas!
Mírame aquí que llego ante ti.
Dame el poder sobre las aguas
para que puedas beber de los torrentes,
igual que permites beber a Hapi[212] la gran divinidad,
que hace crecer y verdear las plantas
que produce las ofrendas para los dioses.
Haz que pueda llegar hasta ti
de la misma manera que lo hace Hapi,
que tenga poder sobre las plantas.
Porque yo soy el Hijo de tu carne.
Eternamente.

Iat XIV
(Para pintar en amarillo)

Para recitar:

¡Salve, oh Iat de Kher-aha,
tú que obligas a Hapi a batirse en retirada,
en la ciudad de Djedu!
Haz que Hapi obtenga trigo en abundancia

---

212   Hapi hace referencia a la divinidad del Nilo.

y lo haga llegar a la boca de los hambrientos.
Dales las ofrendas divinas a los dioses,
y las ofrendas sepulcrales a los Espíritus de los muertos.
Hay una serpiente en la doble Kerti de Elefantina.
Hapi llega lleno de agua, saliendo de ese lugar, hacia su em-
*   bocadura.*
Entre los muelles de Kher-Aha[213] se detiene,
porque allí encuentra a los dioses que gobiernan los canales,
los encuentra a su hora exacta, que es la del silencio de la
*   Noche.*
¡Oh dioses de Kher-Aha,
ustedes que gobiernan los canales!
¡Que se abran para mí nuestras esclusas,
que empujen frente a mí las puertas de los canales,
que yo entre en posesión de los canales,
que puedan descansar al borde de las aguas
saboreando el trigo del Nilo
y hartándome del alimento de los dioses!
De esta manera me enderezaré,
quedará muy satisfecho mi corazón,
igual a los dioses que habitan Kher-Aha.
¡Qué las ofrendas destinadas para mí sean iguales a las suyas!
¡Qué yo no sea destruido por las emanaciones de Osiris!
Que yo no sea degradado por ellas, eternamente.

---

213   Es una ciudad cercana a Menfis.

Hechizo CL[214]

No hay texto. Se desconoce su paradero.

Hapi, representado como una pareja iconográfica
de genios que unen simbólicamente
el Alto y el Bajo Egipto.

---

214   Variante del Hechizo CXLIX.

HECHIZO CLI (A)

Tu Ojo derecho es la barca Sektet;
tu ojo izquierdo es la barca Mandjit;
tus cejas son el dios Anubis;
tus ojos son el dios Thoth;
tus cabellos son Ptah-Sokar.
Mira aquí que todos estos dioses
preparan la vía para ti
rechazan a los demonios, servidores de Seth.

I

Aquí tienes a Isis. Ella dice:
«¡Yo llego y doy protección a Osiris!
Como el soplo del viento del Norte creado por Atum,
así es de vivificante mi aliento.
Yo devolví la fuerza a tu garganta,
te reuní con la divinidad;
tus enemigos han caído a tus pies».

II

Aquí tienes a Neftis. Ella dice:
«Yo llego junto a mi hermana. ¡Oh Osiris!
Vengo a protegerte.
Estaré detrás de ti hasta el fin de los tiempos.
Gracias a mí, Ra oirá tus llamadas
también gracias a mi socorro podrás triunfar.
¡Oh hijo de Hathor!
Porque nadie se atreverá a arrebatar tu cabeza,
hasta el fin de los tiempos. Y tú resucitarás».

III

Una divinidad dice:
«Ya no permitiré que alguien venga a atarte.
¡Yo no permitiré que alguien venga para pegarte!
¡Yo pegaré también, yo ataré también a tus enemigos!
Porque yo te protejo, en verdad, ¡oh Osiris!».

IV

Otra divinidad dice:
«¡Voy! ¡Acudo en tu ayuda!
Los dos juntos rechazaremos a ese Espíritu
que se esmera por ocultar su rostro.
Iluminaré esta Región donde reinan las Tinieblas.
Estaré de pie detrás de Djed
el día que rechazará a los demonios.
Porque yo te daré mi protección, ¡oh Osiris!».

V

Aquí tienes al Espíritu del Fuego. Él dice:
«Yo junto las arenas alrededor de tu tumba escondida.
Yo rechazo los ataques de los demonios;
las montañas pobladas de tumbas despertarán a la Luz
gracias a mi fuego.
Yo cruzo los caminos que se hunden en la eterna Noche.
¡Entérate, oh Osiris! Yo te doy mi protección».

VI

Aquí tienes a Anubis.

Estás sentado sobre sus Colinas
dirige la mansión de los dioses;
porque es el Señor de la Tierra Sagrada.[215]
Él dice: «Aquí estoy y te protejo, ¡oh Osiris!».

VII

Aquí está el Alma de la Vida del fallecido.
Ella dice: «¡Que sea glorificado en el Cielo Ra,
cuando en su brillo de paz
baje al Horizonte Occidental!».

VIII

Aquí está el Alma de la Vida del fallecido,
acompañada por su Espíritu.
Los dos dicen:
«¡Que sea glorificado Ra,
cuando se eleva sobre el Horizonte Oriental!».

IX

El fallecido dice:
«Oh ustedes mágicas figuras que me acompañan[216]
¡Escúchenme! Si jamás soy condenado a hacer trabajos
en el Mundo Subterráneo,
trabajos como llenar de agua los canales,
o sembrar, o cargar arena: ¡háganme caso!
¡Siempre estén atentas a mis órdenes!».

---

215   Anubis, cuyo nombre egipcio también es Inpu, es el dios que posee cabeza de chacal, el guardián de las tumbas y el patrón de los embalsamadores; también es conocido como el Señor de la Tierra Sagrada.
216   Para mayor referencia, véase el hechizo VI.

X

Aquí está Mestha. Ella dice:
«Ya soy tu hija. He llegado para darte protección;
¡Hago inexpugnable tu morada
obedeciendo los mandatos de Ra y de Ptah!».

XI

Aquí está Hapis: Él dice:
«Estoy aquí para darte protección.
Yo te afirmo la cabeza sobre los hombros;
yo afirmo tus miembros
y golpeo a tus enemigos;
arrodillados están a tus pies.
Entérate: ¡te ha sido restituida la cabeza para siempre!».

XII

Aquí está Duamutef.[217] Ella dice:
«¡Soy yo tu hija que te ama!
¡Vengo para vengar a Osiris!
¡Mírame aquí que arrodillo a sus enemigos a tus pies!».

XIII

Aquí está Kebehsenuf. Dice:
«Estoy aquí para darte protección.
Recogí tus huesos y reuní tus miembros.

---

217   Duamutef, Mestha, Hapi, Kebehsenuf son los hijos de Horus y los guardianes de los cuatro Pilares.

Mírame aquí que traigo tu corazón
lo pongo en su lugar, en el interior de tu cuerpo.
Yo hago sólida y fuerte tu morada».

Anubis como chacal sobre una tumba,
simbolizando su protección de la necrópolis.

HECHIZO CLII

A FIN DE CONSTRUIR UNA CASA EN LA TIERRA

¡Salve, Geb! ¡Regocíjate!
Porque he salido de mi cuerpo
y planeo sobre él.
Mírame aquí que transito por el Cielo al lado de los dioses:
yo asigno sus padres a las Almas de las generaciones futuras.[218]
Al verme, ellas me glorifican.
Aquí está Sesheta[219] *trae consigo al demonio Nebt;*
está fuertemente atado. Anubis me grita:
«¡Construye en la Tierra tu casa!
Sus cimientos estarán en Heliópolis;
sus límites llegarán a Kher-Aha;
sus santuarios estarán en Sekhem y será renovada su inscrip-
ción.
Los que transiten le darán sus ofrendas y libaciones».
Después Osiris dice a los dioses que lo rodean:
«¡Observen aquella casa que está allí!
Fue construida por un Espíritu glorificado.
Está protegida por barreras mágicas;
el fallecido sale diariamente y permanece con ustedes.
Su juventud y su fuerza no terminan de aumentar.
¡Ofrézcanle su veneración y glorifíquenle!».
¡Oh ustedes, Espíritus que fueron testigos de mis triunfos!
¿Oyen mis palabras y las de Osiris?
Él dice: «¡Que venga aquí todos los días!

---

218   Una traducción más literal sería Yo doy a los hombres, los dioses que dan la vida a sus padres.
219   Sesheta, también conocida como Seshat, diosa del Saber, de la escritura y la historia.

¡Que su juventud se renueve entre ustedes!».
Éstas son las ofrendas que,
vientos del Sur y vientos del Norte
traen a Osiris: ganados, cebada, trigo.
Los traen de todos los lugares de la Tierra
Por orden del mismo Osiris.
Ya me dirijo hacia la izquierda,
ya me dirijo hacia la derecha.
Los hombres que viven me observan,
de la misma manera que ven a los dioses,
a los Espíritus santificados y a los muertos.
Con sus gritos de alegría saludan a Mi barca cuando pasa.

Representación de una barca solar siendo procesada.
Esculpida en una pared del templo de Isis
en la isla de Philae, Egipto.

Hechizo CLIII (A)

A fin de escapar de los Espíritus pescadores[220]

Oh tú Espíritu, que das vuelta la cabeza
y miras hacia atrás, ¡salve!
¡Eres, en verdad, amo de tu corazón!
Mírame aquí que cubierto de vendillas
como lo estaba en el momento de mis funerales,
parto de Pesca abriéndome un camino a través de la Tierra.
¡Oh ustedes, Espíritus Pescadores
que otorgan el nacimiento a sus padres[221]
Ustedes que preparan sus lazos
y que transitan a su antojo
por las Regiones submarinas.
¡No me capturen con sus redes!
¡Atrapen, mejor, a los demonios detestables!
No me dejen inmóvil con sus cuerdas
igual que lo hacen con los demonios
con los Compañeros de la Tierra.
Tienen escaleras hasta el Cielo,
pero la Tierra es su lugar preferido.
Mírame aquí que escapé de esas redes y de esos lazos.
Yo subo hasta el dios de la barca Sagrada Hennú,
subo muy arriba igual que el dios Sebek.
Comienzo ahora mi vuelo hacia ustedes.

---

220   Se trata de la guerra implacable que ocurrirá en el Más Allá, simbolizada como la pesca, donde el pescador no ataca al enemigo de frente, sino ocultándose. Todo este texto está plagado de alusiones y referencias iniciáticas.

221   En el plano espiritual, un hijo puede convertirse en el padre de su padre.

Los Espíritus Pescadores, con dedos disimulados
no podrán adueñarse de mí,
porque no conozco ese mágico instrumento
cuyo Nombre es: «El Dedo poderoso de Sokar».
Yo conozco este otro instrumento:
«El Muslo de Nemú», es su Nombre.
Yo conozco la Puerta secreta,
cuyo Nombre es «La mano de Isis».
Yo conozco el cuchillo, instrumento de matanza,
cuyo Nombres es:
«Isis cortó con este cuchillo la carne de Horus».
Yo conozco la Armadura de la Balanza y conozco sus Pesos.
Sus Nombre son:
«La Pierna y el Muslo del dios León».
Yo conozco la Cuerda que se emplea para los Lazos:
«El vigor de Atum», es su Nombre.
Yo conozco a los Espíritus Pescadores
que expanden sus lazos.
«Los dioses Akeru Antecesores de los dioses Akhabiú»,
son sus Nombres.
Yo conozco los Nombres de sus Brazos.
«Los dos Brazos de la Gran Divinidad
que escucha en Iunu las Palabras de Potencia,
durante la Noche Sagrada de los Semi Meses,
en el Templo de la Luna».
Yo conozco el Nombre del Muslo, es este:
«El Muslo de Hierro sobre el cual un dios está de pie».
Yo conozco el Nombre del Intendente Divino
que recibe la entrega de pescado:
«Cuchillo y Vaso del Intendente Divino».
Yo conozco el Nombre de la Mesa
sobre la cual se colocan estos objetos:

«La Mesa de Horus en donde está sentado,
en la oscuridad y en la soledad
y donde nadie le ve, pero los malos le temen
mientras que los buenos le glorifican».
Mírame aquí que llego y que soy coronado dios,
igual a ese dios que dirige la Tierra.
Mientras que en mis dos Barcas realizo mi navegación,
mírame aquí que el Príncipe de los dioses
 me sitúa en medio del Gran Templo.
Armado con mis instrumentos,
llego semejante a un cazador:
mi puñal, mi cuchillo para matar, mi hacha.
Me pongo en marcha,
recorro la Región y tiendo mis redes.
Yo conozco el Nombre de esta pinza:
«Tmem-reu emanación del gran Dedo de Osiris».
Yo conozco el Nombre de estos dos trozos de madera
que resisten sólidamente:
 «El Dedo de los Antepasados de Ra»
Es el Nombre de uno.
El Dedo de los Antepasados de Hathor»,
es el Nombre del otro.
Yo conozco el Nombre de la Cuerda del Arpón:
 «La Cuerda del Amo de los Iniciados».
Yo conozco el Nombre de la Mesa:
«La mano de Isis».
Yo conozco el Nombre de esas Cuerdas:
«Las Cuerdas del Dios primogénito».
Yo conozco el Nombre de estas Vendas:
«Las Vendas de esta Jornada».
Yo conozco el Nombre de los Espíritus Cazadores y Pesca-
    dores:

«Los dioses de Akeru, Antecesores de Ra».
Yo conozco el Nombre de las redes:
«Los Antecesores de Geb».
Yo traigo conmigo la comida
también lo que tú acostumbras comer.
Tú comes lo que comen Geb y Osiris.
¡Oh tú, Espíritu, cuyo rostro está dado vuelta
que dominas tu corazón!
Tú, Cazador y Pescador,
que te abres camino a través de la Tierra,
ustedes, Pescadores que dieron nacimiento a sus padres
que ponen lazos en la ciudad de Nefer-Sent!
¡No me atrapen con sus redes!
¡No me cacen con sus lazos,
con los que atrapan a los demonios impotentes
a los abominables Compañeros de la Tierra!
Porque en verdad, ¡yo los conozco a todos!
Conozco el Marco de la Balanza y sus Pesos.
¡Observen! Miren aquí que llego armado
de una horquilla,
de mi pértiga con ganchos,
de un cuchillo y de una mesa.
¿Todos saben que conozco el Nombre del Cazador?
Yo pego, yo abro, yo rompo y pongo las cosas de nuevo en su
   lugar.
¿Qué pasa?
Esta horquilla que traigo se vuelve «El Muslo del dios Nemú».
La pértiga con ganchos que traigo se vuelve: «El Dedo del
   dios Sokar».
La mesa que traigo se vuelve: «El Cuchillo del dios Nemú».
¡Ojalá mis Palabras sean comprendidas por ustedes, oh dioses!
¡Ojalá me sea posible llegar y sentarme en la barca de Ra

y, dirigiéndome al Norte, circular por el lago Tes-tes!
¡Ojalá pueda hacer como hacen los que glorifican a mi Do-
*   ble!*
¡Ojalá me sea posible vivir su vida!
Mírame aquí que comienzo a subir los Peldaños
* de la Escalera que Ra, mi Padre celeste,*
me preparó de antemano;
Seth y Horus, a cada lado, me toman la mano.

RÚBRICA

Este hechizo debe ser recitado sobre una figura que representa al fallecido sentado en una barca; se debe hacer a su derecha una barca Sektet y a su izquierda una barca Mandjit. Se deben realizar también ofrendas líquidas y sólidas el día del aniversario de Osiris. Con esto el alma del fallecido vivirá eternamente y no morirá por segunda vez.

Hechizo CLIV

A FIN DE QUE EL CUERPO NO MUERA

¡Salve, oh Osiris, Padre mío divino!
¡Aquí estoy ante ti para embalsamar tus miembros!
Para que no muera, haz también embalsamar los míos
y también para que llegue a ser igual al dios Khepri,
señor de las Metamorfosis,
que no sabe lo que es la putrefacción.
¡Oh Osiris! ¡Dame una Forma que se asemeje a este dios!
Dame también el dominio de mi respiración,
¡Oh tú Señor de la Respiración!
Tú que das protección a todos los que se asemejan a ti.
Conviérteme en estable e inmutable.
¡Oh Señor de los Ataúdes!

Permíteme penetrar en la Región de la Duración Ilimitada,
ya que tú tienes ese poder,
así como también Atum, tu Padre divino,
ya que su Cuerpo no conoce
lo que es la putrefacción ni la destrucción.
Verdaderamente, no he hecho nada que a ti te desagrade,
¡oh Osiris! ¡Yo siempre te he glorificado!
Entre todos los que veneran y aman tu Doble etéreo.[222]
Por lo tanto, ¡que los gusanos no invadan mi cuerpo!
¡Sálvame y líbrame como te has librado y salvado tú!
¡Que yo pueda ignorar la putrefacción después de la muerte,
destino común a todos los animales
y bestias que han sido creadas por distintos dioses y diosas!
Después de la muerte, el Alma emprenda su vuelo,

---

222   Es decir, el Ka.

el cadáver, entonces, se licue,
sus huesos se dislocan y se desintegran
la carne se pudre llena de hedor,
los miembros se despedazan
todo se convierte en un líquido nauseabundo.
Una masa llena de gusanos, solo gusanos.
Éste es el fin del hombre.
Muere bajo el Ojo de Shu,
como mueren todos los dioses y todas las diosas,[223]
todas las aves, todos los peces,
los animales que se arrastran
y los que corren todos los seres, todos los seres.

Por esta razón, ¡oh dioses!
Que después de verme caerán boca abajo.
¡El pánico que les cause mi Aparición
los llenará de asombro!
Verdaderamente, todos los seres
después que han muerto me temerán:
ya sean los animales, aves o peces, los que se arrastran
o los gusanos que habitan en los cadáveres.
¡Que mi cadáver no sepa lo que es la corrupción!
¡Que no sirva de alimento a los gusanos!
¡Que no consigan atacarme y destruirme!
¡Que no llegue a las manos del verdugo
Que en su cueva tortura y mata a sus víctimas,
que él mismo hace que se pudran amontonados,
permaneciendo invisible.
Verdaderamente, vive solo para dar muerte
y destruir los cadáveres.

---

223   Los dioses egipcios estaban sometidos al mismo ciclo evolutivo de nacimiento, crecimiento y muerte, temporaria, de los hombres.

¿Podré negarme a ejecutar... sus órdenes?
¿Seguiré sus decretos... al pie de la letra?
¿Por qué seré entregado a sus dedos implacables?
¡Que no llegue a apoderarse de mí!
Es a ti, pues, a quien toca decidir mi suerte:
¡Oh Osiris, mi Padre divino, salve!
Tuyos serán eternamente los miembros de tu cuerpo;
tu cuerpo no llegará a podrirse
ni será presa de los gusanos;
no llegará a hincharse como una pelota;
no entrará en descomposición
ni se desintegrará;
no llegará a ser una masa informe de gusanos.
Con respecto a mí, yo soy Khepri,
el dios del Devenir.
Y permanezco con mi cadáver, para siempre,
por toda la Eternidad.

No se pudre, no entra en descomposición,
no se desintegra ni es atacado por los gusanos,
ni se licue bajo el Ojo de Shu.
Verdaderamente, yo existo, ¡yo existo!
¡Siento en mí la fuerza de la vida desbordante!
Mírame aquí que despierto en paz.
No me pudro ni me descompongo.
No emano olor alrededor de mí.
No me convierto en la nada.
No se apaga mi ojo.
Mis rasgos no se borran
ni se convierten en una masa líquida.
Mis orejas no bloquean el sonido de las palabras.
Mi cuerpo y mi cabeza no se separarán.

Mi lengua no será arrancada.
No se me afeitará la cabeza.
No me depilarán las cejas.
Ustedes, ¡oh Espíritus! Que lo sepan,
mi cadáver no sufrirá ningún daño.
Mi cuerpo se conservará inmutable
e imperecedero para siempre.
¡No seré destruido en la Tierra
en toda la Eternidad!

Amuleto de escarabajo alado,
hecho de oro y piedras preciosas.

HECHIZO CLV

A FIN DE COLOCAR UN DJED DE ORO[224]

Oh Osiris, ¡de pie!
Tú tienes ahora tu espina dorsal,
¡Oh Dios del Corazón Detenido!
Tu cuello ha sido ajustado y afirmado.
¡Sube, pues, a tu pedestal, oh Osiris!
Mira cómo derramo sobre tus pies agua lustral.
Aquí te traigo un Djed de oro.
¡Llénate de gozo, oh Osiris, al ver esta imagen mágica!

RÚBRICA

Este hechizo será recitado sobre un Djed de oro engarzado en una madera de sicómoro que haya estado en agua de flores Ankham. Se debe colocar el Djed en el cuello del fallecido, justo el día de sus funerales. Después de haber hecho esto, llegará a ser un Espíritu glorificado perfecto en el Mundo Subterráneo; y el Día de primero de Año será igual a los Espíritus que rodean a Osiris, real y eternamente.

---

224   Un Dejd era un amuleto en forma de pilar que simbolizaba a Osiris resucitado. Para más información, véase nota del hechizo I.

Hechizo CLVI

A fin de fijar un talismán de cornalina

¡Oh Isis!
¡Que tu sangre actúe!
¡Que actúe tu radiación!
¡Que actúe la fuerza de tu magia eficaz!
¡Acoge bajo tu protección, oh diosa,
a este poderoso Espíritu
no lo dejes que se acerque a los demonios
que le inspiran horror y asco!

Rúbrica

Se deben recitar estas palabras sobre una hebilla de cornalina que haya sido sumergida en agua de flores Ankham, engarzada en una tablilla de madera de sicómoro. Esta tablilla será puesta en el cuello del fallecido, justo el día de sus funerales. Después de haber hecho esto, los poderes de Isis protegerán los miembros del fallecido; Horus, hijo de Isis, se pondrá contento al verlo en medio de los Misterios del Sendero; y mientras un brazo será elevado hacia el Cielo, el otro se dirigirá hacia la Tierra, verdadera y continuamente.

No permitir que nadie lea este texto, jamás.

Hechizo CLVII

A fin de fijar en el cuello del fallecido un amuleto representando a un gavilán

*Aquí tienen a Isis emprendiendo su vuelo por encima de su
  Ciudad.
Busca la oculta morada de Horus,
justo en el mismo momento en que este sale de su pantano
  de cañas.
Ella eleva su hombro lastimado.
Aquí la tienen, que sube a bordo de la barca divina.
Él es proclamado Señor de los Mundos
puesto que ha luchado valientemente.
Verdaderamente, ¡sus hazañas no se olvidarán fácilmente!
Ya que ha sembrado el espanto y el terror.
Su madre, Isis, la gran diosa,
lo ampara con la fuerza de su Palabra mágica
y le transmite su poder.*

Rúbrica

Se debe recitar este hechizo sobre un gavilán de oro, donde se habrán inscrito previamente estas palabras. También, se debe poner el amuleto en el cuello del fallecido, con el fin de protegerlo el día de sus funerales, de manera continuada y regularmente.

HECHIZO CLVIII

A FIN DE COLOCAR UN COLLAR DE ORO

¡Oh Osiris, Padre mío!
¡Oh Horus, Hermano mío!
¡Oh Isis, Madre mía!
Me quitan las vendas,
las que oprimían mi cabeza y mi cuerpo.
Mis ojos comienzan a distinguir a los seres que me rodean.
Ante mí veo al dios Geb.

RÚBRICA

Se debe recitar este hechizo sobre un collar de oro en el cual se ha inscrito previamente el texto; y hay que colocarlo en el cuello del fallecido, el día de sus funerales.

Hechizo CLIX

A FIN DE FIJAR UN AMULETO UADJ DE ESMERALDAS

¡Oh tú que todos los días sales de tu templo!
Aquí la gran diosa, ¡oye tu voz!
Ella cumple sus revoluciones
alrededor de las Puertas del doble Santuario.
Ella toma posesión del poder mágico de su Padre.
Este poder es un Cuerpo Glorioso
que mora en el Toro sagrado de la diosa Rennut.
Ella recibe con alegría a todos
los que se le cruzan en su camino,
dispuestos a seguirla.
Ya que realiza el viaje en sentido opuesto
recorre los caminos de antes.
Ella le da suerte a aquellos
que caen en desgracia y son perseguidos.

RÚBRICA

Se debe recitar este hechizo sobre un amuleto Uadj de esmeraldas, colocado previamente en el cuello del fallecido, y que tenga grabadas debajo las palabras del hechizo.

Hechizo CLX

A fin de fijar un amuleto
Uadj de esmeraldas

Aquí tienen un talismán Uadj tallado en una esmeralda.
Protege contra todo ataque del Mal.
Thoth se los da a quienes lo adoran,
los cuales mantienen alejado todo aquello
que no agrada a los dioses.
Yo prospero si el talismán prospera;
si este no es alcanzado yo tampoco lo soy;
si es inusable yo también lo seré.
Aquí tienen a Thoth que habla.
Sus palabras dan protección a mi espina dorsal.
Dice: «Mírate aquí, que llegas en paz».
¡Oh tú, Señor de Heliópolis y de Pe!
Shu se encamina hacia ti;
te encuentra en Shenmú;
Nshem es tu Nombre.
Tú moras en la fortaleza del dios poderoso.
Verdaderamente, tus miembros no sufrirán ningún daño,
pues están protegidos por el mismo Atum.

HECHIZO CLXI

A FIN DE ABRIRSE UN CAMINO HACIA EL CIELO

Aquí tienen las palabras de Thoth para poder entrar sin obstáculos en el interior del Disco solar.

I

Aquí me ven que me abro camino
hacia el Disco solar.
Verdaderamente, ¡Ra vive!
¡Ha muerto la Tortuga!

II

Aquí ven cómo mi cadáver se purifica,
ya que también los huesos de Osiris están purificados.
Verdaderamente, ¡Ra vive!
¡Ha muerto la Tortuga!

III

El que habite el Ataúd
no temerá el alcance del Mal.
Verdaderamente, ¡Ra vive!
¡Ha muerto la Tortuga!

IV

Aquí ven que ella está protegida por Kebehsenuf,
¡La inerte carne del fallecido!

¡Pues es Ra el que vive!
¡Ha muerto la Tortuga!
¡Oigan! ¡Se descorren los cerrojos de las Puertas!
¡Ya puedo traspasar el Umbral!

RÚBRICA

Si estas fórmulas mágicas son recitadas junto al fallecido, su Cuerpo Glorioso, el Sahu, traspasará las cuatro aberturas del Cielo: la del Viento Norte es la primera y es de Osiris; la del Viento Sur es la segunda y pertenece a Ra; la del Viento Oeste es la tercera y está mandada por Isis; la del Viento Este es la cuarta y pertenece a Neftis. En el instante en que el fallecido penetra en el Cielo, cada uno de estos Vientos penetra en las aletas de su nariz.

Aquellos que no hayan sido iniciados desconocen estas cosas secretas, pues el vulgo ignora este Misterio.

No se lo digas a nadie, excepto a tu padre o a tu hijo. Debes saber que te ha sido revelado este gran Secreto que nadie, en ninguna parte, conoce.

Hechizo CLXII

A fin de producir una sensación de calor en la cabeza del fallecido

¡Salve, dios León,
poderoso Señor de la doble Pluma
adornando tu Diadema del temible Látigo,
señal del mando!
¡Oh Tú, Macho poderoso,
cuya magnificencia se irradia desde lo profundo del Cielo!
Desde que naciste, tienes y ocultas en el Ojo solar
tus Formas múltiples y tus Metamorfosis.
Tú acudes, ¡oh poderoso corredor a grandes pasos!
Cuando se te invoca,
cuando te piden ayuda
tú cuidas al que está en desgracia
del que lo apremia.
¡Escucha, pues, mi grito desesperado!
¡Acude en mi ayuda!
¡Verdaderamente, yo soy la Vaca Sagrada!
¡De mis labios no se aparta tu Nombre divino!

Escucha, pues, cuando grito:
¡Hakahaker es tu Nombre!
¡Aurauaakersa-Ank-Reb Ati es tu Nombre!
¡Khersero es tu Nombre!
¡Kharsata es tu Nombre!
Debes saber, ¡oh dios!
Que yo venero todos tus Nombres,
pues yo soy, verdaderamente, ¡la Vaca Sagrada!
Oye, pues, ¡oh Señor! mi ruego:

¡Dígnate, dios, de proteger al fallecido frente a la Puerta ce-
lestial,
cuando hagas salir el calor de la Vida
bajo la cabeza de Ra en Heliópolis,
para que llegue a ser como los que moran en la Tierra!
Verdaderamente, ¡él es tu Alma, y tú no la reconoces!
¡Ven hacia mí, pues yo soy Osiris!
¡Haz que el calor de la Vida surja bajo mi cabeza!
Pues yo soy el alma viviente
del Cuerpo inmenso muerto de un dios.
Este Cuerpo descansa en Heliópolis
y su Nombre es: Khu-Kheper-Uru-Barkhata-Djaua.
¡Acércate, pues oh dios!
¡Conviérteme en un Espíritu de tu Corte divina!
Pues, verdaderamente: ¡Yo soy Tú![225]

RÚBRICA

Estas fórmulas son para ser recitadas sobre la figura de una Vaca Sagrada de oro fino, colocada en el cuello del fallecido. Además, hacer la siguiente inscripción en un papiro nuevo y ponerlo sobre su cabeza. Es así como el fallecido sentirá gran calor en todo su ser, del mismo modo que cuando vivía en la Tierra.

Este talismán posee un gran poder para proteger, ya que fue creado antiguamente por la Vaca Celestial para su hijo Ra, para ser usado cuando su fuerza vital se debilitara y su morada se encontraba cercada por los Espíritus del Fuego.

---

225   Fusión del Yo y del Tú del Hombre y la Divinidad en el plano espiritual.

Así el fallecido llegará a ser una divinidad en el mundo Subterráneo y no será rechazado su Cuerpo Glorioso ante ninguna de las Puertas del Duat. Aquí tienen las palabras que deben pronunciar mientras se pone la imagen de la diosa en el cuello del fallecido:

> «¡Oh Amón! ¡Amón! ¡Tú que observas,
> desde lo alto del cielo a la Tierra!
> ¡Mira, con tu rostro radiante a tu hijo bienamado!
> ¡Haz que se vuelva fuerte y vigoroso
> y temible en el Mundo Subterráneo!».

Esta fórmula es un gran Secreto. No dejes que nadie la vea. Sería terrible que todos la llegasen a conocer. Escóndela cuidadosamente.

Su nombre es: «La Fórmula de la Mansión escondida».

HECHIZO CLXIII

Fórmulas mágicas que impiden que el cuerpo del muerto sufra alteraciones y desgracias en el Mundo subterráneo; para guardarle de los ataques de los Espíritus que devoran las Almas que se hallan prisioneras en el Duat; para hacer que los crímenes espantosos que se hayan cometido durante la vida terrenal no se presenten ante sus ojos una vez que se haya vuelto un espíritu. También para garantizar la fuerza de sus miembros y de sus huesos contra los Espíritus que podrían llegar a atacarle en el Mundo Subterráneo y cómo hacer que puedan circular libremente, con el fin de que puedan hacer todo a su antojo.

Yo soy el Alma de un dios.
Pero mi cuerpo descansa grande e inerte
en la ciudad de At-Habu[226]
el Genio de este sitio expande su protección
sobre el Cuerpo inanimado de Harthi.
Su brazo destrozado descansa en los pantanos de Senhakarha.
¡Oh Alma divina!
Los latidos de tu corazón
no se perciben ni al levantarte ni al ponerte.
Tú descansas, ¡oh Alma!
Junto a tu cuerpo divino, tendido en la ciudad de Sehna-Paikana.
¡Libérame del Espíritu de rostro terrible
que se apodera de los corazones y arrebata los miembros!
Llamas salen de tu boca
cuando empiezas a morder las Almas.

---

226   Alusiones a Osiris, con quien el fallecido se identifica, descuartizado por Seth.

Tú, alma, que habitas
en el interior de tu cadáver postrado,
tu fuego arde, solo, en medio de las olas del mar bravío.
Debes saber que deberás renunciar
al poder del fuego delante de Aquél que levanta el Brazo:
él desea la Vida eterna, al igual que el Cielo,
sin reparos y sin límites.
Pues, verdaderamente, tu alma pertenece al cielo,
pero la Tierra tiene la Forma corporal.
¡Líbrame, pues, de las manos de los demonios
que devoran las Almas cargadas de ansiedad!
¡Que mi Alma sea capaz de morar en mi Cuerpo,
y mi Cuerpo capaz de unirse con mi Alma!
¡Que pueda permanecer escondido este cuerpo
en la Pupila del Ojo divino,
que se llama SHARE-SHARE-SHARPU-ARI-KA.

Que descansa en Nubia, al Noroeste del Santuario Apt.
¡Oh Amón! ¡Poderoso Toro! ¡Dios de las Formas múltiples!
Tú, Señor de dos Udyats, de pupila terrible,
tú sabes que yo he venido al mundo,
viva emanación de los Ojos divinos
uno de ellos se llama: share-Share-Khet, y el otro Shapu-Irka.
Pero el Nombre verdadero es: Shaka-Amen-Shakansa,
y mora en la Frente de Atum, luz de las Dos Tierras.
¡Permítanme, pues, quedarme
en esta Tierra de Armonía y de Justicia,
para que no me abandonen en la soledad cruel!
Pues yo soy ahora el ciudadano de un Universo que en el
*   Ojo,*
inerte, no ve nada.
Mi Nombres es: An.

¡Que yo sea capaz de habitar
entre los Espíritus santificados, perfectos y poderosos!
Con respecto a mi Alma divina,
que repose, sí, en el gran cuerpo inerte
que yace en Sais, ciudad sagrada de Neitz.

RÚBRICA

Recitar este hechizo sobre la imagen de una serpiente que tenga dos piernas y cuya cabeza tendrá que estar adornada con un disco solar entre los dos cuernos; recitarle también sobre los dos Udyats[227] que tengan ojos y alas. La imagen de un dios con el brazo levantado, se tendrá que ver en la pupila de uno de estos dos Udyats; su rostro se asemejará a un Alma divina; al igual que un halcón, su espalda estará recubierta de plumas. En la pupila del segundo Udyat aparecerá la figura de un dios con el brazo levantado, pero su cara será la de la diosa Neith; su espalda, al igual que un halcón, estará recubierta de plumas.

Este hechizo debe ser escrito con tinta consagrada Anti en una tablilla de piedra Meth, o bien, sobre una esmeralda del Sur, que haya sido sumergida con anterioridad en el agua del Lago del Oeste, en Egipto. O bien sobre una tira tejida Uadyet, con la que se envolverán todos los miembros del fallecido. Con ello el fallecido no será echado de las puertas del Duat; y será capaz de beber y comer del mismo modo que lo hacía en la Tierra; nadie lo acusará y será defendido contra sus enemigos, para siempre.

Si este hechizo es recitado por el fallecido sobre la Tierra

---

227 Udyat es diosa de la Justicia y el Combate, representada por un Ojo alado.

no será nunca víctima de los Espíritus que atacan a los bandidos en todos los lugares de la Tierra. No le acuchillarán; no morirá con las matanzas practicadas por Seth; no será aprisionado y podrá entrar y salir en todas las regiones del Duat como triunfador; además, será capaz de presentarse en la Tierra para inspirar terror a todos aquellos que siguen la senda del Mal.

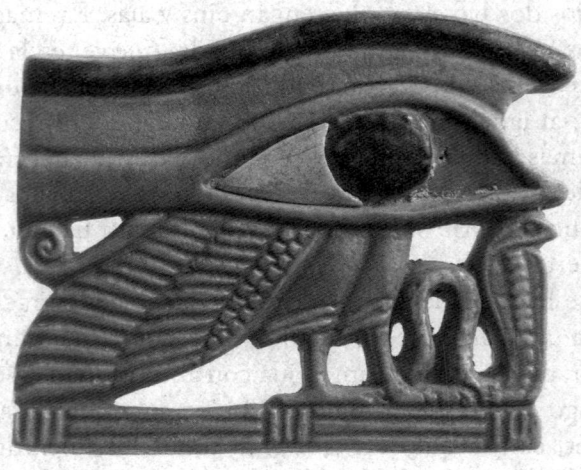

Amuleto del Ojo de Horus, con una cobra
y el ala y las patas de un pájaro.

Hechizo CLXIV

¡Salve, Sekhmet-Ra-Bast,
directora de los dioses, alada,
a quien las vendas «Ans» han dado el poder mágico!
Tú, oh diosa, que has sido coronada
con las diademas del Sur y del Norte,
soberana única de tu Padre,
que ningún dios te somete,
dueña del gran Poder mágico,
tú que fuiste consagrada y coronada en los lugares silenciosos,
divina Madre de Pashakasa,
esposa real de Parhaka-Kheprú,
dueña de la Tumba, Madre del Horizonte celestial;
tú, graciosa y amable,
que logras vencer a los demonios que se rebelan.
¡Observa! ¡Mira mis ofrendas sepulcrales en tus manos!
En la proa de la barca de Ra, tu Padre divino,
tú te mantienes de pie, enhiesta,
pronta a partir a atacar a los demonios.
Mira aquí que pones a la diosa Maat
en la parte de adelante de la barca divina.
Verdaderamente, tú eres la diosa del Fuego;
nada queda después de que tú has pasado.
Tu Nombres es: Ka-Hares a-Pusaremt-Kakaremt.
Tú le apareces al poderoso fuego de la diosa Saknakat,
la que permanece sentada
en la parte delantera de la barca de tu Padre divino.
¡Harepugakashareshabaiu!
Esto es lo que dicen de ella los negros y los nubios:
«¡Nosotros te glorificamos, oh diosa!
¡Tú que eres la más poderosa entre los dioses!

Eres adorada por dioses Sesenú[228]
también por los Espíritus que habitan en sus ataúdes.
¡Observa! Nosotros nos doblegamos ante tu espantosa Ma-
*   jestad;*
tú que eres nuestra Madre y la Fuente de nuestro Ser;
tú que acondicionas para todos nosotros
un sitio de paz en el Mundo Inferior,
nos das fuerzas y nos proteges contra el terror;
tú haces que nosotros vivamos y podamos prosperar
en las Mansiones de la Eternidad,
tú nos liberas de los subterráneos donde se tortura
donde habita el dios del rostro temible,
entre sus jerarquías divinas.
Verdaderamente, tu Nombre es:

«La Criatura emanada del Dios del rostro de terror
Y que tiene su cuerpo disimulado».
Este dios tiene un hijo que se llama:
«Atare-Am-Dj-er-Qemtú-Ren-Parsheta».
El otro hijo se llama:
«Pa-Nemma- El Ojo divino Udyat de la diosa Sekhmet.
La gran monarca de los dioses, la emanación de la diosa
*   Rennut-Maut».*
Tú renuevas el poder a las Almas de los muertos
y a sus Cuerpos inmóviles,
tú les liberas de las acechanzas de los demonios
que habitan en los subterráneos de torturas.
La misma les responde:
«Yo lo hago según las palabras de Thaui,[229]
el hijo divino por el que se han ordenado los ritos funerarios.

228 Sesenú o Khemenu, las ocho grandes divinidades de Hermópolis.
229   Thaui hace referencia tanto a los dioses gemelos Shu y Tefnut, como a las diosa gemelas Isis y Neftis.

Verdaderamente, yo se los afirmo:
no serán ni atrapados ni atados».

RÚBRICA

Este hechizo se debe recitar sobre una imagen de la diosa Mut, la diosa que posee tres cabezas: la primera deberá parecerse a la de la diosa serpiente Pekhart que va adornada con dos plumas. La otra cabeza será igual a la de un hombre que ha sido coronado con la corona del Norte y del Sur. Y la tercera cabeza será la de un buitre coronado también con dos plumas. Esta imagen posee tanto garras de león como alas; deberá estar pintada de color Anti. Sobre una tablilla de piedra verde, o sobre las vendas de Ans.

Del mismo modo, deben colocarse dos enanos, uno delante y otro detrás de esta estatua; cada uno de ellos deberá tener el brazo levantado y estará adornado con plumas; además, cada uno tendrá dos caras: una de ellas de hombre y la otra de halcón; estos dos enanos deberán tener el vientre muy grande e hinchado.

Después de este rito, el fallecido llegará a ser un dios entre todos los dioses del Mundo Inferior; los Guardianes de las Puertas no podrán obligarle a retroceder, por toda la eternidad. Su carne y sus huesos serán igual a los de un hombre que no ha pasado por la muerte; será capaz de beber agua en las fuentes de los torrentes; su morada estará en Sekht-Ianrú; llegará a convertirse en una estrella en la bóveda celeste; irá a luchar contra Nekou y Tar, esos demonios del Mundo Subterráneo; no será tomado prisionero ni atrapado por cualquier bestia que se arrastra, sino que al contrario, estará libre de todo Mal.

HECHIZO CLXV

La llegada a la Escala definitiva[230], se produce una vez que el cuerpo del fallecido haya sido puesto al cuidado y los efectos de su licuefacción hayan sido absorbidos. Entonces, se llenará y desbordará de nuevo, savia y fortaleza.

Él dirá:

¡Oh Majestuosos Pilones! ¡Oh Pilones!
¡Oh Príncipe de los dioses! ¡Oh Príncipe!
¡Oh Amón, Amón!
¡Oh Re-Iuaksa!
¡Oh dios, Príncipe de los dioses del Oriente del Cielo!
¡Oh Amón-Nathkerti Amón!
¡Oh tú, cuya imagen visible permanece escondida,
cuyas múltiples formas son siempre misteriosas,
señor de los Cuernos, hijo de la diosa Nut!
Tus Nombres son: Na-irik y Ka-irik y Kasaika.
Tu Nombre es: Arthikasanthika, Amen-na-en-ka-entek-share.
¡Theskshare-Amen-Rerthi es tu Nombre!

Oye, pues, oh Amón, mis suplicas.
¿Acaso no me es conocido tu Nombre?
¿Acaso no conozco los Nombres de tus Múltiples Formas?
¿Acaso estas formas no viven en esta boca que es la mía?
¿Acaso no tengo siempre presente
ante mis ojos tu imagen secreta?
¡Observa! Mírame aquí que me acerco hasta ti,
heredero de tu Trono, hecho de acuerdo a tu Imagen sagrada.
¡Yo, Osiris!

---

230   Es decir, la muerte.

Haz que pueda permanecer por siempre en el Duat;
dales a mis miembros la Paz perfecta.
¡Que mi Cuerpo pueda llegar a ser el Cuerpo de un Dios!
¡Que pueda huir de los sitios
en donde los demonios atrapan y torturan a los fallecidos!
¡Amón, oye mis súplicas!
Aquí estoy, ante ti, invocando tu Nombre secreto.
Tú eres quien ha moldeado mi Forma carnal,
tú me has despejado los sentidos de la Palabra;
y yo me he nutrido con tu Ciencia sagrada.

Verdaderamente, tu Nombre es
Amón-Rta-Sasahka, Irkai, Markathi,
Reri-Nasakbubu, Thinasa-Thinasa.
¡Shara-Htnikathi es tu Nombre!
¡Oh Amón, Amón! ¡Oh poderoso dios!
¡Yo apelo a tu Nombre secreto!
¡Entrégame tu sabiduría iluminada!
¡Para que yo sea capaz de gozar de la Paz en el Más allá!
¡Para que yo pueda poseer todos mis miembros!
Mira aquí, que el Alma del dios que reside en el Cielo
deja que su voz se oiga y dice:
«Verdaderamente, verdaderamente,
yo me haré cargo de ello: tu Cuerpo, se mantendrá inco-
rrupto».

RÚBRICA

Este hechizo se debe recitar sobre la imagen de un dios
que tenga el brazo levantado y que tenga plumas en su cabeza; también deberá tener las piernas separadas al igual que

un escarabajo y será pintado con polvo de lapislázuli mezclado con líquido Kami.[231]

También se debe repetir el hechizo sobre una imagen con cabeza de hombre y que tenga los dos brazos extendidos; una cabeza de carnero deberá asomar por encima del hombro derecho y otra igual por encima del hombro izquierdo. Además, se debe pintar sobre una venda de lino, a un dios con el brazo levantado y a su lado pintar un corazón; dibujar una figura en su pecho.

No se debe mostrar nada de esto al dios Sugadi, del Mundo Subterráneo. Con esto el fallecido será capaz de beber agua en los manantiales de los torrentes; y de su imagen saldrán rayos igual que las estrellas del cielo.

---

231   Era un líquido resinoso que se utilizaba durante la momificación.

HECHIZO CLXVI

LA ALMOHADA DEL FALLECIDO

Tú que estás enfermo y yaces acostado,
mira cómo tu cuerpo es levantado;
tu cabeza está alzada hacia el Horizonte
y te levantas poco a poco de tu asiento.
Ahora podrás triunfar sobre los obstáculos,
gracias a los beneficios que han obrado los dioses.
Aquí ves cómo Ptah vence a tus enemigos,
siguiendo las órdenes del juicio.
Ya que tú eres Horus,
el hijo de Hathor, Nesert, Nesertet.
Después de las matanzas tu cabeza te será devuelta.
¡Debes saber que tu cabeza será salvada!
¡Y jamás te será arrebatada!

HECHIZO CLXVII

A FIN DE TRAER EL AMULETO DE UDYAT

Aquí ven a Thoth:
él hace que avance Udyat, ¡el Ojo divino!
También hace que reine la paz.
Pues Udyat ha realizado la tarea
que Ra le había ordenado
cuando ocurrió el Derrumbamiento de los Mundos,
él fue expuesto a los peligros.
Pero aquí ven cómo Thoth,
después de haberle liberado
le ha devuelto la Paz y la Harmonía.
Si Udyat es fuerte, yo también soy fuerte;
si yo soy fuerte, Udyat también es fuerte.

Hechizo CLXVIII

A fin de recibir las ofrendas

Oh ustedes divinidades del Duat,
súbditos de Ra-Osiris[232]
que sopesan las Palabras de su Hijo;
que juzgan a los Malos de acuerdo con la Verdad y la Jus-
ticia,
que habitan muy arriba en el Cielo,
entréguenme sacrificios en la Tierra
y ofrendas en el Amenti.
Libaciones en los Campos de la Paz.
Ustedes, Espíritus que alimentan a Ra,
denme sacrificios en la Tierra.
Ustedes que adoran a los dioses,
grandes y pequeños,
denme vasos de sacrificios en la Tierra
y ofrendas en el Amenti.
¡Oh Espíritus que alaban a los dioses en sus santuarios!
Denme eternos sacrificios en la Tierra,
cuando aparezca el Hijo ante el Pilón secreto de los dioses,
en medio de su santuario celeste.
Que me sean dados vasos para el sacrificio
con el fin de que mi cadáver
pueda seguir su vida en el Mundo Subterráneo.
¡Oh ustedes, dioses y diosas que van detrás de Osiris!
Hagan que pueda permanecer detrás
de sus Pilones secretos,
a través de los sacrificios en la Tierra.

---

232   Este es el papiro Mut-Hotep. El texto ha llegado a nosotros muy incompleto y mutilado.

Observen cómo se alegran
al ver pasar ante ellos el Alma del Hijo,
como Osiris, su Padre,
mientras esta Alma recibe su parte de donaciones
que durante el día y durante la noche,
toma posesión de las hermosas ofrendas, en la Tierra.
Mira cómo los mismos dioses me regalan dones
cómo el Alma del Hijo se aproxima al altar,
ella, el Alma de un dios,
que realiza sus Metamorfosis en el pecho de Osiris.

Hechizo CLXIX

A fin de levantar el
lecho fúnebre del fallecido

¡Verdaderamente, tú eres el dios León!
¡Tú eres el dios de la doble cabeza de León!
¡Tú eres Horus, el vengador de Osiris, tu Padre!
¡En tu sola persona, tú eres los cuatro dioses gloriosos!
Todos te reciben con alegría y gozo.
Te sostienen a derecha e izquierda.
Aquí tienen al dios Geb que abre tus ojos,
que hasta hoy estaban igual a los ojos de un ciego.
Geb hace que tú estires las piernas.
Mira aquí que el corazón «ib» de tu madre se une a tu sus-
    tancia,
del mismo modo que tu corazón «hati».
En el Cielo está tu Alma; tu Cuerpo está inmóvil, bajo
    tierra.
Aquí tienes ofrendas para tus entrañas y agua para tu boca;
y agradables vientos para tu nariz.
Tú llevas la paz a las moradas de los fallecidos.
Recorriéndolas, abres sus tumbas.
Tú posees estabilidad gracias a la virtud de tus emanaciones.
Mira aquí que te elevas hacia el Cielo
y que atas tu cuerda cerca del Trono de Ra.
Tus redes son lanzadas en los torrentes de los que beben las
    aguas.
Tú te vales de tus piernas y andas con movimientos seguros.
Tú emerges hasta la superficie de la Tierra;
pero no necesitas entrar bajo las murallas de tu Ciudad,
ni tampoco derribarlas.

Verdaderamente, lo que ha sido hecho por ti
es el mismo dios de la Ciudad el que lo ha realizado.
¡Tú eres puro! ¡Tú eres puro!
Te han lavado la parte delantera del Cuerpo con agua de
  manantial.
Perfumada con incienso y purificada con salitre tienes la es-
  palda.
Todo tu cuerpo ha sido lavado con leche de vaca Hap,
con cerveza de la diosa Tennmit y con salitre.
Ha sido borrado todo el mal que tenías.
Tefnut, la hija de Ra, ha hecho contigo un buen trabajo,
de la misma manera que lo hubiera hecho con Ra, su Padre
  divino,
el valle funerario, en donde ha sido enterrado Osiris, tu Pa-
  dre,
ha sido ordenado por ella para ti.
Yo me alimento de cosas sabrosas
que pertenecen a Ra y a Geb,
como lo son el trigo y las cuatro clases diferentes de pan.
Aquí ves cómo te llevo hacia los Campos de la Paz.
Las ofrendas sepulcrales están ante ti.
En virtud de que eres Ra, te lanzas y tus piernas te obedecen.
Tú no serás condenado cuanto te juzguen.
Tus movimientos no serán impedidos; no serás aprisionado.
No te dejarán a tu suerte con los demonios crueles
que trabajan en las Cámaras de Tortura.
La arena no se quedará amontonada delante de ti.
No se controlará el uso que haces de tus ofrendas.
No serás obligado a retroceder.
Los guardianes no te impedirán que te marches a tu antojo.
Te darán una camisa, sandalias, un bastón,
otros vestidos y varias armas de combate

para que seas capaz de cortar la cabeza
de los enemigos capturados y echar sus nucas hacia atrás.
Tú mantendrás lejos de ti a la muerte,
de modo que no se te pueda aproximar.
Mira aquí que la Gran Divinidad habla con respecto a ti:
«Que el día de los acontecimientos seas traído hasta aquí».
El Halcón y el Ganso «Smen»
se regocijarán con tu llegada,
Ra abrirá de par en par las Puertas del Cielo.
Geb abre la Puerta terrestre para ti.
Tu Espíritu es poderoso;
guarda en su memoria los Nombres secretos.

Tu Alma se abre camino a la fuerza a través del Amenti;
tu Glorioso Cuerpo descansa en el pecho del divino Ra,
en medio de las Jerarquías celestiales,
en el lugar donde se cruzan los dos Senderos
que recorren los Espíritus Guardianes que velan por la Hu-
    manidad.
Eres conducido por el dios León
hacia los sitios donde tu Doble etéreo podrá reposar en paz,
sin temer a ningún ataque o emboscada.
Las dos Tierras y sus Habitantes se abren para ti,
a fin de que puedas vivir y tu Alma pueda prosperar;
para que tu Cuerpo, embalsamado e incorrupto,
pueda pasar a la Eternidad;
para que puedas contemplar el fuego y respirar el Aire fresco;
para que puedas entrar, de frente,
en la región de las Tinieblas:
seas protegido contra las adversidades
 que reinan en los amenazadores desfiladeros;
que no seas arrastrado por los torbellinos nefastos;

para que seas capaz de seguir al Príncipe divino de las dos
    Tierras,
revitalizarte en las ramas de los Árboles sagrados
que se encuentran a los dos lados del Trono del Gran Mago.
Aquí ves, delante de ti, a la diosa Seshat,
mientras que la diosa Sa[233] cuida tus miembros.
Tomas leche de la Vaca Sagrada que sigue a Sekhat-Herú.[234]
Tú haces tus abluciones donde desemboca el torrente Kher-
    Aha;
 tú eres a quien los príncipes Pe y Dep aprecian más;
la mirada que Thoth te dirige tiene una gran benevolencia.
Conversas con Ra al entrar al Cielo.
Después emprendes tu camino.
Llegas muy pronto ante la morada de Anit
y hablas con los dos Combatientes.
Te sientes alegre porque tu Doble etéreo te acompaña.
Tu corazón te sigue con tus Metamorfosis.
Atentamente te escucha. Te cuida.
Las Jerarquías celestiales llenan de gozo tu corazón.
Sobre el Altar de la regente de las dos Tierras,
en la ciudad de Sekhen y también en las ciudades de Akennú
    y de Heliópolis,
te están esperando las cuatro ofrendas sepulcrales.
Por ti velan, durante la noche, los espíritus estelares;
 por ti interceden los Señores de Heliópolis.
En tu boca está el dios del Néctar Divino, el propio Hu.
Tus piernas no serán obligadas a retroceder en su viaje.
Todos los miembros de tu Cuerpo gozan de vida.

---

233   Sa y Seshat eran las divinidades que representaban la Sabiduría y
los Saberes sagrados.
234   Sekhat-Herú, una diosa en forma de vaca celestial, identificada
con Isis o con Hathor.

Llegas a Abydos y te apoderas de Sma.[235]
Hacia ti son llevadas las ofrendas sepulcrales,
al mismo tiempo que también te son ofrecidos dones
con motivo de las celebraciones de Osiris.
Con adornos de púrpura y oro
te vistes durante la celebración de los Misterios.
Sobre tu Cuerpo se vierten las aguas del Nilo.
Tu Nombre se inscribe en las Tablas misteriosas
que están ubicadas a ambos lados del lago Tes-tes.
Tú bebes a grandes tragos esta agua lustral.
Tus divinidades protectoras son elegidas por ti
con ellas entras en compañía en el Cielo.
Allí consigues que la Ordenación divina triunfe.
Amado del corazón de Ra,[236]
eres llevado ante las Jerarquías celestiales:
que te reciben como a un dios, su igual.
Verdaderamente, tú eres Kharsa, el hermano de Ersa.
Aquí tienes a Ptah en persona que trae ofrendas sepulcrales.

---

235   El Sma, también conocido como Sema, era un símbolo de la unión en el antiguo Egipto.
236   Ra es el principio del Orden Cósmico y es opuesto a la Anarquía y al Caos desencadenado por las Fuerzas del Mal.

HECHIZO CLXX

A FIN DE PREPARAR EL LECHO FÚNEBRE

*Mira aquí que te doy de vuelta tu carne y consolido tus
    huesos.*
*Tus miembros desparramados yo los recojo con mucho cui-
    dado.*
Ahora puedes ejercer tus poderes en la Tierra;
bien custodiados están los miembros de tu Cuerpo.
Verdaderamente, tú eres el mismo Horus
resplandeciente en el centro del Huevo Cósmico.
Contemplas a los dioses que están alrededor de ti
enseguida partes rumbo a lejanos viajes;
mira aquí que tu mano consigue lo que tú deseas:
el Horizonte del Cielo y los Lugares Sagrados.
Con gritos de alegría eres recibido y saludado.
Cuando llegas al Altar se oyen resonar los himnos.
Horus mismo te pone de pie[237]
del mismo modo que había hecho con los santificados.
¡Salve! Anubis, el gran Solitario de las Colinas de Occidente,
    te pone de pie.
*Él te da de nuevo vigor y coloca en orden las vendas mor-
    tuorias.*
Ptah-Sokar te trae los ornamentos de su templo.
¡Aquí tienes a Thoth! En sus manos
lleva el Libro de las Palabras divinas, se dirige hacia ti.
Gracias a él y gracias a tu Doble
tu mano consigue alcanzar el Horizonte del Cielo.

---

237   La posición vertical del cadáver simboliza la vuelta a la vida, la resurrección; la intersección de los dos sentidos, tanto el vertical como el
horizontal, constituye el símbolo de la cruz.

Osiris hace reinar la Noche
mientras tú entras en la Región de la Vida.
En tu frente se fija una diadema centelleante de blancura.
Eres acompañado por el dios Nemú;
te obsequia pájaros encantadores.
Mira aquí que tu Cuerpo se acomoda sobre tu lecho de
      muerte;
es Ra, navegando en su barca, sobre el Horizonte oculto,
quien te pone de pie, mientras Atum,
el padre de los dioses, te restablece para siempre.
Los dioses Amsu, Kebti y los otros dioses
te glorifican en sus santuarios.
Tú avanzas en paz;
y es en paz que te diriges hacia la mansión de la Eternidad,
hacia tu morada del Tiempo sin Límites.
Los Espíritus de Pe y de Dep te reciben con alegría.
Los coros de los Espíritus ensalzan tu poder,
frente al Santuario que resulta tan grato a tu Doble etéreo,
en la Santa Mansión que habitas.
Los dioses te reciben con los brazos abiertos;
ahora que tú has llegado también a ser un dios
creado para hacer un sinnúmero de Metamorfosis.
Verdaderamente, tú eres una gran divinidad
tu brillo ilumina las Almas desgraciadas.
Tú eres el que tienes más poder
entre otros los demás Espíritus de esta Región.
Aquí tienes cómo Ptah, de la Muralla del Sur, levanta su
      voz.
Sus alabanzas hacia ti son grandes
y hace que tu morada se acerque a la Morada de los dioses;
verdaderamente, tú eres Horus en persona,
el hijo de los dioses; Nut fue quien te trajo al Mundo.

Tú, un Ser de Luz,
parecido a Ra cuando aparece el Horizonte
Osiris es quien te ha engendrado,
Ptah es quien te ha dado forma,
Nut quien te ha traído al Mundo.
Tú, un Ser de Luz,
parecido a Ra cuando aparece en el Horizonte
cuyo fulgor ilumina las Dos Tierras.
Los dioses te hablan. Dicen:
«¡Acércate, pues, y observa todo lo que es tuyo
en tu Mansión de la Eternidad!».
Aquí está la diosa Rannut,[238]
heredera y primogénita de Atum.
Ella te recomienda a las Jerarquías del Cielo.
Verdaderamente, ¡yo soy el Heredero de los dioses!
¡Yo soy semejante al Gran Dios que hace brotar la Luz del
*   Día!*
Mira aquí que aparezco desde las Entrañas del Cielo,
y que vuelvo al Mundo por segunda vez.
Soy nuevamente un niño pequeño, recién nacido, sin padre.
Nadie podrá oponerse, ha llegado el momento
de que yo responda a las diferentes cuestiones
que los dioses me hayan propuesto.

---

238   Rannut, también conocida como Renenutet, era la diosa cobra de la alimentación, la fertilidad y la cosecha. También era la nodriza del faraón.

Hechizo CLXXI

A FIN DE FIJAR EN EL CADÁVER
UNA «VESTIDURA DE PUREZA»

¡Yo los invoco, oh dioses!
Atum, Shu, Tefnut, Geb, Nut,
Osiris e Isis, Seth, Neftis,
Hem-Kuit, Hathor, Khepri,
Menthú, Señor de Tebas,
Amón, Señor de las Coronas de los dos Egiptos.
La gran Jerarquía de los dioses,
la pequeña Jerarquía de los dioses,
ustedes, dioses y diosas
que habitan en el Océano celeste;
tú Sebek, el de las dos Mehdet;
Sebek, el de los Nombres que son innombrables[239]
que te son dados según el sitio en donde a tu Doble
le place estar, y ustedes
¡oh dioses del Cielo y de la Tierra, del Norte y del Sur!
¡Denle a mi Espíritu santificado esta Vestidura de pureza!
¡Hagan que me sea dado el vigor y la fuerza
gracias a los poderes mágicos de esa Vestidura de pureza!
¡Aniquilen el Mal que apresa mi Alma!
¡Con el fin de que sea reconocido
como puro y casto cuando llegue el día del Juicio!
Destruyan, oh dioses, el mal que se apodera de mi persona.

---

239   Sebek era el dios con cabeza de cocodrilo; creador del Nilo, que
surgió de su sudor. En la baja época (período tardío de Egipto, desde el
664 a. C hasta el 332 a. C), también puede aparecer a veces con cabeza
de toro, halcón, carnero o león.

Hechizo CLXXII

Los cantos para recitar

Aquí estoy respirando hondo.
y sintiendo flotar en el aire toda clase de inciensos.
Verdaderamente, ¡soy puro!
¡Son puros los himnos que cantan mis labios!
Son aún más puros que la diosa Maat;
más puros que los peces del río.
Ptah se dirige a mí como su Espíritu favorito;
lo mismo hacen los otros dioses y diosas.
Verdaderamente, mis virtudes y mis perfecciones
son tan numerosas como las olas del mar.
Son iguales a los palacios en donde cada quien
rinde homenaje a su dios preferido.
Mis perfecciones son como grandes pilares del templo de
    Ptah,
igual que un amplio sitio colmado de incienso de Ra.

I

¡Te están llamando! ¿Oyes?
¡Aquí tienes la primera Sala!
¿Oyes los llantos en torno a ti?
¿Oyes cómo te alaban, cómo exaltan tus virtudes?
Bien plantado, derecho, ¡oh Horus!
¡Eres, verdaderamente, fuerte y arrogante!
Al igual que tú, yo he sido enderezado
 después de las ceremonias en mi honor.
Ptah ha aniquilado a tus enemigos;
hechos prisioneros obedecen tus órdenes.

Estás de pie y tu palabra es una ley para ellos,
como también para la gran cantidad de dioses y diosas.

II

¡Te están llamando! ¿Oyes?
¡Aquí tienes la segunda Sala!
¡Oh señor! Tu cabeza
de la que cuelgan largas trenzas de mujer asiática,
navega en la barca,
y toda la Morada del dios de la Luna
está iluminada por el brillo de tu Rostro.
La parte superior de tu Cuerpo
es azul como el lapislázuli,
los bucles de tu cabellera son más negros aun
que las Puertas de la Mansión de los Muertos.
Tu Corona adornada con piedras azules
se halla iluminada por los rayos de Ra,
tus vestidos de oro se hallan adornados con lapislázuli.
Tus cejas se asemejan a dos diosas hermanas
donde las serpientes sagradas dominan la cabellera.
Tu nariz respira el Aire del Cielo.
Tus ojos inmóviles, están fijos en las montañas de Bakhou
que se pierden en el Más Allá.
Tus pestañas están inmóviles para toda la Eternidad.
El párpado superior está hecho de lapislázuli.
Tu ojo, en verdad, es una ofrenda sepulcral.
Tu párpado inferior está sombreado con tinta «mestem».
Tus dos labios dicen siempre la Verdad, hija de Ra;
ella apacigua la ira de los dioses.
Tus dientes son como cabezas de la diosa serpiente Mehen.
De allí que tu lengua se hace hábil e inteligible.

Tu forma de hablar es más penetrante
de lo que lo es al amanecer el canto
de los pájaros de los campos.
Tus mandíbulas se pierden en el infinito
y llegan a los Espacios Estrellados.
Tu pecho se queda inmóvil;
después se dirige hacia el Mundo del Amenti.

III

¡Te están llamando! ¿Oyes?
¡Aquí tienes la tercera Sala!
Tu cuello es adornado con oro y cobre fino.
De Anubis depende tu garganta
tus vértebras de la diosa Uadjit.
A tu espalda la adornan oro y cobre fino.
Tu forma humana está gobernada por Neftis.
Tu rostro se asemeja al Nilo sin aguas.[240]
Las dos mitades de tu espalda son dos huevos de cristal.
Tus dos piernas son lo suficientemente fuertes
como para caminar. Ocupas tu lugar.
Mira aquí que los dioses te permiten el uso de tus ojos.

IV

¡Te están llamando! ¿Oyes?
¡Aquí tienes la cuarta Sala!
Verdaderamente, tu garganta es la de Anubis
tus miembros están cubiertos por una capa de oro fino.
Tus dos senos son un par de huevos de cristal

---

240   Es decir, el dios Nilo manifestándose sin los velos de agua que
normalmente lo cubren.

que Horus ha pintado con azul de lapislázuli.
Tus hombros son translúcidos como el cristal;
tus brazos están fuertemente fijados para que tú puedas de-
    fenderte;
tu Corazón «ib» está siempre colmado de satisfacción;
tu Corazón «hati» está animado
por las dos divinidades Sekhem.[241]
Toda tu persona glorifica a los espíritus estelares.
Pues, verdaderamente, el Mundo Subterráneo de tu Ser
es el mismo Cielo infinito.[242]
El Reino de los Muertos,[243]
donde la Luz de las Tinieblas está siempre equilibrada,
ese es tu ombligo.
Las ofrendas que aquí deben hacerse son las flores Arkham.
Thoth, el dios a quien venero, es glorificado por mí:
«Que tus bellezas bienhechoras puedan guardar mi tumba
en el momento en que, en los sitios puros y santos,
tan queridos para mí,
yo sea proclamado dios».

V

¡Te están llamando! ¿Oyes?
¡Aquí tienes la quinta Sala!
Tus brazos se asemejan a estanques
durante la época de las inundaciones gigantes.

---

241   Las divinidades Sekhem otorgaban el poder mágico de la voluntad.
242   Los órganos de nuestro cuerpo, escondidos y disimulados de las
miradas, son de la misma naturaleza que los planetas que gobiernan el
mundo.
243   El Duat ocupaba el centro del mundo, como el ombligo en el
centro del cuerpo.

Observa, ¡qué cantidad de estatuas del Amo de las Aguas
adornan los estanques sagrados!
¡Mira! Tus dos caderas están rodeadas de oro;
tus rodillas son como plantas acuáticas
que abrigan bajo sus hojas
una gran cantidad de nidos de pájaros.
Eres conducido por tus piernas
hacia la Vía de la Felicidad
tus pies son estables para siempre.
Verdaderamente tus brazos son como estanques
rodeados de piedras;
tus dedos son como lingotes de oro;
y tus uñas se asemejan a pedazos de sílex.
¡Para ti trabajan!

VI

¡Te están llamando! ¿Oyes?
¡Aquí tienes la sexta Sala!
Aquí te adornan con tus Vestidos de Pureza;
te tienden sobre tu lecho de muerte;
te otorgan diferentes miembros de animales para tu Doble,
y sus corazones para tu Cuerpo Glorioso.
Aquí ves cómo recibes tus vestidos de lino puro
de manos de los confesores de Ra.
Comes el pan sobre un mantel que la diosa Tait[244]
ha elaborado justo para ti.
Y luego de haber comido la pata de un animal
te diriges hacia la Herencia que Ra te regala.
Tus pies deben ser lavados en una jarra de plata

---

244   Tait, también conocida como Taitet o Tayet, era la antigua diosa
del tejido, del arte de tejer y protectora de los tejedores; era la señora del
lino.

que el dios *Sokar* ha fabricado para ti;
comes el pan que ha sido consagrado en el altar
bendecido por los dos Padres divinos;
comes el pan y los asados con precaución;
te deleitas con el dulce perfume de las flores;
tu corazón va hacia el altar
en donde se hallan las ofrendas
destinadas a las Almas divinas de Heliópolis.
Tus servidores te las ofrecen y las colocan, ante ti,
en el Gran Templo, según tus órdenes.
Semejante a Orión, te levantas,
mientras Nut extiende sus brazos hacia ti;
tú te diriges a su encuentro.
Orión, hijo de Ra, y Nut la Madre de los dioses,
hablan de ti, esas dos divinidades del Cielo, diciéndose mu-
     tuamente:
«Levantémosle en brazos, hoy, tú y yo,
mientras los dioses le glorifican,
hagámosle dichoso todo el tiempo
que su Nombre esté en boca de jóvenes y muchachas».
En la puerta de tu oculta morada, de pie, tú oyes estas pa-
     labras.

VII

¡Te están llamando! ¿Oyes?
¡Aquí tienes la séptima Sala!
Aquí tienes al dios Anubis que te trae tu mortaja y que te
     ama.
Te recibe entre los Grandes Videntes
y te cubre con adornos, él,
Guardián de la Gran Divinidad.

Tú vas hacia el Lago de la Perfección y allí te purificas.
Cumples con los ritos de los sacrificios en las moradas celestes.
Te conciben las gracias del Señor de Heliópolis.
Te presentan, en dos hermosos vasos,
la Leche Sagrada y el Agua de Ra.
Ahora te elevan y te colocan derecho.
Tú te lavas los pies sobre una piedra sagrada,
a la orilla del Lago de los Dioses.
Terminado esto, otra vez emprendes tu Viaje.
Miras a Ra sentado sobre sus Pilares.
Como brazos tendidos, sostiene el Cielo infinito.
Ante ti se abre un camino.
Y tú contemplas los grandes horizontes del Cielo,
donde reina la Pureza que es tan querida a tu corazón.

VIII

¡Te están llamando! ¿Oyes?
¡Aquí está la octava Sala!
Tus ofrendas están ordenadas ante Ra.
Siguiendo los decretos de Horus y de Thoth,
allá abajo conocerás el principio y el fin.
¡Te están llamando!
La visión de tu esplendor les alegra;
siguen atentamente los progresos de tu divinidad
 entre los Espíritus de Heliópolis.
Tú caminas con los rasgos de tu Cuerpo Glorioso
 transitas el gran Camino del Cielo.
Recibes en tus brazos bien extendidos
las ofrendas sepulcrales de tu Padre divino.
Te ofrecen lino fino para que uses todos los días,
mientras tú, en tu calidad de dios nuevo,

atraviesas el Portal del Gran Templo.

IX

¡Te están llamando! ¿Oyes?
¡Aquí tienes la novena Sala!
Encuentro aquí aire puro
para las aletas de mi nariz,
también encuentro cincuenta cestas
con bellas y puras ofrendas y mil ánsares.
Tus enemigos, en verdad, fueron derrotados
para toda la Eternidad que está por venir.

Tatenen es la personificación del primer montículo de tierra
surgido del caos en los antiguos mitos egipcios de la creación.

Hechizo CLXXIII

Palabras de Horus a su padre divino, Osiris, en el momento en que entra a su casa en la morada subterránea[245]

¡Salve, oh Osiris, Príncipe del Amenti,
gran divinidad, Señor de Abydos,
rey de la Eternidad, Príncipe de la Duración,
dios misterioso del Re-Stau!
¡Estoy aquí!
¡Señor de los dioses, el Único,
sé glorificado, tú, viviendo por la Verdad de la Palabra!
Mírame aquí, que llego ante ti.
¡Yo, tu hijo Horus que llego para vengarte!
Yo traigo a la diosa de la Verdad y de la Justicia
hasta los lugares donde Tú reinas
al lado de las Jerarquía divinas.
He vencido a tus enemigos.
¡Que me sea posible, por lo tanto, estar a tu lado!
Pues he consolidado y sostenido
a todos los que en la Tierra participan de tu Ser.
¡Oh Osiris! Yo soy tu hijo Horus.
¡He llegado para vengarte, ¡oh mi Padre, Osiris!
¡Oh Osiris! Yo soy tu hijo Horus.
¡He venido para rechazar a tus enemigos!
¡Oh Osiris! Yo soy tu hijo Horus.
¡Estoy aquí para destruir el Mal que se aferra a tu persona!
¡Oh Osiris! Yo soy tu hijo Horus.
¡Estoy aquí para vencer a los que te atacan!
¡Oh Osiris! Yo soy tu hijo Horus.

---

245   En este pasaje, el difunto se identifica con Horus.

¡Estoy aquí para herir a los demonios que te asaltan!
¡Oh Osiris! Yo soy tu hijo Horus.
¡A los demonios de Seth los traigo encadenados![246]
¡Oh Osiris! Yo soy tu hijo Horus.
¡He combatido a quienes eran agresivos contigo!
¡Oh Osiris! Yo soy tu hijo Horus.
¡Te he traído las ofrendas del Norte y del Sur!
¡Oh Osiris! Yo soy tu hijo Horus.
Para ti he trabajado en los campos.
Por ti he llenado de agua los ríos.
Para ti he trabajado con la azada.
Para ti he construido las cisternas.
Para ti he cuidado los campos.
Los demonios que he matado, Oh Osiris,
te llevarán ofrendas sepulcrales.
Para ti he matado bueyes y cabras.
Para ti he buscado alimentos.
Yo mismo me traído para ti.
Yo mismo me he abatido para ti...[247]
Para ti he matado animales castrados.
Para ti he llenado las redes de pájaros.
Yo he traído a tus enemigos atados.
Yo he traído a tus enemigos encadenados.
Yo he traído agua fresca de Elefantina
para que se refresque tu corazón.
Yo he traído plantas de todas las especies.
Yo he consolidado el Corazón
de quienes en la Tierra comulgan contigo.
Yo he preparado para ti, con trigo rojo,
panes consagrados hechos en la ciudad de Pe.

---

246   Interesante tener en cuenta que cada una de las invocaciones, de la
7 a la 40 comienzan con las palabras: ¡Oh Osiris! Yo soy tu hijo Horus.
247   Hay una laguna en el texto.

Yo he preparado para ti bebidas fermentadas,
obtenidas del trigo blanco en la ciudad de Pe.
Yo he sembrado para ti trigo y cebada
en los Campos de los Bienaventurados.
Yo he realizado para ti la recolección de los campos.
Yo he santificado tu Nombre.
Yo te he devuelto tus Almas.
Yo te he devuelto tu Poder.
Yo te he dado...[248]
Yo te he devuelto tu potencia de Terror.
Yo te he devuelto tu potencia de Victoria.
Yo te he traído tus dos ojos y las dos plumas
para que decoren tu cabeza.
Yo te he traído a Isis y Neftis
que te restituirán tu poder.
Yo he llenado con líquido mágico
El Ojo divino de Horus.
Yo he traído el Ojo divino de Horus
para que sea tu rostro
el que ilumine los mundos.

---

248   Hay otra laguna en el texto.

Hechizo CLXXIV

A fin de hacer atravesar
la gran puerta al espíritu glorificado

¡Oh Osiris! Yo soy tu hijo Horus
y satisfago tus necesidades.
¡Los poderosos tiemblan en verdad,
cuando sales del Duat
con el gran cuchillo en la mano!
¡Salve, oh diosa Saa, hijo de Geb,
venido al Mundo por las Jerarquías divinas!
¡Aquí está Horus, que mora en su Ojo Divino!
¡Mira aquí, en medio de sus emanaciones, a Atum!
Los dioses del Este y del Oeste
descansan en el pecho de este gran Ser
de innumerables Metamorfosis.
En el momento en que nací, en verdad,
en el Mundo del Más Allá nació una nueva divinidad: ¡era yo!
Ahora, puedo ver con mis propios ojos.
Observo alrededor de mí, existo.
Mi vista es clara y penetrante.
De pie, vuelvo a tomar el hilo interrumpido de mi vida.
Cumplo con lo que me fue ordenado por los dioses
pues la torpeza y la somnolencia me aterran.
Estoy de pie en Nedet;
mis ofrendas me las traen de Pe
yo las recibo en Heliópolis.
En verdad ha cumplido
con lo que le fue ordenado por su Padre;
Seth, el Señor de las Tempestades,
le enderezó hasta ponerlo de pie.

Yo también te he enderezado y te he puesto de pie,
a través de la Palabra mágica de Atum.
Avanzo y mis piernas no se niegan a obedecerme.
¡Las Jerarquías celestes me han engendrado!
Fui concedido por la diosa Sekhmet
traído al Mundo por ella al lado de sirio, el gran espíritu
  estelar
que muestra cada día a la barca de Ra el camino,
atravesando el Cielo a grandes pasos.
Mírame aquí que llego a mi sitio predestinado;
en la cabeza llevo la doble corona real y atravieso la Puerta.
Tú, oh dios de la Doble Pluma y cuyo Nombre es misterioso,
entérate: ¡Yo soy el Loto Sagrado!
¡El Cielo infinito está invadido por mi radiación!
Me recibe en su seno el Reino de la Pureza
en él permanezco para siempre
al lado de las aletas de la nariz de la divinidad todopode-
  rosa.
Porque yo he permanecido ya en el Lago de Fuego
recibí allí mi retribución
por el Mal que causé en la Tierra.
Protejo a Isis y a Neftis
durante la Noche del Derrumbamiento de los Mundos
siendo el Guardián de la Vestidura Sagrada.
Mírame aquí coronado dios Nefer-Atum,[249]
porque soy la Azucena sagrada
al lado de las ventanas de la nariz de Ra,
cuando, como es costumbre, surge en el Horizonte.
Su mirada purifica a los dioses.
Mírame aquí que festejo mis triunfos

---

249   El dios Nefer-Atum era una divinidad solar de Menfis, era hijo de
Ptah y de Sekhmet.

en presencia de los Dobles etéreos.
A mi alrededor, yo reúno los corazones gracias a mi sabidu-
    ría;
yo, que soy favorito de los dioses Saa y Amenti-Ra.
Voy hacia el sitio preparado para mí cerca de los Dobles eté-
    reos.
Reúno a mi alrededor a los corazones,
gracias a mi gran sabiduría,
en el pecho de los dioses Saa y Amenti-Ra;
mi talismán Djed me da su protección.
Yo pronuncio entonces las Palabras de Potencia
 que guardo en mi corazón,
en Nombre del Señor de la Vestidura Ansi.
Yo soy, en verdad, yo mismo, ¡el dios de la sabiduría, Saa!
¡Yo soy Amenti-Ra! ¡Con fuerza entro,
me zambullo en los abismos del Cielo!

HECHIZO CLXXV

A FIN DE NO MORIR POR SEGUNDA VEZ

¡Oh Thoth!

Respóndeme, ¿qué sucedió con
los dioses a los que Nut dio vida en otro tiempo?
Escucho la voz de Thoth que responde:
«Han engendrado guerras, desencadenado desastres,
cometido calamidades, creado demonios,
hecho estragos y destrucciones;
pero también, al lado de estas Obras del Mal,
realizaron grandes actos».

¡Haz cumplir, oh Thoth, los decretos de Atum,
para que no triunfe el Mal
y los enemigos del Bien no continúen sus asaltos!

¡Oh Thoth! ¿no ves como en este mismo instante
actúan silenciosamente y hacen sus preparativos
con la bella Ordenación de los Años y de los Meses?

¡Observa! ¡Yo continúo con tu fiel Tableta,
oh Thoth, estoy dispuesto a recibir la marca de tu Pincel!
Mírame aquí que traigo tu Tintero.
Yo no soy, en verdad, uno de esos Espíritus
que preparan a escondidas la Obra del Mal.
¡Que el castigo no sea dirigido hacia mí!

¡Oh Atum! ¿A qué lugar llego ahora?[250]

---

250   El pasaje siguiente no tiene coherencia con el resto del hechizo.

¡Ay! ¡No encuentro aire puro para respirar,
y no hay agua!
No percibo por ningún lado,
ni tampoco se adivina entre las tinieblas,
otra cosa más que abismos y acantilados.

¡Qué oscuridad tan impenetrable!
Mis pasos exploran con titubeos el camino
y solo puedo avanzar a tientas;
alrededor de mí se siente la vibración
de las Almas desgraciadas.
Es imposible, en verdad,
vivir en este lugar con paz de espíritu
ni conocer las voluptuosidades del amor.

¡Ojalá encuentre,
a falta de aire y de agua,
y a falta de los placeres del amor,
la glorificación de mi espíritu!
¡Y también, a falta de panes sepulcrales y de vino,
la paz para mi Espíritu!

Mírame aquí que recibo una orden de Atum:
debo mirar, inmóvil, tu rostro, ¡oh Thoth!
¡No seas, entonces ni muy duro ni muy cruel conmigo!

Observa, por incontables años por venir,
todos los dioses ponen en tus manos sus tronos,
para que tú, ¡oh Thoth! dispongas de ellos,
y para que tu propio trono sea entregado a tu Hijo Horus.

Es, probablemente, de fecha posterior y presenta una imagen más sombría del Más Allá. Contrasta en forma notoria con el tono optimista del Libro.

Porque las grandes divinidades enviaron a Horus
para que tome posesión de su Trono,
a él, Heredero del Trono
que vive en medio del Lago del Doble Fuego.
Entonces, fue decretado por los dioses que yo reemplace a
*   Horus*
y así me será concedido el contemplar a Atum, mi Señor.
¿Cuál será, entonces, la duración de mi vida?
Ha sido ordenado que viviré incontables años.
Mírame aquí que recibo la orden
de permanecer al lado de las más antiguas divinidades.
Porque yo rescaté el Mal realizado por mí
desde que esta Tierra apareció
junto con el amanecer de la existencia, en el Océano del
*   Cielo,*
surgiendo del Caos de los Primeros Tiempos.

Yo tengo, en verdad, la misma edad de Osiris.
Muchas han sido mis Metamorfosis:
yo recorrí toda la serie de los Seres variados.
Los hombres no conocen la belleza de estas Formas;
y los dioses apenas las conocen.
Entonces, esta belleza que es mía,
bajo la forma de Osiris, es más perfecta que la de los otros
*   dioses.*

Osiris me confió la Región de los Muertos.
Su hijo Horus, su Heredero legítimo,
está sentado en el Trono que surge del Lago de Fuego.
En otro tiempo yo ayudé a este dios
a erigirse en su Trono, en la barca de los Incontables de Años.

Horus está sólidamente establecido en su Trono,
rodeado de los amigos que ama y de innumerables posesiones;
mientras que el Alma de Seth
sigue alejada de los otros dioses.

Mírame aquí que yo soy capaz de quedarme inmóvil,
en mi barca está el alma de Seth.
En verdad, viendo el aspecto de mi Cuerpo divino,
¡siente miedo! ¡Oh Osiris, Padre mío,
haz por mí lo que tu propio Padre Ra, hizo por ti!

¡Que me sea posible establecerme en la Tierra
para toda Eternidad!
¡Que me sea posible mantener el Trono en mi poder!
¡Que mi heredero sea fuerte y sólido!
¡Que nazcan flores en mi sepultura!
¡Que mis amigos tengan prosperidad!
¡Que mis enemigos sean amarrados,
encadenados, destruidos por Serkit, la diosa escorpión!

¡Yo soy en verdad tu hijo, oh Ra, mi Padre divino!

¡Creaste para mí la Vida, la Fuerza y la Salud!

Mira aquí que Horus ha sido establecido en su Trono.
Dadme, ¡oh Ra! la gracia para que los días de mi vida
me conduzcan al camino de la felicidad.

Hechizo CLXXVI

A fin de no morir por segunda vez

¡Yo odio, en realidad, el País del Este!
¡Que no me lleven
hacia las cámaras subterráneas de tortura!
Porque yo no cometí acciones
que hayan sido aborrecidas por los dioses.
Y cuando atravesé con mis pies por la región de Mesket
fui reconocido como un ser puro.
El día de mis funerales
el dios Ver-er-djer me concede la glorificación
frente al Señor de los Mundos.

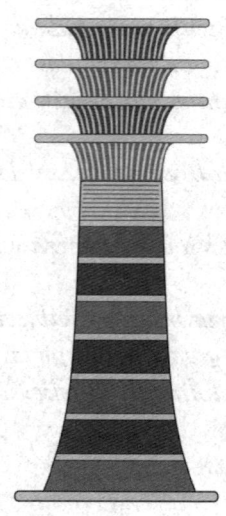

Pilar Djed.

Hechizo CLXXVII

A fin de hacer revivir
el alma en el mundo subterráneo

¡Oh Nut! Tú que hiciste surgir a Osiris,
mi Padre divino,
que le diste a Horus como sucesor,
cuyas alas son poderosas
igual a las de un halcón real
con la cabeza empenachada con dos plumas,
¡Observa! Mírame aquí que me conduce mi Alma.
Mis Palabras de Potencia son perfectas.
El lugar que me fue asignado está ubicado junto a las estre-
    llas fijas.
Es así que siguiendo mis órdenes
los Espíritus santificados corren hacia mí.
Viene a mi encuentro Horus, el de los ojos azules,
seguido por Horus el de los ojos rojos,
que camina detrás de él y le da su protección...[251]

---

251   El estado del texto del resto del hechizo CLXXVII no permite,
debido a las lagunas y las alteraciones de los diferentes copistas, una interpretación realmente satisfactoria.

Hechizo CLXXVIII

A fin de levantar el cadáver y para devolver la vista a los ojos y el audio a los oídos

¡Observa!
Este que aparece delante de ti es el Ojo de Horus.
Tómalo como si fuera una ofrenda:
él te sustentará, él te sostendrá.
Oh ustedes, campesinos de los Campos del Más Allá,
¡No se desanimen!
¡Purifiquen sus Cuerpos celestiales!
¡Absorban el Ojo de Horus!
Porque, él es, en verdad,
¡la aceituna Sagrada de Heliópolis!
Él se encarga de erradicar el Mal y la Corrupción del Cuerpo
*   de Osiris.*

¡Que me sea posible ignorar el apetito y la sed!
¡Que calmen mis sufrimientos y mi hambre los Espíritus Kas!
¡Que mi corazón encuentre la tranquilidad y el gozo!
¡Y ustedes, Espíritus divinos,
que ordenan las inundaciones,
hagan que traigan para mí panes y bebidas!

Porque Ra le había dado orden a los Espíritus
de que se encarguen de procurar al año la abundancia,
es así que se adueñan de las ofrendas
que traen trigo, cebada y panes.
Porque Ra es un Macho poderoso.

¡Oh ustedes,

guardianes de los cinco Panes Sagrados
depositados en el Santuario del Gran Templo!

¡Observen!
Delante de Ra, en el Cielo,
son colocados tres de estos panes...[252]
Dos están en la Tierra, junto a las Jerarquías divinas.
Mírame aquí, que cruzo las barreras del Cielo.

¡Yo te observo, Ra! ¡Yo te observo, Ra!
¡Oh Ra! ¡Dadme tus favores en este día tan fausto para mí!
Porque siguiendo las órdenes de Su y de Isis,
no guardo sino sentimientos piadosos
y me uno a ese dios de una manera fervorosa.

Mírame aquí que me traen pan y bebida
y muchas otras ofrendas puras a voluntad,
cosas buenas y útiles para mis Viajes,
en este día, fausto para mí; ofrendas salidas del Ojo divino
    de Horus.

¡Que mi bebida sea el vino de Ra!
Es así que recorre el Cielo.
Sus revoluciones celestes son como las de Thoth.
¡Él odia, en verdad, el hambre y la sed!
Le fueron regaladas las ofrendas sepulcrales
por el Señor de la Eternidad.

Durante la Noche fue concebido;
en pleno Día fue traído al mundo,

252   Esta imagen-símbolo de los tres panes, la triada, caracteriza al plan
celeste o el ámbito mental; mientras que el número dos, la diada, caracteriza a la Tierra.

en medio de todos los dioses que aguardan alrededor de Ra,
adoradores de Ra y Antepasados de los dioses.

Es así que él les trae los panes sepulcrales
que encontró en la Pupila del Ojo divino de Horus
en las ramas del árbol sagrado Then.
¡Aquí está! ¡Aquí llega!

Le traen ofrendas a Horus, las divinidades Khenti-Amenti.
Igual que Horus, se alimenta y bebe de ellas.
Tiene también el favor de Anubis,
habitante solitario de las Colinas.
¡En verdad, tras la muerte, tu Forma
permanece como la que tuviste en tu vida en la Tierra!

¡Tu juventud es ahora eterna!
Mira aquí que tu rostro es dejado al descubierto.
Puedes, ahora, observar al Señor del Horizonte,
que en las horas apropiadas de la Noche
te entrega tus cenas sepulcrales.
En verdad, ¡Horus te ha vengado!

¡Rompió las mandíbulas de tus enemigos!
Hizo prisionero a los violentos en sus plazas fortificadas.
Entonces, tú tienes el poder
sobre las aguas y avanzas hacia el altar,
llevando en tus brazos los panes consagrados
los cuatro vasos llenos de agua.
Pues es Shu quien lo pidió para ti:
«¡Que tenga pan y bebida!».

¡Despierta!

¡Despierta, oh tú que permaneces dormido!
Aquí te traen ofrendas ante Thoth,
ese Dios poderoso que sale del Nilo celeste
mientras Up-Uaut[253] *sale del Asert*
y las Jerarquías divinas te brindan el incienso.

¡En verdad, tu boca es pura!
¡Tu lengua es justa y honesta!
Tú odias las inmundicias y estás libre de toda mancha,
igual que Seth se vuelve puro en Rehú
cuando mira a Thoth en el Cielo.

¡Oh ustedes, Espíritus divinos
que entregan la libertad al Alma del fallecido,
fortifíquenla con el alimento!
¡Calmen su sed con la bebida!
¡Que le sea posible sentarse ahí
donde ustedes mismos estén sentados!
¡Que se fortalezca de la fuerza de ustedes!
¡Que le sea posible, igual que a ustedes,
recorrer el Cielo en su barca!
¡Que en el medio de los Campos de los Bienaventurados
encuentre su morada!
¡Que pueda gozar de las aguas corrientes
y de los Campos de la Paz!
¡Que pueda consumir, en compañía de los dioses,
todas sus ofrendas!
Tus enemigos son llevados,
en este momento, a la vasta Sala del Juicio;
la Balanza de la Justicia de los Mundos está a tu favor.

---

253   Divinidad con la cabeza de chacal, literalmente es el que abre los
caminos.

¡Sí, eres libre! ¡Libre como Osiris, señor de las ofrendas del
    Amenti!
Te encaminas hacia donde más te gusta.
Miras al gran dios durante su Obra de Creación.

* * *

De esta forma la Vida es restituida a las aletas de su nariz.
Él triunfa frente a sus enemigos
sí, en verdad, ¡tú condenas la mentira y la injusticia!
Tú calmas el enojo del dios de este mundo,
en la Noche en que se silencian los lamentos.
Y los dioses te regalan la vida, una vida dulce y llena de
    gozo,
en compañía de las jerarquías divinas.
¡Observa! Su boca hace escuchar un decreto que te recuerda,
por voluntad de Thoth, a una vida dulce y llena de gozo.
Tú triunfas frente a tus enemigos y,
por encima de ti, tu Madre, la diosa Nut,
despliega la inmensidad en los Espacios celestiales.
Gracias a la magia poderosa de la Gran Creadora de los
    Seres,
tú puedes seguir al Dios Grande;
tú fuiste liberado de los enemigos y del Mal.
¡Oh Forma inmensa,
que estás rodeada de enjambres de diversas criaturas
que han nacido de ti, de ti,
amo del Tiempo que transcurre, Antecesor de Ra!
¡Ábreme los caminos!
¡Permíteme recorrer la órbita circular de Osiris,
señor de la Vida de las Dos Tierras!
El Eterno.

Hechizo CLXXIX

A fin de ir del pasado hacia el presente

El Ayer me ha inundado de Luz.
Mira aquí al Hoy,
yo he creado los Mañanas.
Yo soy el dios Seps que sale de su Árbol.
Yo soy el dios Nun que manifiesta su poder.
Yo soy el Señor de la Corona blanca Ureret,
el ordenador de los Secretos del dios Neheb-Kau.
Yo soy el Demonio Rojo que recupera el Ojo Divino.
He atravesado ayer la Puerta de la Muerte
y mírame aquí que llego hoy al final de mi Viaje.
Porque la diosa poderosa
me abre la Puerta de acceso del Sendero.
Mírame aquí que ataco a mi enemigo y le someto;
se ha rendido y no le dejaré en libertad.
Frente a los Jueces del Mundo Subterráneo,
que están alrededor de Osiris, yo lo reduciré a la nada:
está ahí, con toda la Gloria de sus reales atributos:
¡Mira aquí al dios Khenti-Amenti![254]
El Día de las Metamorfosis
me coloca a la cabeza de los Espíritus Rojos.
Yo soy también el Señor de las Espadas
y me defenderé de cualquier ataque.
Yo soy un escriba que teniendo el pincel en la mano,
anota todo lo que ocurre a su alrededor.
Aquí están los Espíritus Rojos
a quienes les traen muchas cosas agradables y dulces;
me las entregan y ataco a mi Enemigo;

---

254   Khenti-Amenti es otra de las formas para dirigirse a Osiris.

le someto y no le dejaré en libertad.
¡Frente a los Jueces del Más Allá, he terminado con él!
Le aniquilo en los vastos campos frente al altar de la diosa
    Uadyet.
Guardo mi poder sobre él gracias a la diosa Sekhmet.
Yo soy el Señor de las Metamorfosis.
Porque yo tengo, en verdad, en mí,
las Esencias y las Formas de todos los dioses.

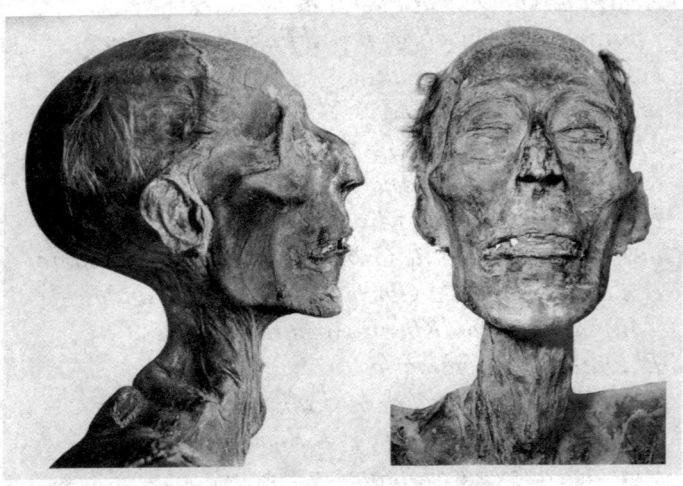

Momia de Ramsés II.

Hechizo CLXXX

Cómo abrir a los espíritus santificados los caminos del mundo subterráneo. Cómo devolverles la libertad de movimientos, a fin de que puedan recorrer mediante grandes zancadas en el mundo subterráneo y salir de él al instante. Cómo darles la posibilidad de efectuar todas las metamorfosis de un alma viviente

¡Aquí está Ra, que baja hacia el Horizonte Occidental!
Se muestra con los rasgos de Osiris
a través de la radiación de los Espíritus glorificados
y de todos los dioses del Amenti.
¡Porque él es el único, el dios oculto del Duat,
el Alma sagrada que dirige los destinos del Amenti,
el Ser-Bueno de vida eterna!

Es así que vienen con las ofrendas del Duat
recompensas con las cuales tú cumplirás el Viaje.
Hijo de Ra, tú provienes de Atum.
Los que habitan el Duat te glorifican.

¡Oh tú, Rey del Aukert, Amo Supremo de la Corona![255]
gran dios cuyo Trono es secreto,
gran señor que conoce la importancia de la Palabra,
jefe supremo de los Jueces infernales!

¡Los que habitan el Duat te alaban y se alegran contigo!

---

255   Aukert es otra de las denominaciones que recibe el Mundo Subterráneo.

Los espíritus divinos lloran al enemigo y se arrancan los ca-
    bellos;
también te aplauden y te glorifican;
sollozan dando gritos; se alegran;
porque saben que tu Alma viviente
es glorificada en tu Cuerpo inanimado.
Entre gritos de alegría te alaban las Almas de los muertos.
¡Sublime es, en verdad, el Alma de Ra que mora en el Amenti!
¡Salve, Osiris!

Yo soy, en tu Templo, un servidor,
vivo en la divina Morada en la que se oyen tus órdenes.
¡Ojalá que me sea posible ser recibido entre los Elegidos del
    Duat
como a una gran Luminaria
que el Duat nutre con la esencia de su Ser![256]
Yo le transmito en mi condición de hijo de Ra,
me muestro bajo los rasgos de Atum.

El Duat es para mí, en verdad, un lugar de reposo.
La oscuridad que en él reina yo la manejo a mi antojo.
Entro y salgo de él sin tener dificultades.
Mira aquí que tú extiendes, ¡oh dios Tatenen![257]
tus brazos hacia mí.

Al colocar, completamente recta, mi Forma acostada
los que habitan el Duat encuentran nuevamente
la tranquilidad de su espíritu.

---

256   El fallecido es el alimento del Duat, a los dioses y espíritus que
habitan en él, como su ser.
257   Tatenen es otra denominación para referirse a la divinidad Ptah en
la localidad de Menfis, simbolizando la tierra emergida.

¡Oh ustedes, Espíritus divinos,
extiendan sus brazos y sosténganme!
Porque yo conozco sus Nombres secretos.
¡Muéstrenme el camino que debo seguir!
¡Oh ustedes espíritus Bienaventurados, háganme glorioso!

¡Porque, cuando soy glorificado
Ra y Osiris son los que se alegran!
Mírame aquí que coloco ante ustedes las ofrendas;
pues ese es el deseo de Ra.
Yo soy su Elegido, su Heredero en la Tierra.
Mi viaje llega ahora a su término.
He recorrido todas las rutas del Más Allá;
he penetrado a las regiones más lejanas del Duat;
entré por la fuerza en la hermosa Amenti;
le mostré mi cetro al espíritu estelar de Sirio,
y a la divinidad cuyo nombre no debe ser revelado,
le presenté la diadema de Nemmés.

¡Contémplenme, pues oh ustedes, Espíritus glorificados!
¡Ustedes, que guían a las Almas de los muertos
a través de los caminos que atraviesan el Duat!
¡Ojalá me sea posible llegar a ser un Espíritu glorificado,
llegar a ser el Ordenador de los Misterios!

¡Libérenme del poder de los demonios
que amarran a sus víctimas al poste,
porque yo soy el Heredero de Osiris!
¡Miren la diadema Nemmés que decora mi cabeza!

Yo llegué a ser la carne de su carne, al ser el elegido
de los dioses yo soy igual a mi Padre, Osiris,

al que rinden veneración las cuatro regiones del Espacio;
por lo tanto, ¡mírenme! ¡Y al mirarme, sientan regocijo!

¡Ojalá me fuera posible ser enaltecido
igual que este dios que recorre el ciclo de sus Metamorfosis!
¡Abran a mi Alma divina las Vías celestiales,
para que pueda quedarme en la hermosa Amenti!
¡Cierren los cerrojos de las Puertas del Cielo,
porque yo soy quien coloca a los dioses en sus sitios
y quien da las ofrendas a las Almas de los muertos y la de
*   los dioses!*

¡Yo soy, en verdad, el dios Mehanuti-Ra!
Yo soy el pájaro misterioso Benn, que vive en el Duat.
Yo hago en él mi entrada y al salir de él,
el pájaro misterioso aparece por fin en el Cielo.
Yo atravieso el Cielo nocturno, siguiendo a Ra;
yo encuentro en los Campos de Ra mis ofrendas celestiales;
en los Campos de los Bienaventurados
encuentro mis ofrendas terrestres.
Yo me muevo bajo los rasgos de mi Cuerpo Glorioso,
el de los atributos secretos.

Son grandes mis pasos
y mis Metamorfosis representan
al doble dios Horus-Seth.
Es así que los Espíritus divinos,
que preceden a Ra me llevan en su barca celestial;
porque yo soy igual al Alma misteriosa,
esa que vive eternamente en el Amenti.

Hechizo CLXXXI

A fin de penetrar ante Osiris y sus jerarquías

¡Salve, oh Príncipe del Amenti!
Ser-Bueno, Señor de la Tierra Sagrada,
que eres coronado igual que Ra,
Mírame aquí que llego a observarte
 para regocijarme con el espectáculo de tu belleza.
Porque el Disco de Ra es tu Disco;
sus rayos de Luz son tus rayos;
su diadema Ureret es tu diadema;
su inmensidad es tu inmensidad;
sus salidas al amanecer son tus salidas al amanecer;
sus bellezas son tus bellezas;
su pavorosa majestad es también tu majestad;
los perfumes que exhala son tus perfumes;
sus Palacios en el Cielo son tus Palacios en el Cielo;
sus mansiones son tus mansiones;
su Trono es tu Trono;
su Herencia es tu Herencia;
sus decoraciones son tus decoraciones;
sus decretos son tus decretos;
su Amenti es tu Amenti;
sus posesiones son tus posesiones;
su poder mágico es tu poder mágico;
sus atributos divinos son tus atributos divinos;
sus amuletos son tus amuletos.
¡Inmortal él, tú también lo eres!
¡Invencible él, tú también lo eres!
¡Inatacable él, tú también lo eres!

¡Oh Osiris, hijo de Nut
señor de los Cuernos de la Luna,
que has sido coronado del Atef, diadema reluciente, gloria
    a ti!

Tú recibes,
como jefe supremo de los Jueces infernales,
la corona real de Ureret.
Por todas partes siembra Atum el terror de tu Nombre:
en el corazón de los hombres,
y en el corazón de las mujeres,
y en el corazón de los dioses,
de los Espíritus glorificados y de los muertos.
Ellos ponen en tus manos la real corona de Heliópolis.
¡Muchas son, verdaderamente,
tus Metamorfosis en Djedu!
Eres muy temido en los Dos Mundos,
pruebas tu bravura en el Re-Stau.
Los amos del Gran Templo
te recuerdan con mucha dulzura.
Es de esta forma que te elevas en Abydos
frente a las Jerarquías divinas sales vencedor.
¡Es temible tu potencia guerrera!
¡La Tierra entera tiembla ante tu presencia!

Hechizo CLXXXII

A fin de que Osiris sea estable
mientras Thoth rechaza a sus enemigos

Yo soy Thoth, el amo de los dos Cuernos de la Luna[258]
mis manos están limpias y mi caligrafía es perfecta.
Odio el Mal y aborrezco la Injusticia;
yo dejo por escrito la Justicia divina.
En verdad, yo soy el pincel con el cual el dios del Universo
    escribe.

Soy el Amo de la Rectitud y la Lealtad.
Soy el Señor de la Verdad y de la Justicia.
Yo elimino la Mentira y declaro la Verdad frente a los dioses.
Mis palabras tienen autoridad en los Dos Mundos.
Al que vence de forma altanera, yo le degrado,
y al débil ofendido, yo le elevo.
Yo hago llegar hasta Osiris, el Ser-Bueno,
el puro y agradable aire de los Vientos del Norte,
cuando este dios se aleja del pecho de la diosa que lo trajo al
    Mundo.

Ra se acuesta en el Horizonte igual que Osiris;
y Osiris se acuesta en el Horizonte igual que Ra.
Yo hago acceder a Ra
al centro de los Secretos sagrados,
donde los Espíritus gloriosos regresan a la vida,

---

258   Las divinidades de la Luna eran tres: Thoth, que era la encarnación de los Amos de la Sabiduría y cuyo signo era la luna invisible, e Iah, cuyo nombre significa luna y es considerado una deidad menor; y Khonsu, también llamado Jonsu, viajero.

al Dios del Corazón Detenido,
el Alma misteriosa del Amenti.
¡Escucha los gritos de alegría
frente al Dios del Corazón Detenido,
hijo de Nut, el Ser-Bueno!
¡En verdad, yo soy Thoth, el poderoso,
el bienquerido de Ra!
Gracias a mí, todo lo que Ra lleva a cabo es guiado por el
   éxito.

Yo soy el Gran Mago, igual que Thoth.
Semejante a él, sentado en la barca de los incontables Años,
yo soy el Señor de la Ley escrita y el Purificador de las Dos
   Tierras.
Mi chispa mágica le brinda protección a Nut,
que le ha dado la vida.
Yo triunfo sobre mis enemigos y elimino los obstáculos.
Yo llevo a cabo las voluntades de Ra en su santuario.
Yo soy Thoth, que desprecio a los enemigos de Osiris
y que, frente a las desgracias que les aguardan,
recrea los Mundos del Mañana.

Siendo Thoth, controlo el Cielo,
la Tierra y también el Duat,
y le concedo la vida a las Almas de las generaciones fu-
   turas.[259]
Gracias a la fuerza de mi Verbo mágico
el aire alcanza a las almas que pasan las pruebas de los Se-
   cretos.

---

259   También conocidos como Hemmomit, son los seres descarnados
que una vez han culminado la vida en el Más Allá, se preparan para una
nueva encarnación.

¡En verdad, yo he ganado a los enemigos de Osiris!
¡Mírame aquí que llego ante ti,
oh Señor de la Tierra sagrada, Osiris,
macho poderoso del Amenti!

¡Observa! ¡Tu trono es estable para toda la Eternidad!
Por la protección mágica de mis manos,
yo le doy a tus miembros la Duración infinita;
hago guardia junto a ti, todos los días de mi vida
y protejo tu existencia y la de tu Doble Etérico.

¡Oh, Rey del Duat! ¡Oh, príncipe del Amenti!
¡Contempla cómo los dioses llegan ante ti,
tú que como conquistador te apropias del Cielo,
y que pones sobre tu cabeza la corona Atef,
y que te apoderas del Bastón de mando y del Látigo!
¡Oh tú, Ser Bueno, Infinito, Eterno,
que permites a los seres humanos volver a nacer otra vez a
*   la vida,*
volver a ser jóvenes y reencarnar en el momento preciso!

¡Aquí está, delante de ti, tu hijo Horus!
Él te devuelve los atributos de Atum.
Tu rostro es de una hermosura perfecta, ¡Oh Un-nefer!
¡Elévate pues, elévate, oh Macho poderoso del Amenti!
¡En el pecho de Nut, tu Madre divina, eres estable!
¡Porque ella estuvo unida a ti,
sale en tu persona de tu Cuerpo celestial!
Igual que en el pasado, tu Corazón «ib»
calcula la duración de su vida por la del Corazón «hati».
Están colmadas de Vida, de Fuerza y de Salud
las aletas de tu nariz.

Igual que Ra, tú restableces tu juventud todos los días.
Tu triunfo es inmenso, ¡oh Osiris!
¡Observa! ¡Yo vengo hasta ti! ¡Yo soy Thoth!
Yo calmo a Horus y tranquilizo el furor de los dos Comba-
    tientes.
Yo controlé a los Espíritus Rojos y también a los demonios de
    la Revuelta;
los sometí a pruebas muy exigentes.

Yo soy Thoth que, en Letópolis,
guía a un lugar seguro a los Secretos de la Noche.
Yo, Thoth que aparezco diariamente en la ciudad de Buto.
Traigo abundantes ofrendas a los Espíritus santificados,
estoy aquí para restituir el hombro de Osiris,
embalsamado y perfumado
para que sea agradable al olfato de Un-Nefer.

Yo soy Thoth, que todos los días llega a la ciudad de Kher-
    Aha.
Mírame aquí, que amarro mi barca;
la traje navegando del Este hacia el Oeste.
En verdad, yo sobrepaso, en esplendor a todos los dioses,
porque mi Nombre es «Aquel que es excelso».
Yo he abierto los caminos hacia el bien,
 con mi Nombre de Up-Uaut.[260]
¡Gloria a Osiris, Un-Nefer, Infinito, Eterno!

---

260   Up, también conocido como Uat, es el dios que abre los caminos.

Hechizo CLXXXIII

Un canto a Osiris

¡Aparezco aquí frente a ti, oh Osiris,
hijo de Nut! Príncipe de la Eternidad,
yo, uno entre los dioses que están al lado de Thoth;
yo, que me siento alegre de todo lo que he hecho por ti:
traer el Aire limpio y agradable para tus Pulmones,
traer vida y Fuerza para tu bello Rostro,
y más viento del Norte para las aletas de tu Nariz.

¡Oh Señor de la Tierra Sagrada de los Muertos!
Le pedí a Shu que iluminara tu Cuerpo;
y que sus rayos iluminaran también tu Camino;
con el Verbo de Potencia de su Boca
destrozó el Mal que se aferraba a tus Miembros;
y dio paz a los dos Horus,
esos dos Hermanos que están siempre peleando;
también rechazó las Tempestades y las Inundaciones.

Gracias a él, Horus y Seth, como las Dos Tierras,
y a través de la calma que reina entre ellos,
se esmeran por ser agradables;
consiguió apaciguar la rabia de sus corazones
y los reconcilió.

Tu hijo, Horus, sale victorioso
en a la reunión de los dioses;
la realeza del mundo entero le ha sido otorgada.
Le ha sido ofrecido, también, el Trono de Geb,
así como la categoría que Atum ha solicitado,

fijado por escrito en los Archivos
grabado en una placa de hierro,
siguiendo las órdenes de tu Padre, Ptah-Tenen,
que está sentado en su Trono Real.

Le pidió a su Hermano que enderezara a Shu,
y que hiciera crecer las aguas hasta que llegaran a la cima
de las montañas
para que la hierba pudiera florecer en las colinas
y el trigo en los valles,
para que la tierra y el agua no dejen nunca de generar vida.

Es así que los dioses del Cielo y de la Tierra,
siguen a tu Hijo, Horus,
hasta la recámara donde es proclamado su Señor y su rey.
Se alegra tu Corazón, ¡oh Amo de los dioses!

Se alegra mucho, porque Egipto y el País Rojo
conocen el provecho de la paz
y bajo tu protección se dedican al trabajo;
en sitios apropiados se construyen templos y ciudades;
corresponden a sus Nombres
las posesiones de ciudades y provincias;
según tu Nombre, que es sagrado, por toda la eternidad,
ahora te ofrecemos sacrificios.

¿No escuchas cómo eres vitoreado,
cómo alaban tu Nombre?
¿No ves cómo se llevan a cabo las libaciones en honor a Ka,
cómo vienen de todas partes con ofrendas sepulcrales
destinadas a los Espíritus glorificados que te rodean?
Es así que las ofrendas colocadas

alrededor de las Almas de los Muertos
son humedecidas con agua lustral.

Todo lo que Ra ha pedido para ti,
al inicio de los Tiempos,
hasta este instante que está, ahora, terminado;
por ello ahora serás coronado, ¡oh hijo de Nut!
Igual que el Señor del Universo ha sido coronado.

Tú vives, en verdad, fijo y sin romperte;
tú rejuveneces; tú eres bueno y honesto.
Ra, tu Padre celestial, reafirma tus miembros,
las Jerarquías divinas te acogen con gritos de júbilo.

Isis se mantiene a tu lado y no se aleja ni un paso de ti.
Tus enemigos no te ganarán;
todos los hombres y todos los países resaltan tu hermosura,
o mismo que aclaman a Ra, cuando se levanta al amanecer.

Centelleas sobre los mundos, allí, alzado en tu pedestal.
Aceleran sus pasos,
llenos de júbilo, frente a tu hermosura,
los corazones de los hombres.
La realeza se le otorga a Geb, tu Padre,
que ha creado tu hermosura;
en cuanto a la diosa que te trajo al Mundo
y dio forma a tus miembros, es la madre de los dioses, es Nut.
Tú fuiste, en verdad, el primero de los cinco dioses.[261]

Cogiendo con tus manos el bastón de mando y el látigo,

---

261   Los cinco dioses, hijos de Geb y de Nut, eran: Osiris, Isis, Neftis, Seth y Horus.

poniendo la corona blanca de Atef en tu cabeza,
eres ungido rey de hombres y de dioses.
Porque, verdaderamente, fuiste coronado Señor de las Dos
    Tierras,
y tenías sobre tu frente las insignias de la realeza de Ra,
en el momento en que aún descansabas en el pecho de tu
    Madre, Nut.

Cuando apareces ahora,
los dioses se inclinan ante ti profundamente.
Caminan hacia atrás por su senda,
llenos de un terror que proviene de Ra;
ya que la Fuerza irreprimible de tu Majestad les genera temor.
Verdaderamente, la Vida va a tu lado,
y las ofrendas te acompañan,
cada día las encuentras frente a tu Rostro divino.

Dame, entonces ¡oh dios!
La agudeza para que pueda ir yo también
junto a los que siguen a tu Majestad,
de la misma forma que lo hacía allá en la Tierra.
En cuanto a mi Alma,
haz que sea llamada para que te encuentre
al lado de los Señores de la Verdad y de la Justicia.

Mírame aquí que me aproximo hacia la ciudad de los dioses,
este lugar que ya existía desde el tiempo inmemorial;
ahora, mi Alma, mi Doble y mi Espíritu santificado vivirán
    en este país
cuyo Señor es el dios de la Verdad y la Justicia;
él, que alimenta a los dioses.

Esta Tierra ejerce, en verdad, cierta fuerza sobre los demás
    países:
los del Sur que siguen la corriente del río,
y los del Norte, que se benefician los Vientos propicios
que llegan allí, cada día días, al hacer sus celebraciones,
como las pide el dios,
amo de estos lugares, Señor de la Paz.

¿Acaso este no ha dicho:
«Que por lo menos alegría reine en el corazón de los hombres,
que con la Justicia y la Verdad
se adaptan a los dioses de estos lugares»?

Porque él otorga larga vida a los que actúan así;
brinda honores en la Tierra
y después les prepara hermosos funerales,
uniéndoles el suelo de la Tierra sagrada.
Mira, entonces, ¡oh dios!

Yo me aproximo a ti,
suplicando y con los brazos extendidos, te ofrezco la Verdad
    y la Justicia.
No encontrarás fraude ni mentira en mi corazón.

Porque yo sé que tú vives y continúas en la Verdad y en la
    Justicia.
Entérate, entonces, ¡oh dios!
Yo no cometí pecados en este Mundo,
no he hecho daño a nadie ni me apropié de sus bienes.

Yo soy Thoth, el Hierograma perfecto,
de las manos limpias, amo de la Verdad y la Justicia

Señor de la Pureza, destructor del Mal,
escriba de la Verdad y que aborrece el Pecado.

Mírame, ¡oh dios!
Yo soy el Pincel del Señor del Universo,
del Amo de las normas, ese que crea el don de las Palabras
  de Sabiduría,
que triunfa sobre la Mentira y el Fraude
cuya palabra tiene poder en los Dos Países.

Yo soy Thoth, Señor de la Verdad y de la Justicia
que cede la victoria al débil perseguido
y da venganza al oprimido, en la persona del opresor.

Mírame aquí que yo alejo las Tinieblas
y rechazo las Tempestades.
Traigo el soplo del viento del norte al Ser-bueno;
—Ese aire de vida que ha traído al mundo a su madre ce-
  lestial,
yo le hago acceder en las Moradas secretas,
para que así pueda despertar
el Corazón del «dios del Corazón Detenido»,
este dios de Benevolencia, hijo de Nut,
Horus, el invicto.

Hechizo CLXXXIV y CLXXXV[262]

No hay texto. Se desconoce su paradero.

Relieve de Osiris en su trono.

---

262   Variante del Hechizo anterior

Hechizo CLXXXVI y CLXXXVII

(Son muy cortos porque han llegado a nosotros mutilados).

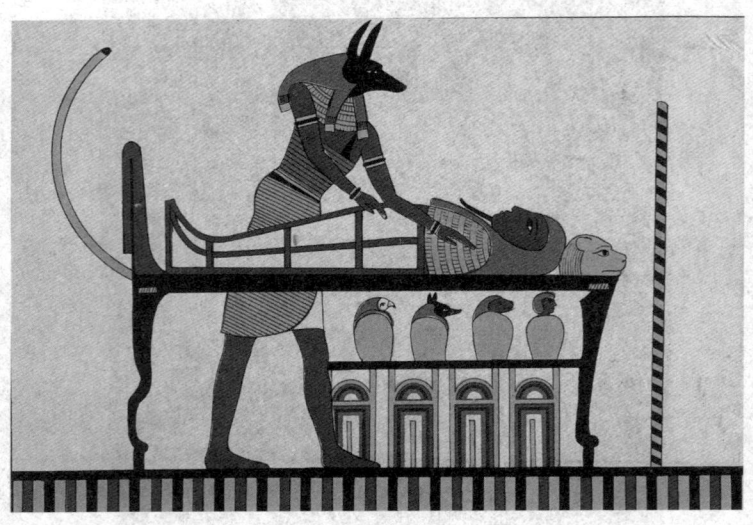

Anubis atendiendo a una momia
y preparándola para su viaje al Duat.

Hechizo CLXXXVIII

A FIN DE CONSTRUIR UN HOGAR EN
EL MUNDO SUBTERRÁNEO Y MOSTRARSE
CON LOS RASGOS DE UN SER HUMANO

¡Que la paz esté contigo!
Es así que alcanzo, al fin, a convertirme en un Espíritu glo-
*   rificado,*
en el pecho del Ojo divino encuentras la paz.
En tu alma eres glorificado;
y, en silencio tu Sombra solo observa con atención.
¡Que me vislumbre, entonces,
justo en el momento en que vaya al juicio,
en cualquier parte donde yo sea juzgado,
y con todas mis Formas,
y con todos mis atributos de espíritu,
y con los dones divinos de mi Alma!
¡Que me ilumine mi alma,
entonces, en el pecho de Ra!
¡Que en el Templo me glorifique,
y cada vez que me juzguen, que me miren!
¡Que le sea posible a mi Alma
* quedarse de pie o sentarse,*
o entrar en el hogar de mi Cuerpo,
que está transformado en una Divinidad estelar,
y que sigue al pie de la letra los mandamientos de Osiris!
Tanto en el día como en la noche
se mantiene activo y en movimiento,
y yo sigo los Ritmos de las Celebraciones.

HECHIZO CLXXXIX[263]

No hay texto. Se desconoce su paradero.

Antigua estela egipcia de madera que representa a la dama
Djedkhonsuiwesankh entregando ofrendas de comida,
bebida y flores a Ra.

---

263 Variante del Hechizo LII.

HECHIZO CXC

Este Libro da cuenta del perfeccionamiento del Espíritu glorificado en el seno de Ra, quien se encarga de darle vigor junto a Atum. Lo engrandece junto a Osiris, lo hace un ser poderoso junto al Señor del Amenti y junto a las Jerarquías de los dioses, por lo tanto, es venerado y honrado.

Este Libro se debe recitar el primer día del mes, durante la fiesta del sexto día y durante las ceremonias de Uak y las del dios Thoth; también puede recitarse durante el aniversario de Osiris y durante las celebraciones de Sokar y de la noche Haker.

Este Libro revela los secretos de las moradas misteriosas del Duat. Es una guía para iniciarse en los Secretos del Mundo Subterráneo. Con este libro será posible atravesar las montañas y entrar en los valles ocultos, a donde ningún camino conocido ni delimitado conduce. El libro mantiene una vigilancia constante al lado del Espíritu glorificado, expande sus pasos cuando camina, elimina su sordera y le permite acceder y estar en contacto con los dioses.

Al momento de recitar los hechizos de este libro, ningún ser humano puede mirarte, únicamente aquellas personas cercanas a las que tienes aprecio, y el confesor de Kheri-Heb. Tus asistentes no podrán moverse de sus habitaciones; en cuanto a ti, tendrás que encerrarte en una recámara con tapices de telas celestes. De esta forma, el alma del fallecido, que se transformará y alcanzará la plena Luz del Día gracias a los hechizos recitados del libro, podrá también atravesar el mundo de los vivos y será un alma poderosa entre los dioses. No será denegada, sino que, después de haber superado ciertas pruebas que los dioses tienen preparadas, el fallecido será, finalmente, reconocido como un igual.

Este libro será tu mentor y te enseñará todas las Metamorfosis por las que debe pasar el Alma allá, bajo los efectos de la Luz. Realmente, este libro que sostienes en tus manos es un misterio enorme y profundo. Por ende, sé cuidadoso, no lo dejes en manos del primero que se te acerque o, mucho peor, de un incrédulo.

Parte del Libro de los Muertos de Pinedjem II. El texto es hierático, salvo los jeroglíficos de la viñeta. También se aprecia el uso de pigmento rojo y las uniones entre hojas de papiro.

ÍNDICE